U0894282

致敬我国高速铁路建设者

国家社科基金
GUOJIA SHEKE JIJIN HOUQI ZIZHU XIANGMU
后期资助项目

本专著为国家社科基金后期资助项目："高速铁路对经济影响评估与服务水平提升路径问题研究，19FGLB008"资助成果。

高速铁路对经济影响评估与服务水平提升路径

——理论、方法与实证

Evaluation of the Impact of High-speed Railway on Economy and the Ways to Improve Service Level : Theory , Method and Demonstration

许旺土 编著

南京大学出版社

图书在版编目(CIP)数据

高速铁路对经济影响评估与服务水平提升路径 ：理论、方法与实证 / 许旺土编著. — 南京 ：南京大学出版社，2021.12

ISBN 978-7-305-24809-2

Ⅰ. ①高… Ⅱ. ①许… Ⅲ. ①高速铁路—影响—经济发展—研究—中国②高速铁路—铁路运输—服务水平—研究—中国 Ⅳ. ①F124②F532.6

中国版本图书馆 CIP 数据核字(2021)第 146372 号

出版发行 南京大学出版社
社　　址 南京市汉口路 22 号　　邮　编 210093
出 版 人 金鑫荣

书　　名 高速铁路对经济影响评估与服务水平提升路径
——理论、方法与实证
编　　著 许旺土
责任编辑 曹　森　　编辑热线 025-83592123

照　　排 南京南琳图文制作有限公司
印　　刷 江苏凤凰数码印务有限公司
开　　本 787×1000 1/16 印张 17.5 字数 305 千
版　　次 2021 年 12 月第 1 版 2021 年 12 月第 1 次印刷
ISBN 978-7-305-24809-2
定　　价 88.00 元

网址：http://www.njupco.com
官方微博：http://weibo.com/njupco
官方微信号：njupress
销售咨询热线：(025) 83594756

国家社科基金后期资助项目
出版说明

后期资助项目是国家社科基金设立的一类重要项目，旨在鼓励广大社科研究者潜心治学，支持基础研究多出优秀成果。它是经过严格评审，从接近完成的科研成果中遴选立项的。为扩大后期资助项目的影响，更好地推动学术发展，促进成果转化，全国哲学社会科学工作办公室按照“统一设计、统一标识、统一版式、形成系列”的总体要求，组织出版国家社科基金后期资助项目成果。

全国哲学社会科学工作办公室

序

转眼夏天到，在四横之四的沪汉蓉通道上，武汉城早已解封多日，守得云开日出时。中国高速铁路也渐渐恢复运力——西安站重启大唐遗风，洛阳龙门站诉说白马寺的牡丹已经开过，郑州东站依旧纵横捭阖，上海虹桥站再现如织人潮，北京南站的广阔雄伟，厦门北站突然放晴的天气……

中国高速铁路在过去的十年间重塑了中国经济格局，而这仅仅是开始，没有哪个国家能像中国这样拥有如此庞大的高速铁路体量，其运营之缜密、科技之精尖、预设之长远，在人类交通史上树立起一道难以跨越的喜马拉雅。京张高速铁路复兴号的鹰隼列车头，气吞万里，极具帅气。国家持续的自信与开放，换来的是日新月异的革新，“放眼看世界”的直接结果就是“世界看中国”。本书没有讨论中国是强大还是被强大，而是以翔实的数据、客观的实例、系统的分析、理性的推演来看待中国高速铁路，既提出问题更想解决问题。空谈误国，实干兴邦，德先生和赛先生在任何时候都不过时。

中国人修铁路，有过惨痛历史。19 世纪中后期，大批华工远赴美国修铁路，却饱受欺凌。太平洋铁路对美国具有划时代意义，其铁轨下躺着数万华工的冤魂。通车典礼却禁止华工参加，残存一息的华工被全部解雇。华工在北美土地上任劳任怨，还要直面各地日盛的排华风潮。甚至直到 1943 年，华工仍然被禁止成为美国公民，命若草菅。如果这是中国铁路的首次开拓之旅，那代价无疑是惨痛的。这也从反面印证了自强不息、止于至善是我们需要贯彻的精神。同时也说明了核心技术的重要性——掌握了核心技术，就掌握了标准，掌握了标准，就掌握了话语权。

1964 年，世界第一条高速铁路建成于东京与大阪之间。1978 年，邓公亲历日本速度，感慨道：“快，真快，就像推着我们跑一样，我们现在很需要跑，这就是我们需要的速度！”思想牢笼被冲破，傲雪梅花在最冷的冬天绽放，而今，中国高速铁路厚积薄发，势头迅猛，早已不是小荷才露尖尖角的初始状态，而是实现全方位的积累与突破。在国际技术战场上与其他国家高速铁路技术短兵相接不可避免，名局频出只是时间问题。这份底气绝非盲目自信，其源自尖端的科技和扎实的基础。等到中国高速铁路的标准成为世界高速铁路的标准，以我为先将变得理所当然，高速铁路对中国乃至世界经济的影响从未如此直接！中国高速铁路自身具有集中力量办大事的优势，诸多个体相近的宏观思维汇聚成国家战略，从而铸就世界传奇！

本书的方法论点出经济影响的结果并指明提升服务水平的路径。高速铁路不是绣花，不是请客吃饭，如果没有自我革新的魄力，就只能原地踏步，走老路，到不了新地方。八纵八横战略经过统筹规划，反复论证才从四纵四横升级而来。每个站点线路的设置都是经过综合硬指标的衡量，对个人最直观的体验就是出行时间成本和经济成本的大幅缩小，对城市的体验就是经济发展速度随着高速铁路的运营而提速，对国家的体验就是东西部差距的日渐缩小，对世界的体验就是一个更加现代化的中国市场在不断更新。

书中提到，通过检索，全球以高速铁路经济为题的学术专著并不多。中国高速铁路虽然起步晚，但提速快，体量巨大，将中国高速铁路经济设置为世界高速铁路经济的模型也有待合理化；将中国高速铁路经济学术化，对世界高速铁路经济的发展具有实际的参考价值，并起到直接有效的推动作用。行成于思，季先生曾言，水喝多了，尿自然就有了。没有大量的实体论证，没有海量的一线积累，权威是造不出来的，实践是检验真理的唯一标准，从量变到质变的过程，中国高速铁路一直都在重整河山，畅想未来！

正是有了开山涉水攻坚战的节节胜利，越来越多的国人开始展望诗和远方。因为选择够多，我想去呼和浩特，许老师给我推荐了哈尔滨，说那里，尤其冬天的时候独具异域风情，很不错……但是，我去了新疆。因为喜欢乘坐高速铁路在最漫长最空旷的地方，飞驰的感觉才像我国人追逐奋斗的情怀。天宽而地广，飞驰的景致也可让思考广阔而深远。此外，感觉高速铁路如同中国的血脉经络，有了血液循环，机体自然变得健硕。而高速铁路对经济发展的刺激，立竿见影。仓廪实而知礼节，高速铁路成为诗和远方的绝佳载体，在高速前进的密闭空间里，爱是 Love，爱是 Amour。相聚离开，总有时候，各式各样的悲欢离合在神州各地的高速铁路站轮番上演。什么是远方？多远才算是远方？没有人能像古龙先生把远方看得如此通透，也许在他冷眼看世界的哲学里，远方的同义词叫天涯，于是有了千古名句：天涯远吗？天涯不远！人就在天涯，有了这么发达的高速铁路，天涯怎么会远？

本书对高速铁路经济模型的搭建看起来颇为理性（本人不谙经济学和设施学理论，或许有偏颇），通读书中语句，既有整体论证，也有个体分析，力求全面。当我怀着美好的憧憬打开 12306，却发现诸多线路已悄然涨价，铁公机也自带铁公鸡属性。我们不能做精致的利己主义者，即使高速铁路沿线的城市之间会产生“虹吸”效应。票价对个体也会带来直接的经济冲击，每份微小的差价，汇聚起来就是国计民生，这也属于高速铁路对经济格局影响的一部分。而车票无纸化也少了份情怀，证明我来过？或者证明我没来过？大数据虽然客观，但也冰冷，在京沪高速铁路沿线，工业园建设带来的产业集群，无论是被虹吸还是成吸红，都主客观地呼唤高铁动脉带来经济质量和数量的影响。高速铁路一响，黄金万两，铁总贷款建站，地方坐拥土地升值，颇有前人栽树，后人乘凉之意，但不可否认，这也是中国高速铁路经济的一部分。

截至今年，仅余西藏一省未通高速铁路，暂时还不能坐上高速铁路去拉萨。但是，川藏已经开建，五年嫌久，十年定来。《雪国列车》里的春夏秋冬只能存在于大屏幕，《南方铁路之战》英雄的故事存档于旧时的南斯拉夫。都说人生没有白走的路，高速铁路没有白修的轨，但愿本书的知识展现也可以像复兴号那样长，借助国家社科后期资助项目的支持，为我国乃至世界高速铁路带来科学的理论、方法与实证，迅驰快飞！

林　沛

2020 年 5 月 1 日

前　言

在十九大中，党中央第一次把建设“交通强国”的目标写进报告并作为我国区域发展、交通运输发展的最重要指导战略，这标志着建设交通强国已经由行业愿景上升为国家战略。国家发展和改革委员会、交通运输部、国家铁路局、中国铁路总公司在 2016 年、2017 年接连颁布了《铁路“十三五”发展规划》和《中长期铁路网规划（2016 年修订）》。两个国家规划明确提出铁路建设将紧紧围绕“五位一体”总体布局和“四个全面”战略布局，以构建现代综合交通运输体系为要义，进一步发挥高速铁路在我国交通运输系统的骨干作用，支撑中国铁路“走出去”，加快推进交通强国建设进程。

在“交通强国”“一带一路”等国家战略的指引下，国家在交通运输领域，尤其是高速铁路建设的投入持续加大，并将高速铁路作为我国自主创新的一张亮丽的“名片”。截至 2020 年 1 月，我国高速铁路里程（营运时速超过 200 km）已经达 3.5 万 km，超过全世界其他拥有高速铁路国家的里程的总和；此外，根据《中长期铁路网规划（2016 年修订）》，未来我国新建高速铁路的设施年投资将会超过 8000 亿元。

然而，由于世界上没有任何国家建设过如此大规模的快速交通基础设施，高速铁路会对我国区域经济发展和社会变革造成何种影响，目前还尚未得到较好的验证。此外，在供给侧深化改革背景下，高速铁路如何进一步提升服务水平，配合建设交通强国，走出国门，推进“一带一路”倡议发展，也将成为中华民族伟大复兴过程所面临的关键问题。

本书内容是基于我国当前面临的复杂国际形势以及高速铁路新一轮大规模建设的背景，构建了新时代背景下我国高速铁路经济影响评估和服务水平提升理论框架。本书所论述和研究的主题，即要通过区域协调发展机制，构架新时代背景下高速铁路经济发展模式和交通基础设施服务水平升级的理论和政策框架体系——无论在理论或实践上，这些都是有重大价值的研究课题。

作者基于多年的研究积累和对当前综合交通运输体系发展、规划和建设的解读，撰写了本书。本书相关内容主要包括以下几个部分。

（一）我国高速铁路发展的时代背景

该部分的内容首先深入研究新时代中国特色社会主义背景与当前面临的复杂国际形势，以及国内经济新常态、"交通强国"战略和"一带一路"倡议等对我国综合交通体系建设发展的指引方向，重点分析高速铁路所属的地位和作用；其次，分析以《中长期铁路网规划（2016 修订）》《铁路"十三五"发展规划》中规定有关高速铁路投资建设和发展提升的内容；再次，深入研究了我国高速铁路发展近 15 年内的数据，并结合高速铁路的网络演化、城市可达性和连通性的影响，分析高速铁路对我国区域发展的影响关系。

（二）高速铁路对经济影响的内涵与机理

此部分内容为本书的核心内容之一。对应于交通强国和我国新型城镇化规定的综合交通体系发展目标，本部分的内容将由以下两个部分组成：

（1）"交通强国"国家战略和"一带一路"倡议等指引下的高速铁路经济（简称：高速铁路经济）的内涵

由于交通运输和区域经济都存在空间结构属性。区域经济的空间分布一般指地域空间内的空间集聚程度和规模特征，表现为生产力的布局；交通运输的空间属性即交通运输基础设施的空间分布及规模方式。本部分内容提出高速铁路经济的内涵和发展模式，主要包括高速铁路经济的空间布局和区域经济空间结构协调的理论模型及对策，如：高速铁路枢纽布局与周边产业带协同优化配置、高速铁路经济要素资源的一体化配置的策略模型、高速铁路干线通道沿线的基础设施建设与产业带布局的联动开发策略、区域范围内重要高速铁路设施与重要产业（或企业）设施建设的配套配合方案等。

（2）高速铁路对区域经济影响的机理分析

高速铁路主要通过扩大高速铁路产业和改善交通运输条件这两条路径来影响区域经济的发展。相关成果将利用计量数据模型定量分析高速铁路开通后对沿线地区经济发展的影响，并以全国不同区域高速铁路网络为例，分析不同区域高速铁路线路对不同等级城市的经济发展的影响。建立不同高速铁路设施配置与区域经济产业结构布局联合发展的理论模型及对策，如：高速铁路枢纽配置与区域经济产业结构布局的联动发展模式研究、高速铁路经济带内交通方式比例与产业结构的优化配置研究、高速铁路设施发展与土地利用协同开发模式、高速铁路与其他产业（航空、临港、旅游）一体化经济发展模式等。

（三）高速铁路对经济影响的评估理论与方法

本书建立了系统科学的评价体系，筛选有效的评价指标，用多层次不确定综合评价方法对提出的不同模式高速铁路经济的适应性进行评价，结合评价案例给出评价结果和评价建议，并反馈修改优化所提出的理论模型及策略。

（四）高速铁路服务模式变革与服务水平提升路径

高速铁路经济所带来的内外部效益必然导致新技术、新模式、新业态的产生，将对我国未来区域发展理念、职住模式、生活方式等产生新一轮变革。本部分内容基于“交通强国”战略和“一带一路”倡议等部署的要求，提出未来的高速铁路在大型基础设施配置、产业升级优先级安排、运输服务、行业管理等方面上服务水平提升路径，以响应国家提出的打造“一流的服务”的综合交通设施体系部署。主要包括优化高速铁路运输资源配置的方法以及参照航空运营的高速铁路“积分升座”服务水平升级模式等内容。

（五）未来我国高速铁路国内外建设投资与运输服务模式创新策略

基于上述四部分研究内容，结合未来高速铁路发展对区域经济和社会发展的潜在影响，提出未来高速铁路基础设施建设的建设重点与建设优先级安排；同时，拟定适合未来我国超大规模高速铁路网络情境的高速铁路运输服务模式创新策略，响应“交通强国”战略和“一带一路”倡议，满足我国居民出行需求的同时提升我国高速铁路的国际影响力。

本书从申报到出版都得到了南京大学出版社的大力支持，也特别感谢郭星、黄凯迪和师妹刘灿、学生黄颖、杨潞铭、王思凡对本书辛苦的校对和文字提升。由于水平有限，本书内容难免存在些许错误，如发现不妥之处，敬请读者联系作者，并加以批评指正！

作　者

2020 年 5 月

目　录

第一章　我国高速铁路发展的时代背景

第一节　我国高速铁路产生的背景

一、我国高速铁路发展的主要过程与成就

我国高速铁路建设的探索始于1999年建设的秦沈客运专线，该线路全长404 km，2003年投入运营。秦沈客运专线是中国第一条高速铁路客运专线，是中国铁路追求高速的起点，也是中国高速铁路标志性的先期线路，还是中国“八横八纵”高速铁路网的重要组成部分。继秦沈铁路之后，2002年我国自主研发的“中国之星”动车组在秦沈客运专线创造了当年时速321.5 km的“中国铁路第一速度”。随后，我国加快了高速铁路（客运专线）技术的引进和升级。2004年至2005年，中国北车长春轨道客车股份有限公司、唐山轨道客车有限责任公司和中国南车青岛四方机车车辆股份有限公司分别从庞巴迪公司、日本川崎重工有限公司、法国阿尔斯通以及德国西门子股份公司引进先进技术，共同研制出高速动车组。2004年，中国铁路第四次发展快速铁路建设并自主创新，攻克九项核心技术，探索并完善了高速铁路建设和运营的条件，与此同时，京沪高速铁路的建设也正式提上了日程。2007年4月18日，中国铁路实施第六次大规模提速和新的列车运行图，许多铁路线路升级改造后开动CRH动车组，共计6003 km的既有铁路干线实施时速200 km的提速。2008年8月1日，中国首条拥有自主知识产权、时速350 km的客运专线高速铁路——京津城际铁路通车运营，这也是《中长期铁路网规划》中的第一个开通运营的高速城际客运系统。

在具体工作中，党和国家把加快铁路发展作为一项促进国民经济和社会发展的重要工作。2004年1月，国务院常务会议通过了我国历史上第一部《中长期铁路网规划》（以下简称《规划》）。根据该规划，到2020年，我国铁路营业里程将达到10万km，建成1.2万多千米客运专线。其中就有“四

纵四横”快速客运专线的宏图，当时的铁道部以客车速度为 200 km/h 以上的重点客运专线为骨架编制了《中长期铁路网规划(2008 年调整)》,“四纵”专线包括北京至上海的客运专线，北京经武汉及广州至深圳(香港)的客运专线，北京经沈阳至哈尔滨(大连)的客运专线和上海经杭州、宁波及福州至深圳的客运专线。“四横”专线包括徐州经郑州至兰州的客运专线，上海经南昌及长沙至昆明的客运专线，青岛经石家庄至太原的客运专线，上海经南京、武汉及重庆至成都的客运专线。

出于建设现代化综合交通网络的实际需要，国务院在 2008 年调整了相关规划方案，提出了截止至 2020 年实现全国铁路营业里程超过 12 万km 以上及客运专线超过 1.6 万km 的目标。在及时的规划调整中，国务院多次召开专题会议表示对铁路机车车辆设备的相关内容进行研究，并明确提出“引进先进技术、联合设计生产、打造中国品牌”的基本方针，实行少量原装引进、零部件国内组装、生产国产化的项目运作模式。这是党中央、国务院关于高速铁路发展“引进消化吸收再创新”的科学决策，也是具备中国特色自主创新“高速铁路模式”的理论指导基础。

经过 2004 年《规划》、2008 年修编《规划》的实施，我国铁路事业的发展取得了显著的成效，初步形成国内铁路基础网络，明显提升铁路整体服务水平以及高速铁路技术研究的创新能力，取得了铁路改革的突破性成果。这一系列进展在推动经济持续发展、促进社会稳定发展、保障及改善人民生活、支撑国家重大发展战略的实施、增强我国综合国力、提升我国的国际影响力等方面发挥了重要的作用。且我国于 2015 年提前实现原规划目标，全国铁路营业里程高达 12.1 万km，包括高速铁路 1.9 万km。基于这种情况，国家发展改革委员会、交通运输部、中国铁路总公司于 2016 年 7 月联合印发《中长期铁路网规划(2016 年修订)》，该《规划》重新提出发展目标:“到 2020 年铁路网规模将达 15 万km，其中高速铁路 3 万km，此外远期铁路网规模将达到 20 万km 左右，其中高速铁路 4.5 万km 左右。全国铁路网全面连接 20 万人口以上城市，高速铁路网基本连接省会城市和其他 50 万人口以上大中城市，实现相邻大中城市间 1～4 h 交通圈，城市群内 0.5～2 h 交通圈”。在时速规定标准方面提出:“高速铁路主通道规划新增项目原则采用时速 250 km 及以上标准，其中沿线人口城镇稠密、经济较发达、贯通特大城市的铁路可采用时速 350 km 标准。区域铁路连接线原则采用时速 250 km 及以下标准。城际铁路原则采用时速 200 km 及以下标准。”同时，《规划》还提出:“在原规划‘四纵四横’主骨架基础上，形成以‘八纵八横’主通道为骨架、区域连接线衔接、城际铁路补充的高速铁路网。其中，‘八纵’

通道为沿海通道、京沪通道、京港（台）通道、京哈—京港澳通道、呼南通道、京昆通道、包（银）海通道、兰（西）广通道；‘八横’通道为绥满通道、京兰通道、青银通道、陆桥通道、沿江通道、沪昆通道、厦渝通道、广昆通道。”此外，该《规划》明确表示，从 2016 年起我国铁路建设固定资产投资资金将达 8000 亿元左右。

经过 5 年的建设，到 2020 年，中国铁路在十三五规划的投资任务全面完成。如图 1－1 所示，全国铁路固定资产投资完成 8029 亿元人民币、投产新线 8489 km，其中高速铁路 5474 km；截至 2019 年 12 月 31 日，全国铁路营业里程达到 13.9 万km 以上，其中高速铁路营运线路里程超过了 3.5 万km；2019 年全年国家铁路完成旅客发送量 35.7 亿人次，同比增长 7.7%，其中动车组旅客发送量 22.9 亿人次，同比增长 14.1%。到 2020 年，虽然受到了新型冠状病毒疫情的影响，中国国家铁路集团有限公司仍旧提出了比较可控的年度目标：“全国铁路全网完成旅客发送量 38.5 亿人次，货物发送量 36.5 亿吨；确保投产新线 4000 km 以上，其中高速铁路 2000 km。”

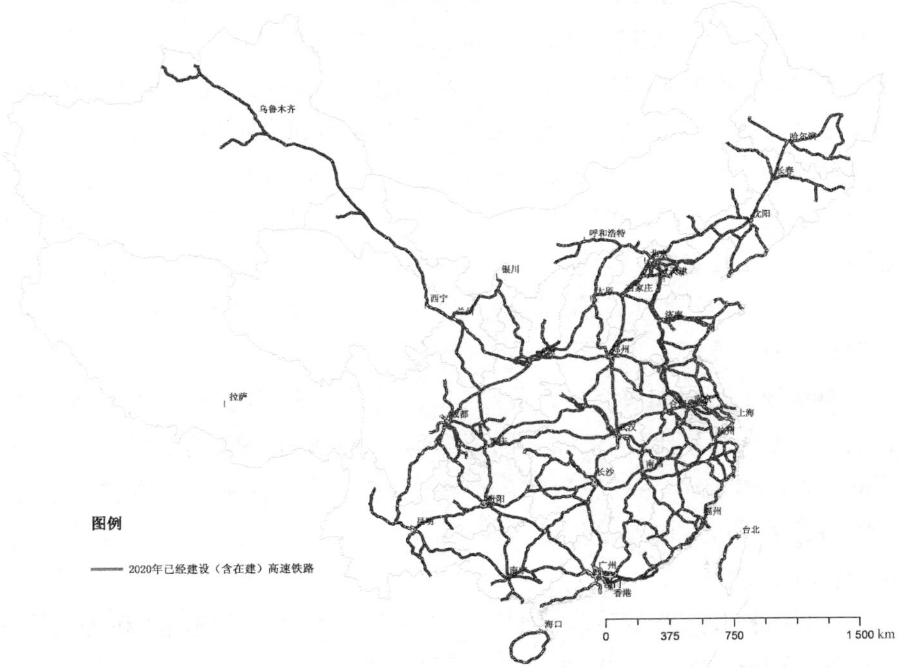

图 1－1　我国已经建设的高速铁路线路及车站地图(截至 2020 年 1 月)

此外，从 2020 年起，将推进《川藏铁路重大科技攻关实施方案》，加强川藏铁路建设，推动川藏铁路重大科技攻关取得新成就和新突破。为克服新型冠状病毒疫情的影响和全球经济发展放缓的趋势，国家未来将构建高质量、高效率的重点工程实施方案。按照“对外开放、保建设、保开工”的顺序，坚持尽力而为、量力而行的行动方针。同时，在今后的铁路建设中，注重和提升标准化水平，完善现有的高速铁路建设标准，努力形成世界一流的铁路工程建设标准体系，修订建设项目安全风，采取风险管理和隧道安全管理办法，建设一批具有国际影响力的优秀铁路工程和示范工程。

纵览我国高速铁路发展的历程可知，高速铁路是我国“改革开放”40多年过程中的伟大代表成就之一，是中国经济进入高速增长和减贫时期的助推器，也是广泛推行“改革开放”的瞩目成果。它的诞生是中国经济由此向市场化和开放化转变的见证，也是大规模的基础设施建设推动经济发展的显著成果。

二、我国高速铁路发展的世界经济背景

在高速铁路发展的过程中，国际经济形势发生了很大变化。“十二五”期间，世界经济从危机前的快速发展阶段进入了转型调整期，全球经济在2010年短暂反弹，但在“十二五”后期出现大幅下滑，2011年和2012年的增速分别仅为4%和3.2%。“十三五”期间，世界经济处于金融危机后的复苏和变革期，全球总体经济处于金融危机后的复苏和变革期，增长速度趋缓，全球利益格局的战略博弈更加复杂。“十三五”下半时期，世界经济运行环境依然复杂，发达经济体和新兴经济体经济下行风险依然存在。全球经济复苏缓慢而艰难，国际市场竞争更加激烈，贸易和投资保护主义日益多样化，世界经济增长动力不足，国外需求下降，并对中国对外开放的扩张和外向型经济的发展产生重大影响。

国际分工格局加快调整。美国和欧洲加快推进再工业化进程，吸引中高端制造业回归本土，而低收入国家如越南、朝鲜等凭借其丰富的资源、低廉的人力成本，吸引劳动密集型产业集聚，使得我国面临经济资源要素、生产资料成本及产业同构趋势增强的多重压力，外贸收入增长进一步放缓，利用外资难度加大。

世界科技和产业变革步伐加快。各国普遍加大了科技创新和研发的投入以促进产业升级和变革，抢占产业和技术制高点的竞争日趋激烈。如5G和新一代移动通信等新技术的广泛应用，对世界经济格局产生深远的影响，为我国进一步拓展产业发展空间、促进产业转型以及培育新的经济增长点带了机遇和挑战，这要求我们要在激烈的竞争中既要识别自身与国际先进水平差距拉大的风险，也要突破瓶颈找到产业升级的出路。

贸易规则和主导权的竞争也越发激烈。目前，我国已经被欧美许多国家从“发展中国家”的列表中去掉了，所以，国际社会对我国的贸易规则和经济投资方式也产生了根本性的变化。世界各国在知识产权、外贸投资、技术交易、经济援助等方面不再遵循旧的原则，这使得我国在新时代环境下必须去适应这些新的世界经济环境要素。

国内经济发展。在中国共产党强有力的领导下，全国各族人民团结一心，积极面对困难，开拓进取，国家从封闭落后走向全面小康社会，从贫穷和软弱走向繁荣富强的，在经济社会发展上取得了巨大成就，为世界经济发展作出了突出贡献。特别是党的十八届三中全会以来，以习近平同志为核心的党中央，为推动国家治理和工业生产取得新进展，提出的一系列新政策、新战略为新中国的工业经济繁荣、人民福祉的提升和世界经济的发展作出了杰出的贡献。

虽然近年来，中国经济发展取得了举世瞩目的成就，但就高速铁路发展的经济方面而言，工业企业稳定复苏的基础不稳定，发展不平衡、不协调、不可持续的问题仍然突出。此外消费内部增长动力不足，个别企业盈利能力减弱，投资能力和意愿降低，要素成本上升与创新能力不足并存。“十三五”期间和今后一个时期，我国整体经济将从高速增长阶段进入低速增长阶段。产能过剩问题突出，资源环境约束增强，东部地区劳动力成本等因素上升，迫使我国加快产业转型升级步伐。我国经济发展处于“三期叠加”阶段，即经济增长进入换挡期、结构转型调整进入阵痛期、前刺激政策进入消化期，长期以来形成的结构性矛盾深层次问题进一步凸显，面临着更严峻的宏观环境；产业结构转型升级更加紧迫。劳动力、土地、资源等要素供求关系已经变得非常紧张，通过廉价劳动力和资源利用拉动经济增长的传统优势已不复存在，企业的创新能力不足，盈利空间非常局限，新的经济发展模式仍然未成熟，培育新的模式也将面临外部经济比较优势的压力；区域和市场竞争更加激烈，我国为了促进区域发展，鼓励京津冀、粤港澳、长三角等区域发展先行先试，在这些地方进行试点，加快产业转型升级，低技术门槛的传统产业被更具劳动和资本优势的产业快速淘汰，许多区域经济竞争优势瞬时不在，出现了这些区域在市场容量、产业转型和配套、人才吸引等方面逐渐落后的现象，以往的区位政策竞争优势被进一步削弱，区域经济发展不平衡矛盾进一步加剧。

2014 年 5 月，习近平总书记在河南考察时首次提出我国经济发展进入了“新常态”。2014 年 12 月，中央经济工作会议对“新常态”给出九个方面具体表现的界定：消费需求转变、投资需求转变、出口方式转变、生产能力与产业组织方式转变、生产要素变革、市场竞争特点转变、资源环境约束、经济风险积累与化解、资源配置方式变革。"新常态"发展,必将会给我国社会经济变革带来新的思路和发展模式的改变。

此外,有调查显示 2008 年以后,我国人口回流的趋势开始变得明显。初步判断,这将是中国新一次大规模的人口在空间地理的重新流动和配置,也将显著影响中国未来的城镇化格局。年轻人的"整家"迁移模式,也势必给地区之间大运量交通基础设施的建设提出新的服务水平要求。

高速铁路以制造业和基建行业为主体的增长点,具备"大蓝筹"的特性,可以说,一旦内外部经济发展形势不佳,需要通过它带动经济发展的产业也将受到影响。因此,近 15 年来,我国高速铁路在这种经济形态下,仍能发展迅猛,可以说是一个奇迹。当然,部分铁路的建设是建立在国家许多部门高负债率基础上的,其可持续性正面临着考验。为应对国内外发展形势,实现全面建成小康社会的发展目标,我国将加快转变经济发展方式,优化产业结构,推动新型城镇化发展,加强深层次改革开放,加速推进"长江经济带""一带一路""京津冀一体化"等战略布局。国际和国内经济社会未来发展变化,将引发交通运输需求总量、结构和分布的变化,对交通运输发展提出新的挑战。因此,高速铁路作为我国交通运输体系中最核心的"名片"和"明星",在未来发展的过程中,需要着眼于国内外经济发展的转型,为我国下一阶段深化改革服务,并实现自身产品的升级,带动上下游产业和经济的发展。

三、交通运输行业发展的环境

从世界经济发展趋势看,"十三五"期间世界经济贸易呈现出"趋势放缓"和结构转型的特点。中国、发展中经济体和高收入国家的长期增长,包括"十三五"规划,在高增长情景和低增长情景下都将呈现"趋势性放缓"。发展中经济体的市场地位将继续提高,但新的经济增长引擎仍在发达市场。在"十三五"经济企稳的趋势下,预计外商直接投资将继续缓慢回升,世界贸易增速将逐步放缓。新兴市场将可能成为世界贸易的主要目的地,中国将成为最大的贸易国。与此同时,经济区域一体化进程不断加快。区域合作、跨区域合作、合作多元化是全球贸易投资合作的新趋势。据国际货币基金组织预测,"十三五"期间,全球经济增速将逐步放缓至 3.7%,其中发达经济体增速将降至 2.0%,新兴经济体和发展中经济体增速将降至 5.2%。在当前复苏趋势结束后,世界贸易增长率逐步降至 5.1%。

当前,国内外形势复杂,正在发生深刻复杂变化,我国仍处于全面发展的重要战略机遇期,经济发展正经历由高速增长转向高质量发展的阶段。

与此同时，交通运输也处于支撑全面建成小康社会的攻坚阶段、优化网络布局的关键阶段以及提质增效升级的转型阶段，现代化建设需要和交通强国战略需要都对铁路提出了新的改革和发展要求。交通运输的发展要补齐综合交通运输网络、交通运输服务方面的短板，通过增加交通的有效供给和提升交通服务水平来满足人民对交通运输日益增长的美好生活需要，通过增强铁路服务和保障能力来实现决胜全面建成小康社会的目标。此外，我国当前交通运输发展面临的问题是交通运输的发展受制于自然资源减少、环境污染加重、生态功能退化。因此，需要建立节约能源、集约利用资源的交通运输结构；发展大运量、低能耗、少排放的交通运输方式；推动形成绿色、安全、高效的交通运输体系。未来很长时间内，我国交通运输行业发展将面临如下的环境：

(1) 城市化促进经济内生增长，拉动交通需求，促进交通结构调整。

目前，我国城镇化率刚刚突破 50%，还有很大的发展空间。截至 2020 年，我国城市化水平达到 63.89%，城市数量达到 687 个。从基础设施建设和扩大消费需求两个方面推进城镇化，不仅对消化过剩产能具有重要作用，也是支撑我国经济增长的重要动力。据测算，城镇化率每提高 1%，需要直接基础设施建设 1 万亿元，新增消费支出 1000 亿元。“十三五”期间，城市化的发展对交通运输业的发展具有重要的推动作用。一方面，城市化促进了产业向中西部地区转移，也极大地促进了服务业的发展，预计第三产业占国内生产总值的比重将超过 50%，经济发展促使交通需求持续增长；另一方面，城镇化将继续推动公路、铁路、机场等交通基础设施建设，成为提高交通服务能力和水平的有利因素。

(2) 长江经济带将培育新的交通运输体系建设增长板，构建连接沿江产业带的综合立体交通通道。

依托长江黄金水道推进长江经济带发展和构建中国经济新支撑带，是党中央、国务院作出的重大战略部署。推进长江经济带建设，提出交通运输业实现综合运输的要求，从资源配置、效益和成本等方面推进综合立体交通通道建设。届时，高等级航道、沿江铁路、沿江公路、管道的建设将进一步扩大交通网络规模，各种交通方式的衔接将更加顺畅便捷，社会运输成本将进一步降低。同时，长江经济带建设将使东中西部经济交流更加频繁，经济发达地区与欠发达地区的融合更加紧密，交通运输需求大幅度增长，规模化需求进一步提高。

(3) 新型城镇化发展促进城市群发展，促进交通运输新旧动能转换。

基于目前的形势，党中央、国务院统筹国际国内两个大局，先后提出了

"京津冀协同发展""长江经济带"及"一带一路"建设等战略构想，要求建立区域互动、优势互补、紧密协作的区域发展新格局，并把新型城镇化发展作为经济结构调整和经济增长的重大引擎。这就要求交通运输行业要继续坚持适度超前的原则，强化区际、城际综合运输大通道建设，充分发挥交通运输在城镇布局、人口和产业集聚、区域协调发展中的先行和引导作用。以京津冀、粤港澳大湾区、长三角城市群的建设，使得城乡协同合作发展的潜力提升。其中，"京津冀一体化"上升为国家战略，从顶层设计、产业对接、协同发展、注重生态等方面，形成新型城镇化典范。"京津冀一体化"的作用更多在于调整存量，之后才是激发增量。"京津冀一体化"完善交通运输体系的前提，是构建快速、便捷、高效、安全、大容量、低成本的互联互通综合交通网络，这也为我国交通运输相关产业的发展提供了广阔的空间。

（4）"一带一路"进一步提升开放程度，促进跨境运输通道的互联互通建设。

"一带一路"近年来作为国家战略被推进，有利于促进中国与东盟、中亚地区的经贸合作、文化交流和海洋生态保护，促进与欧亚地区的合作与发展。这一战略的提出，是中国增强、巩固和提高综合实力和国际影响力的必然要求。在各种合作中，经济合作是文化交流和环境保护的基础，相互的交通连接是发展的前提，跨亚欧铁路、跨亚欧公路等的建设将有益于推进中亚国家的经济贸易和文化交流。主要物流线路促进海铁联运发展，且对航空客货运输提出了更高要求，而海上丝绸之路促进港口基础设施的完善，是我国建设海洋强国的重要起点，它能帮助我国形成覆盖海、陆、空的国际通道。总之，"一带一路"将在促进交通基础设施和经贸发展方面发挥更大作用。

基于党中央对发展环境的正确研究和判断，十八大以来，我国的交通科技与创新不断突破，交通行业治理能力大幅度提升，交通运输事业发展取得了显著成就。2016 年底，我国的综合运输通道基本贯通，综合运输网络规模初步形成。我国交通运输行业居于世界领先水平，已渗透各个行业领域且卓有成效。例如：我国的铁路、公路的旅客周转量和货运量，快递业务量，高速公路运营里程以及港口万吨级以上泊位数等位居世界第一；民航运输量和货邮周转量位居世界第二；我国高速铁路运营里程约为全球的 2/3，高速铁路旅客周转量超过世界其他国家总数，集港口集装箱吞吐数量占到全球的 1/3 以上；基本实现全国乡镇和建制村通公路，邮政快递通达各个村落（夏杰长，魏丽，2018）。

以上成果充分说明，我国是当之无愧的交通大国，也已经具备了能够深化建设交通强国的稳固基础。但仍在诸多方面存在不足，比如基础设施完备程度、交通建设品质、交通运输成本控制水平、交通服务效率等。真正成为交通强国,需要突破领域桎梏,实现跨越式发展。

习近平总书记在十九大报告中指出,目前我国社会的主要矛盾已经转化成人民日益增长的美好生活需要与发展不平衡不充分之间的矛盾,为了解决这一主要矛盾,实现中华民族伟大复兴的中国梦和经济强国梦社会主义现代化的终极目标,交通强国的建设任务是重中之重:建设完善的交通运输网络,并匹配相应的现代化基础设施。互联网、大数据、人工智能、新能源等新技术的发展,以及无人驾驶新科技的出现,为我国交通运输的发展带来历史性机遇,抓住全新领域的发展优势赶超发达国家,对我国交通运输事业的发展具有重要意义。

交通运输作为国际合作的重要领域和优先方向,正在拓展全球视野,统筹国际国内两个市场,强化与周边国家互联互通,加快铁路"走出去",打造一流的中国铁路技术、装备、标准、运输等,形成中国特色品牌,提升国际影响力和竞争力。特别地,高速铁路已经成为我国对外技术输出一张亮丽的"名片",在新时代背景下,如何实现高速铁路的创新发展,推进"一带一路""交通强国"等国家战略的实施,是当前铁路部门面临的关键问题。

第二节　交通强国战略

一、交通强国战略提出的背景

党的十八大以来,习近平总书记多次对交通运输工作作出重要论述。他提出了"交通基础设施建设具有很强的先导作用""要想富,先修路,不过时""'十三五'是交通运输基础设施发展、服务水平提高和转型发展的黄金时期""先行官""黄金时期"等指导思想,无一不诠释着党中央及国家层面对交通运输工作的关心和重视。特别地,在十九大中,党中央更是第一次把建设"交通强国"的目标写进报告并作为我国交通运输发展的最重要指导战略,这标志着建设交通强国已经由行业愿景上升为国家战略。在总结历史性变革时,总书记提出加快推进高速铁路、公路、桥梁、港口、机场等基础设施建设,肯定"天宫""悟空"及"大飞机"等重大科技成果,积极推进南海岛礁建设。在部署工作时,明确了要建设交通强国,并强调要加强水利系统、陆路交通、航空领域、运输系统和信息系统等基础设施的建设和发展,开展绿色出行等。

众所周知，交通运输肩负着服务全面建成小康社会的时代重托，是社会主义现代化建设事业的重要组成部分。中国特色社会主义进入新时代，这一时代正是我国交通运输基础设施发展、服务水平提高和转型发展的黄金时期，交通运输行业发展站在了从交通大国迈向交通强国的历史新起点上。

可见，总书记关于交通运输工作重要指示精神是习近平新时代中国特色社会主义思想的有机组成部分，是区域经济和交通运输发展的根本遵循原则和行动指南。必须以此武装头脑、指导实践、推动工作，加快建设交通强国，建设人民满意的交通，为决胜全面建成小康社会、夺取新时代中国特色社会主义伟大胜利提供坚强交通运输服务保障。

二、交通强国的内涵与特征

改革开放以来，我国交通实现了从满足现代经济社会基本条件的基础性，到提高效率和便捷服务生产和生活的服务性，向着构建人类命运共同体的愿景迈进。十八大以来的五年是交通运输发展历史上建设强度最大、网络覆盖最广、品质提升最快、群众获得感最强的时期，网络设施更加完善，技术装备更加先进，运输服务更加优质，降本增效更加显著，战略支撑更加有力，中国正在从交通大国向交通强国迈进。

交通强国是社会主义现代化强国的重要组成部分，是先行领域和战略支撑。我们认为，交通强国的内涵体现在“人民满意、保障有力、世界领先”。

人民满意，即坚持以人民为中心的发展思想，解决人民群众最关心最直接最现实的交通问题，建设人民满意交通，满足人民日益增长的美好生活需要，服务于全体人民实现共同富裕。

保障有力，即交通在经济社会发展中当好先行，为社会主义现代化强国建设和国家战略实施提供有力保障。

世界领先，即全面实现交通现代化，交通综合实力和国际竞争力领先全球。

习近平总书记多次明确提出要构建“安全、便捷、高效、绿色、经济”的综合交通体系。目前许多学者认为，交通强国的特征也体现在这五个方面。其中，“安全”是交通发展的永恒主题，也是人民群众最关心最直接最现实的问题，包括交通安全生产、保障生命安全、系统可靠性高、支撑总体国家安全等要求；“便捷”体现了对交通体系供给能力和质量的要求，包括城乡区域交通协调发展、基本公共服务均等化、出行便利化、出行时间少等要求；“高效”体现了对交通体系供给效率的要求，包括交通全要素生产率高、各方式组合效率高、一体化衔接顺畅等内容；“绿色”是我国生态文明建设的重要内容，也是交通发展全领域、全过程必须遵循的要求，包括低排放、低污染、与自然和谐共生等内容；“经济”是对交通生产、运营成本和人民出行成本的要求，包括人民群众可承受的出行成本、交通物流成本、各类交通方式比较优势等内容。

三、交通强国实现的总体思路

2018 年，中国工程院在编制《交通强国建设纲要》时，提出了交通强国建设的总体思路，即围绕建设“人民满意、保障有力、世界领先”交通强国的中心任务（1 个中心）；以打造“一流的设施、一流的技术、一流的管理、一流的服务”（4 个一流）为目标；突出习近平新时代中国特色社会主义指导下的交通发展“由依靠传统要素驱动向更多依靠创新驱动转变、由各方式并联发展向融合发展转变、由注重提升供给能力向注重提升供给质量效率转变”（3 个转变）；明确“网络化、数字化、法治化、一体化”的交通发展方向（4 个方向）；构建以“安全、便捷、高效、绿色、经济”为特征的现代化交通体系（5 个特征）；打造与交通强国建设相适应的“基础设施、交通装备、运输服务、创新驱动、安全发展、绿色交通、开放合作和现代治理体系”（8 大体系）。

按照目标导向的原则，相关部门研究后，明确提出了未来交通“网络化、数字化、法治化、一体化”的“四化”发展方向。其中，“网络化”是交通强国的基础，包括基础设施、运输服务、通信信息等；“数字化”代表了未来智能交通发展的方向，是现代交通与传统交通的根本区别，是现代信息技术与交通基础设施、运输装备、运输服务的全面深度融合，是智能交通发展的高级阶段；“法治化”是交通强国的制度保障，体现了交通治理体系和治理能力现代化、全面深化改革、推进“放管服”改革、建设法治政府部门等要求；“一体化”体现了城乡区域交通一体化、运输市场和服务一体化、各方式衔接一体化、交通军民融合发展以及交通与旅游、物流、装备制造等产业融合发展等要求。需要指出的是，“网络化、数字化、法治化、一体化”四个发展方向与“四个一流”逻辑关联、相辅相成，“网络化”可对应“一流的设施”，“数字化”可对应“一流的技术”，“法治化”可对应“一流的管理”，“一体化”可对应“一流的服务”。

第三节　“一带一路”倡议

“一带一路”（The Belt and Road，B&R）是“丝绸之路经济带”和“21 世

纪海上丝绸之路”的简称，国家主席习近平于2013年9月和10月分别提出建设“新丝绸之路经济带”和“21世纪海上丝绸之路”的合作倡议。“一带一路”借用古代丝绸之路的历史符号，高举和平发展的旗帜，基于我国目前与沿线国家的双多边机制，在既有的区域合作平台上进一步加深与成员国的经济贸易合作关系，本着开放合作、和谐包容、市场运作、互利共赢的原则，共同打造利益、命运和责任共同体。

首届“一带一路”国际合作高峰论坛、G20杭州峰会、博鳌亚洲论坛等是我国与“一带一路”国家高层交往的重要平台。据有关数据统计，自“一带一路”倡议提出至2020年，习近平总书记对“一带一路”国家出访达50余次，数位“一带一路”国家的元首访问中国。且近年来，我国与塔吉克斯坦、匈牙利、以色列、埃塞俄比亚和马达加斯加等30余个“一带一路”国家外交关系级别得到明显提升；数据分析显示，我国与半数以上“一带一路”成员国保持良好的战略伙伴关系，坚持合作共赢，互帮互助，共同商讨重大事项，与俄罗斯、菲律宾、柬埔寨等周边国家保持密切的邻里关系，频繁沟通交流。从倡议提出到2020年8月，我国已经同172个国家或国际组织签署了200多份共建“一带一种”合作文件，配套政策文件日趋完善，并与更多国家在更广领域达成协同联动合作。此外，近八年来，中国与“一带一路”参与国经贸投资合作成效明显，贸易和投资合作不断扩大，形成了互利共赢的良好局面。各项数据指标均表明了我国持续增加与“一带一路”沿线国家的投资贸易，在2013年至2020年间，我国与各成员国间的进出口贸易总额高达9.2万亿美元，且贸易增速超过对外整体增速，极大地促进了我国对外贸易的加速回暖。

重要的是，互联互通是贯穿“一带一路”的血脉，而基础设施连通则是“一带一路”建设的优先领域。2016—2020年，中国对“一带一路”沿线国家进出口总额不断增长，经贸合作成效显著。2020年受新冠肺炎疫情影响，中国对“一带一路”国家贸易总额比上年增长1.0%，进口下降1.8%，出口增长3.20%。截至2020年12月，我国与“一带一路”相关国家的铁路连通水平得到显著提高；铁路连通水平表现突出，中欧班列贡献了不小的力量。中欧班列线路主要分布在德国、俄罗斯、哈萨克斯坦、塔吉克斯坦、波兰、白俄罗斯等国家，截至2020年12月底，中欧班列累计开行数量40 000列，开行超百列的国内城市31个，到达欧洲23个国家168个城市。

此外，亚洲投资发展银行(以下简称“亚投行”)在基础设施互联互通投资中发挥了重要的作用，截至2018年7月底，亚投行成员已达87个，其中“一带一路”国家占比超过六成。与2017年相比，阿富汗、东帝汶、匈牙利、埃塞俄比亚、黎巴嫩等成为亚投行新成员。目前，亚投行在13个国家开展了28个项目，总金额超53亿美元。另外，中国出资400亿美元成立的丝路基金，在去年5月获得中国增资1000亿元人民币，目前已签约了19个项目，并承诺投资70亿美元，总计支持项目达800亿美元。为进一步推动金融合作，我国与“一带一路”国家也努力改善金融支撑环境。中资银行不断拓宽海外布局，24个国家设立中资银行分支机构102家，以新加坡、马来西亚、印度尼西亚、泰国的数量为最多；人民币跨境支付系统覆盖“一带一路”国家的165家银行，分布于俄罗斯、新加坡、马来西亚、韩国、泰国等40个国家。

对于高速铁路而言，基于泛亚铁路概念性规划(图1－2)，我国与许多国家加大高速铁路建设合作的力度，目前，已经有超过10个国家启动了“一带一路”的高速铁路项目建设，30多个国家正在和我国洽谈项目合作，并有引进我国高速铁路项目的意向，成功实施的“一带一路”高速铁路项目见表1－1。

表1－1　成功实施的“一带一路”高速铁路项目

项目序号	名称	所属国家	描述	状态
1	雅万高速铁路	印尼	雅万高速铁路将连接印尼首都雅加达和第四大城市万隆，线路总长约150 km，将采用中国技术、中国标准和中国装备，设计时速为每小时250～300 km，最高设计时速350 km。建成通车后，从雅加达至万隆的时间将缩短约40 min	全面开工
2	莫斯科—喀山高速铁路	俄罗斯、哈萨克斯坦	莫斯科至北京的高速铁路全长超过7000 km，途经俄罗斯、哈萨克斯坦和中国三国。莫斯科—喀山高速铁路项目是欧亚高速运输通道的试点项目，该项目西起莫斯科，向东南延伸到鞑靼共和国的喀山，中间穿过弗拉基米尔州首府弗拉基米尔、俄罗斯联邦州首府下诺夫哥罗德和楚瓦什自治共和国首府切博克萨雷等重要城市，总长度为770 km，将延伸至北京，并以此打造“莫斯科—北京”欧亚高速运输通道	未开工(初步达成贷款意向协议)

(续表)

项目序号	名称	所属国家	描述	状态
3	匈塞铁路	匈牙利、塞尔维亚	匈塞铁路自匈牙利首都布达佩斯至塞尔维亚首都贝尔格莱德，全长350 km，其中匈牙利境内166 km，塞尔维亚境内184 km。该项目为电气化客货混线快速铁路，既有单线铁路的增建二线工程及部分区段新建双线，设计最高时速200 km，建设工期2年，建成通车后，两地之间的运行时间将从目前的8 h缩短至3 h以内	未开工（初步达成建设协议）
4	中泰铁路	泰国	中泰铁路项目一期工程将连接曼谷和呵叻府，全长252.5 km，设计时速250 km。按照2014年的规划，中泰铁路全长约860 km，将一路延伸至泰国与老挝的边境廊开，与正在建设中的中老铁路相连后，可以抵达昆明	已举行开工仪式，建设尚未推进
5	中老铁路	老挝	中老铁路北起中国云南省玉溪市，经普洱市、西双版纳、中老边境口岸磨憨，经老挝著名旅游胜地琅勃拉邦至老挝首都万象。中国段：即玉磨铁路近91 km。其中，玉溪至西双版纳段为双线，西双版纳至磨憨段为单线。老挝段：磨丁至万象的铁路全长418 km，由中方负责建设，将采用国际技术标准，客运时速160 km，货运时速120 km，是快速铁路	已完工 预计将于2021年底开通运营
6	马来西亚南部铁路	马来西亚	马来西亚南部铁路位于金马士与新山之间，为双线电气化米轨铁路，全长191.14 km，共有9个新建客运站，2个车辆段及3个靠近既有铁路线的开放式车站，客运时速160 km，货运时速90 km，项目工期为48个月	全面开工

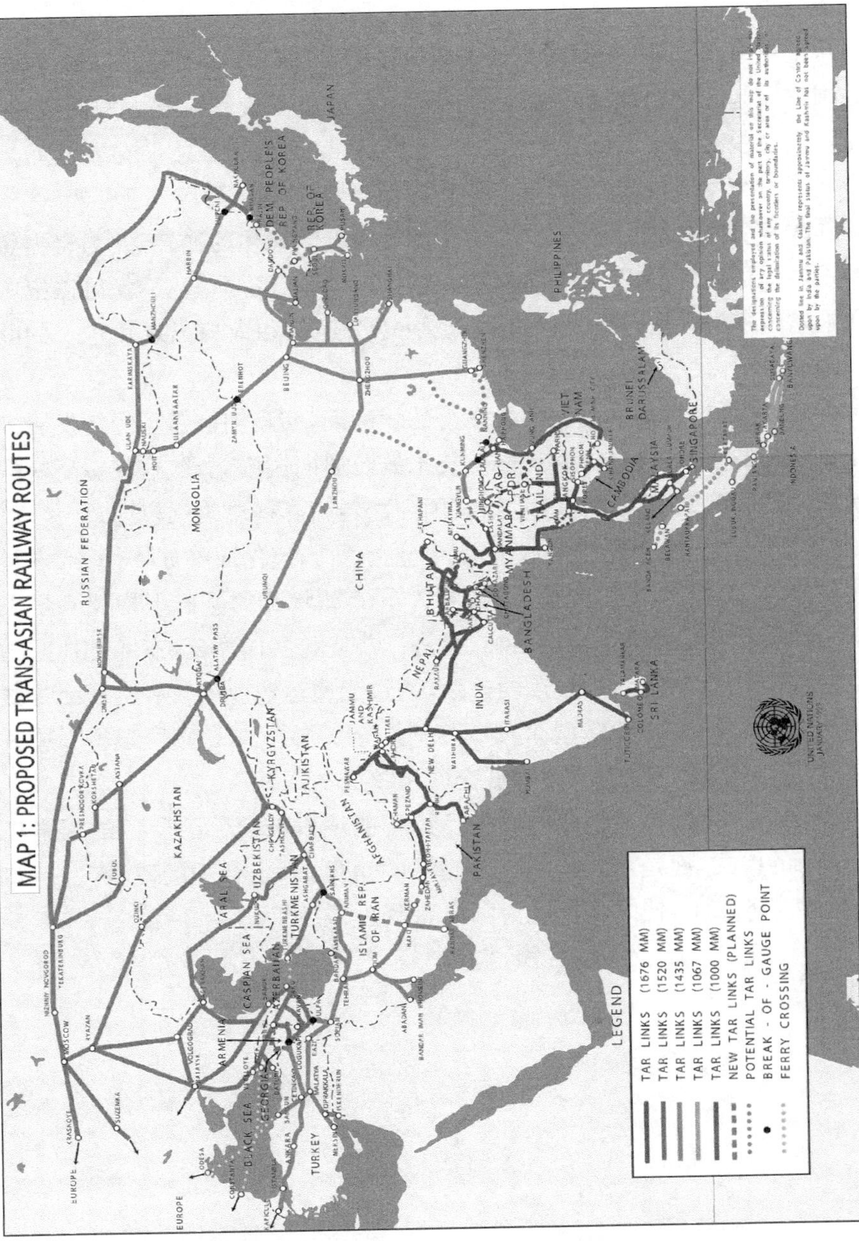

图 1－2　泛亚铁路概念图景

第四节 当前时代背景对我国高速铁路发展的影响

从世界格局来看，未来高速铁路的建设能够促进欧亚大陆经济整合，推动我国建立起一个全球战略格局中的对冲。这将深刻影响国内发展战略，促使我国摆脱对过去蓝海战略的路径依赖，依靠交通新技术革命重新布局国内经济均衡发展格局，将西部开发作为新的经济增长极。

其次，高速铁路建设发展、外联有助于防止全球化的逆转，并为自由贸易的发展提供新的动力。用高速铁路连接“一带一路”国家，不仅可以把中亚和中东国家融入全球化发展进程，也可以为经济和人口出现负增长的欧洲提供焕发活力的契机。

再次，我国也将借助高铁建设赢得的缓冲期，实现向内需型经济发展模式转变。大规模的人口流动，将促使技术的流通向国内集聚，这将提高内需流动率，所以，大规模人口流动将给我国内需转型赢得珍贵的机遇。

同时，从国家社会经济发展上看，目前新型城镇化面临如下任务：一是在综合考虑我国现有人口规模、结构和人员流动状况的基础上构建满足人民长远需求的综合交通运输网络；二是进一步完善我国西部、东北部地区的对外交通骨干网络建设，缩小东西差距，通过交通运输业的发展实现沿线城市的城镇布局优化、产业转型和人口集聚。所以，在人口密集区建设高速铁路，有利于切实改善交通条件，降低交通相关成本。

基于以上形势，高速铁路的发展已经不能按以前“从无到有”的探索实践中学习的模式，而是需要作为“领跑者”的角色，制定合理的政策，进一步提升运输服务水平，使之真正成为国家亮丽的“名片”。

第二章　我国高速铁路发展历程及重要的规划

第一节　我国高速铁路发展阶段划分

一、发展阶段划分

高速铁路作为最先进的地面交通方式之一，以每小时 200 km 甚至更高的速度运行，大大缩短了区域间的出行时间。根据我国《中长期铁路网规划》(2018)规定，截止到 2020 年国家高速铁路发展规划的主要目标是：① 通过相互连接的高速铁路，增加主要经济区之间的可达性网络；② 通过改善区域交通连通性促进协调和平衡的区域发展。通过对我国高速铁路建设相关信息的总结，高速铁路的发展可分为三个阶段见表 2－1。

表 2－1　我国高速铁路发展的简要历程

阶段	年限	大事记	运营效益
初期	2004—2007	2004 年 4 月 18 日，第五次大面积铁路提速及运行图调整计划开始实施； 国务院批准了第一个国家铁路规划——“中长期铁路网规划”(2004 年)； 2007 年 4 月 18 日，大面积铁路提速及运行图调整第六次规划开始实施	运行时速 160 km 的列车，轨道里程达到 7700 km； 最高时速 200 km 的轨道里程为1960 km； 初步形成了“四纵四横”的高速铁路通道框架； 中国高速铁路年客运量达到 3 亿人次； 京津线、武广线、郑西线等多条高速铁路线路时速 350 km； 增加了“D”字头系列高速铁路线路

（续表）

阶段	年限	大事记	运营效益
快速发展	2008—2015	2008年提出“中长期铁路网规划”（2008年修订）； 2011年温州高速铁路列车事故； 2008年规划的“四横四纵”提前建成	完成“四横四纵”高速铁路通道建设，并制定了到2011年完成33条客运高速铁路线路的目标； 由于温州动车事故，铁道部在2011—2013年下半年间，不得不暂停所有新的铁路项目审批，并将“D”字头系列高速铁路线路的速度从每小时250 km降至200 km，“G”字头系列列车的速度从每小时300 km（或以上）降至250 km； 京沪高速铁路线路速度由每小时380 km降至300 km； 截至2015年底，中国高速铁路总里程超过1.9万km。自中国高速铁路引进以来，累计客流量已达50亿人次
国际化	2016—至今	2016年，修订并颁布了新的《中长期铁路网规划》	规划到2020年，高速铁路网络里程超过3万km，连接所有人口超过50万的城市； 和许多国家签订了高速铁路建设合同，许多国际项目成功实施

二、相关规划

我国高速铁路系统的规划始于20世纪90年代初，1990年提出了建设北京至上海高速铁路线路的建议。经过十多年的筹备，国务院于2004年批准了《中长期铁路网规划》（规划—2004），2008年修订了《中长期铁路网规划》。这是一个长期的铁路修订和国家指导计划，经国务院批准，国家发展改革委、交通运输部、中国铁路总公司发布。

2004年计划指导了第六个大面积铁路改进计划，包括调整网络的列车运行图，已成功实施。此外，该计划还推动了2007年京津城际铁路和青藏铁路的建设，使中国高速铁路进入了一个新的时代。

2008年后期，对2004年的计划进行了修订，正式制定和实施了《中长期铁路网计划》（2008年计划）。新规划进一步扩大网络里程规模，全面完善高速铁路网络布局结构。到2020年，我国运营铁路里程有望达到16万km。在2008年计划中，修订后的国家高速铁路通道包括8条高速铁路干线，称为“四纵”和“四横”，2008年计划中的所有高速铁路线路均在2015年底前实现，比原计划提前了5年。

截至2016年底，我国的铁路总里程现已达到21 000 km。2016年7月

20 日，中国国务院提出修订后的《中长期铁路网规划》提出，到 2020 年，中国铁路网的铁路总里程将扩大到 15 万km，其中包括 3 万km 的高速铁路。这一目标，比 2015 年高速铁路里程增长了 58%。高速铁路通道主干线也在 2016 年计划中进行了重新设计，规定了“八纵”和“八横”高速铁路通道。与 2008 年计划相比，2016 年计划提出了建设更多的中国高速铁路通道。除现有通道外，2016 年计划还包括了在城市之间形成多条干线通道。

图 2-1 展示了截至 2017 年的我国高速铁路网络布局，需要指出的是，这幅图是 2008 年计划（2008—2015 年期间建设的网络）和 2016 年计划（2016—2017 年期间建设的网络）中所述规划的结果。

第二节　《中长期铁路网规划》

一、国家中长期铁路网规划

“铁路是国民经济大动脉、关键基础设施和重大民生工程，是综合交通运输体系的骨干和主要交通方式之一，在我国经济社会发展中的地位和作用至关重要。加快铁路建设特别是中西部地区铁路建设，是稳增长、调结构，增加有效投资，扩大消费，既利当前、更惠长远的重大举措。党中央、国务院高度重视铁路发展。2004 年国务院批准实施《中长期铁路网规划》以来，我国铁路实现了快速发展。为加快构建布局合理、覆盖广泛、高效便捷、安全经济的现代铁路网络，更好发挥铁路骨干优势作用，推进综合交通运输体系建设，支撑引领我国经济社会发展，在深入总结原规划实施情况的基础上，结合发展新形势新要求，修编了《中长期铁路网规划》。本规划是我国铁路基础设施的中长期空间布局规划，是推进铁路建设的基本依据，是指导我国铁路发展的纲领性文件。规划期为 2016—2025 年，远期展望到 2030 年。”（节选自《中长期铁路网规划，2016—2025》）。

《中长期铁路网规划》还提出了以下规划目标：

到 2020 年，一批重大标志性项目建成投产，铁路网规模达到 15 万km，其中高速铁路 3 万km，覆盖 80%以上的大城市，为完成“十三五”规划任务、实现全面建成小康社会目标提供有力支撑。到 2025 年，铁路网规模达到 17.5 万km 左右，其中高速铁路 3.8 万km 左右，网络覆盖进一步扩大，路网结构更加优化，骨干作用更加显著，更好发挥铁路对经济社会发展的保障作用。展望到 2030 年，基本实现内外互联互通、区际多路畅通、省会高速铁路

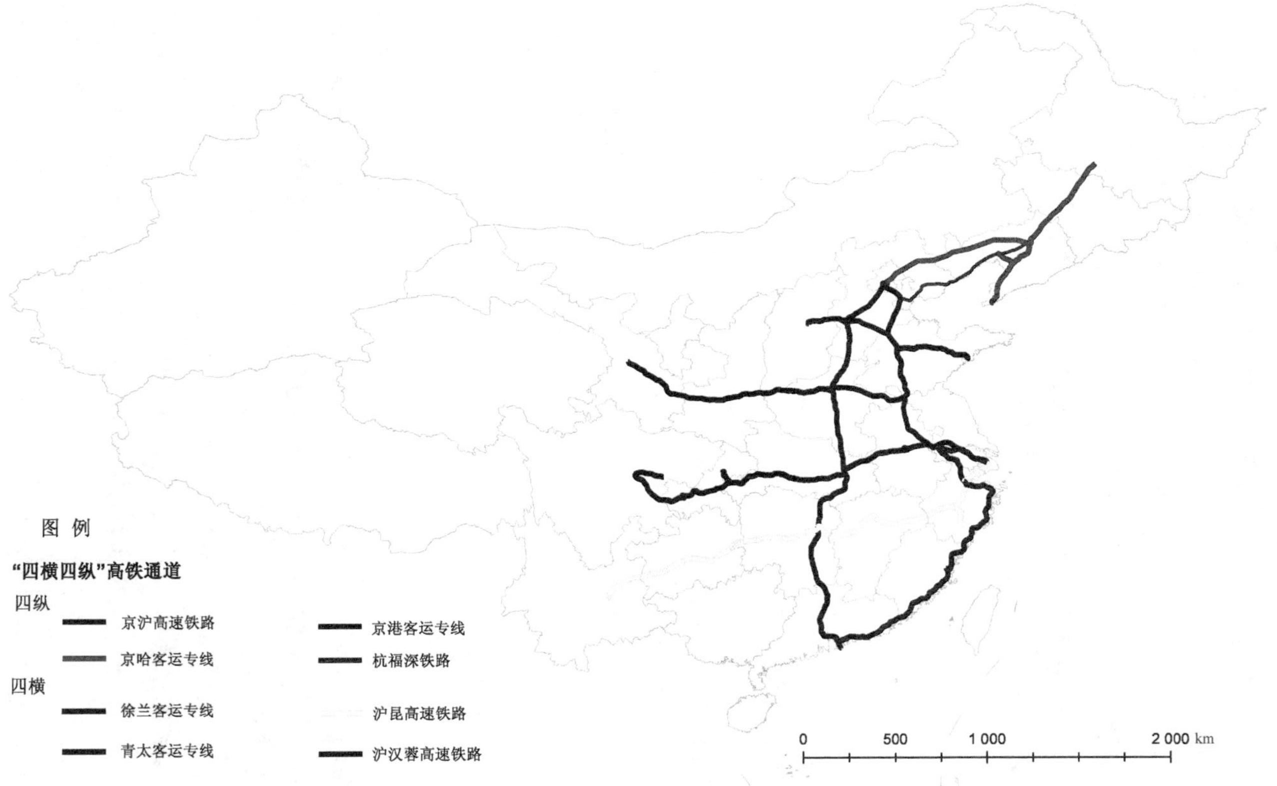

图 2-1　既有"四横四纵"高速铁路通道

四横为沪汉蓉快速客运通道、徐兰客运专线、沪昆高速铁路、青太客运专线。四纵为京沪高速铁路、京港客运专线、京哈客运专线、杭福深客运专线(东南沿海客运专线)。

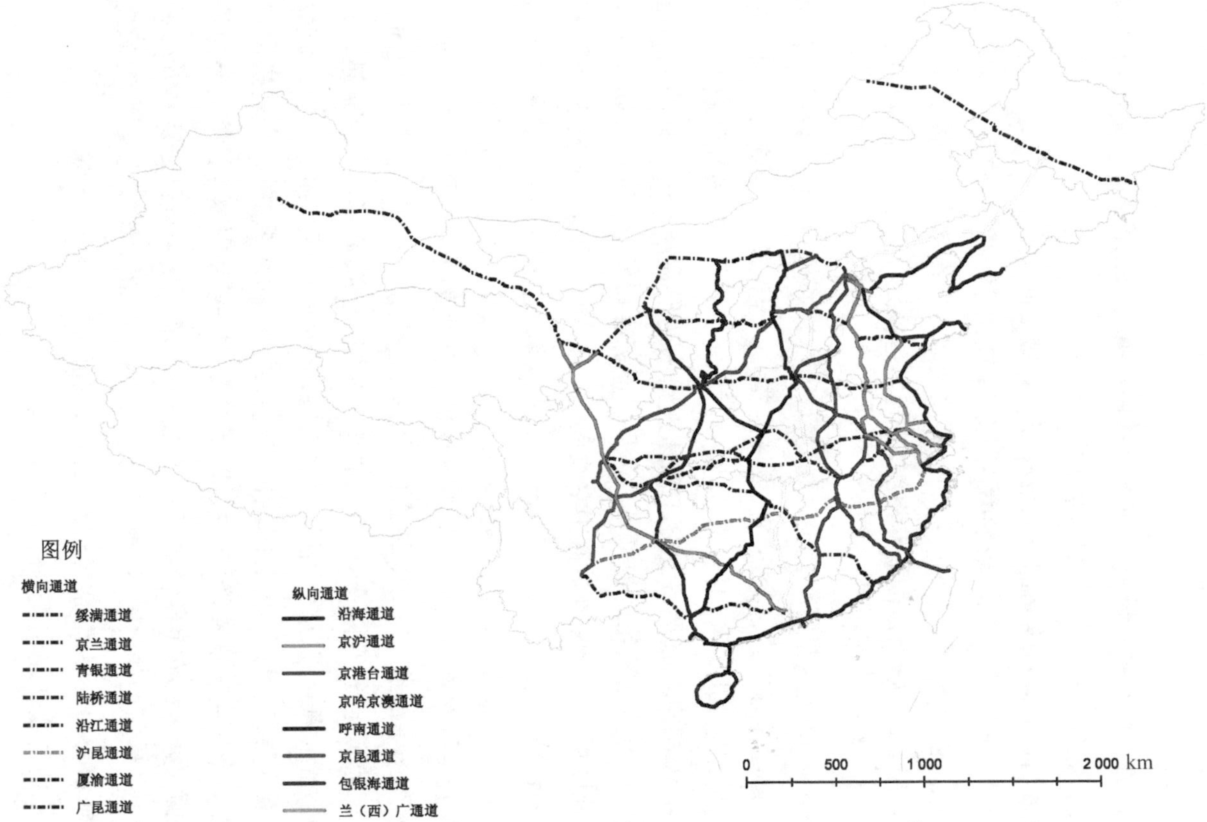

图 2 - 2　2016 年《中长期铁路网规划》中规划的“八横八纵”高速铁路通道

连通、地市快速通达、县域基本覆盖。

完善广覆盖的全国铁路网。连接20万人口以上城市、资源富集区、货物主要集散地、主要港口及口岸，基本覆盖县级以上行政区，形成便捷高效的现代铁路物流网络，构建全方位的开发开放通道，提供覆盖广泛的铁路运输公共服务。

建成现代的高速铁路网。连接主要城市群，基本连接省会城市和其他50万人口以上大中城市，形成以特大城市为中心覆盖全国，以省会城市为支点覆盖周边的高速铁路网。实现相邻大中城市间1～4 h交通圈，城市群内0.5～2 h交通圈。提供安全可靠、优质高效、舒适便捷的旅客运输服务。

打造一体化的综合交通枢纽。与其他交通方式高效衔接，形成“系统配套、一体便捷、站城融合”的铁路枢纽，实现客运换乘“零距离”、物流衔接“无缝化”、运输服务“一体化”。

其中，对高速铁路网络发展的规划目标为：在原规划“四纵四横”主骨架基础上，增加客流支撑、标准适宜、发展需要的高速铁路，同时充分利用既有铁路，形成以“八纵八横”主通道为骨架、区域连接线衔接、城际铁路补充的高速铁路网。同时，还明确划分了高速铁路网建设标准。高速铁路主通道规划新增项目原则采用时速250 km及以上标准（地形地质及气候条件复杂困难地区可以适当降低），其中沿线人口城镇稠密、经济比较发达、贯通特大城市的铁路可采用时速350 km标准。区域铁路连接线原则采用时速250 km及以下标准。城际铁路原则采用时速200 km及以下标准。

《中长期铁路网规划》中，具体的高速铁路规划方案：① 构建“八纵八横”高速铁路主通道。“八纵”通道包括沿海通道、京沪通道、京港（台）通道、京哈—京港澳通道、呼南通道、京昆通道、包（银）海通道、兰（西）广通道；“八横”通道为：绥满通道、京兰通道、青银通道、陆桥通道、沿江通道、沪昆通道、厦渝通道、广昆通道；② 拓展区域铁路连接线。在“八纵八横”主通道的基础上，规划布局高速铁路区域连接线，目的是进一步完善路网，扩大高速铁路覆盖面；③ 发展城际客运铁路。在优先利用高速铁路、普速铁路开行城际列车服务城际功能的同时，规划建设支撑和带领新型城镇化发展、有效连接大中城市与中心城镇、服务通勤功能的城市群城际客运铁路。

中长期高速铁路网规划图如图2-3所示。

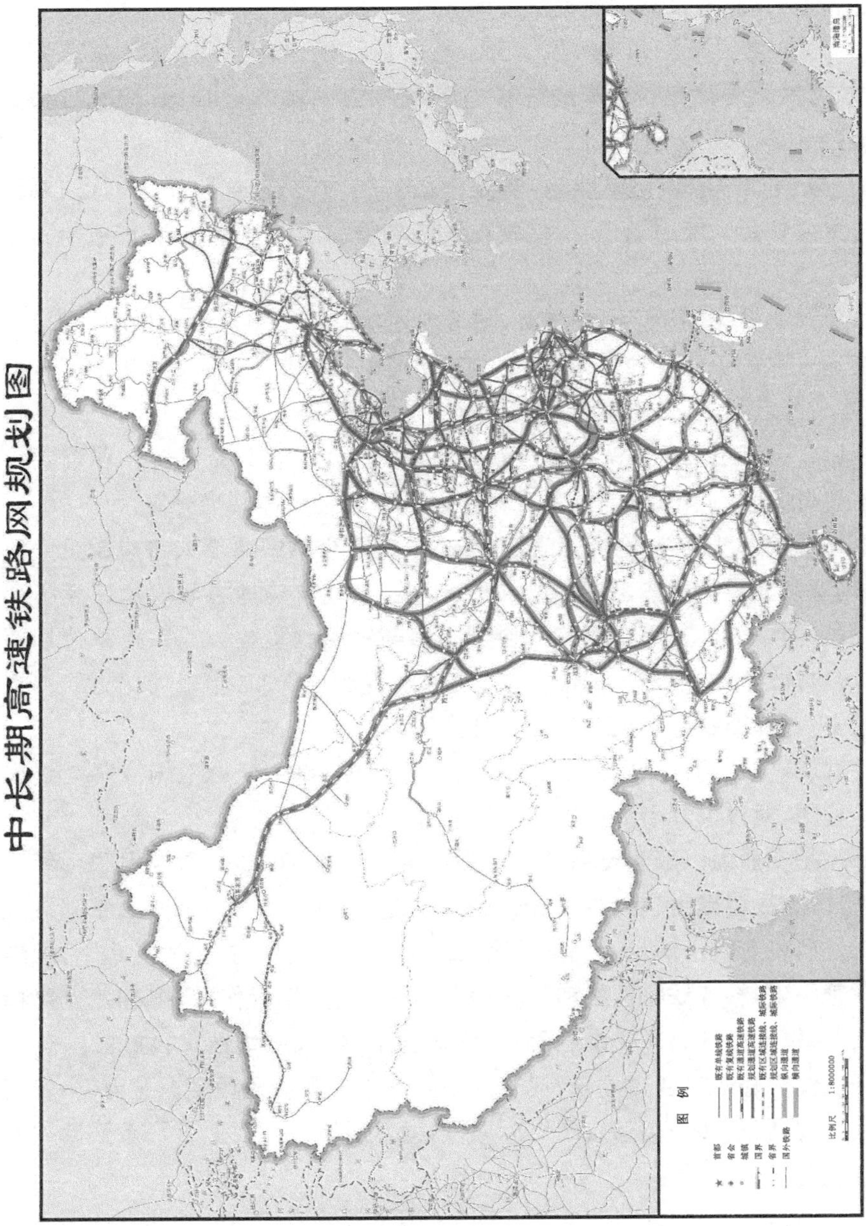

图 2－3　中长期高速铁路网规划(来源:《中长期铁路网规划 2016》)

二、《中长期铁路网规划》与国家战略的对应关系

经解读,《中长期铁路网规划(2016—2030)》提出了五大举措促进铁路交通,特别是高速铁路的建设。

(1) 打造以沿海、京沪等"八纵"通道和陆桥、沿江等"八横"通道为主干、城际铁路为补充的高速铁路网,实现相邻大中城市间 1～4 h 交通圈、城市群内 0.5～2 h 交通圈。

(2) 完善铁路网运输能力,扩大中西部路网覆盖,优化东部网络布局,形成区际快捷大能力通道,加快建设脱贫攻坚和国土开发铁路,推进与周边互联互通。

(3) 按照"零距离"换乘要求,同站规划建设以铁路客站为中心,衔接其他交通方式的综合交通体,扩大集装箱中心站、末端配送等货物集散服务网络,形成配套便捷、站城融合的现代化交通枢纽。

(4) 培育壮大高速铁路经济新业态,促进沿线区域交流合作和资源优化配置,加速产业梯度转移,带动制造业和整个经济体转型升级。

(5) 深化投融资、价格等改革,提高中央资金对中西部铁路建设投入比重,培育多元投资主体,放宽市场准入门槛,鼓励支持地方政府和广泛吸引包括民间投资、外资等在内的社会资本参与铁路投资建设。铁路总公司要推进自身改革,加快建立现代企业制度,盘活现有资产,用市场化方式多渠道融资,在铁路建设发展中发挥关键作用。

针对《中长期铁路网规划(2016—2030)》的目标,交通强国战略在提出的过程中,对以上几个目标进行了对应和涵盖:

一是交通强国战略要求铁路增强服务保障能力。"交通强国""一带一路"等国家战略提出建设"人民满意"的交通基础设施,即强调交通基础设施规划发展要着眼于满足人民日益增长的美好生活需要,提升服务水平,保障和改善民生,补齐铁路网络和运输服务短板,发挥先行作用,把有效支撑精准扶贫、精准脱贫放在突出位置,加强革命老区、民族地区、边疆地区、贫困地区铁路对外运输通道建设,提升铁路服务水平和覆盖程度。这与《中长期铁路网规划(2016—2030)》的目标中"八横八纵"通道目标,兼顾东西部铁路基础设施的目标对应。

二是推进"一带一路""交通强国"等国家战略要求高速铁路发挥引领带动作用。贯彻落实推进"一带一路"建设部署和区域发展总体战略及京津冀协同发展、长江经济带发展等战略,推进新型城镇化和军民融合深度发展,要求继续推进以中西部地区为重点的高速铁路建设,进一步完善覆盖广泛

的运输网络，缩小地区发展差距，推动更大范围、更深层次区域协同合作。

三是“一带一路”“交通强国”等国家战略的绿色生态要求铁路绿色低碳发展。要节约集约利用资源，优化交通运输结构，更加注重发挥铁路运量大、能耗少、排放低等优势，推动形成绿色高效交通运输发展方式，为建设美丽中国作出贡献。

四是“一带一路”“交通强国”等国家战略主导的全面深化交通运输行业改革要求高速铁路着力强化改革创新。贯彻落实全面深化改革总体部署，要求坚持创新发展理念，主动适应新需求，推进铁路供给侧结构性改革，深化高速铁路行业的改革，加快市场化运行机制建设，加强政府监管和服务，推进治理能力现代化。

五是“一带一路”“交通强国”等国家战略强调“强国家”，要求高速铁路提升国际竞争能力。高速铁路作为国际合作的重要领域和优先方向，要拓展全球视野，统筹国际国内两个市场，强化与周边国家互联互通，服务“一带一路”倡议，加快铁路“走出去”，打造中国铁路技术、装备、标准、运输等品牌，提升国际影响力和竞争力。

“交通强国”“一带一路”等国家战略与《中长期铁路网规划(2016—2030)》的对应关系如图 2 - 4 所示。

第三节　《铁路“十三五”发展规划》

一、《铁路“十三五”发展规划》的背景

为贯彻落实《国民经济和社会发展第十三个五年规划纲要》《“十三五”现代综合交通运输体系发展规划》和《中长期铁路网规划》及铁路改革发展的要求，加强铁路基础设施网络建设，发挥铁路骨干优势作用，提升铁路运输服务品质，提高高速铁路发展质量和效益，国家发展和改革委员会、交通运输部、国家铁路局、中国铁路总公司于 2017 年 11 月 20 日发布了《铁路“十三五”发展规划》。

《铁路“十三五”发展规划》明确提出铁路将紧紧围绕“五位一体”总体布局和“四个全面”战略布局，坚持协调发展、改革创新、提质增效、恪守安全的原则，以供给侧结构性改革为主线，以构建现代综合交通运输体系为要义，以提升科技创新能力为驱动，不断扩大铁路运输有效供给，提供更高品质的客货运输服务，发挥铁路在我国交通运输系统的骨干作用，支撑中国铁路

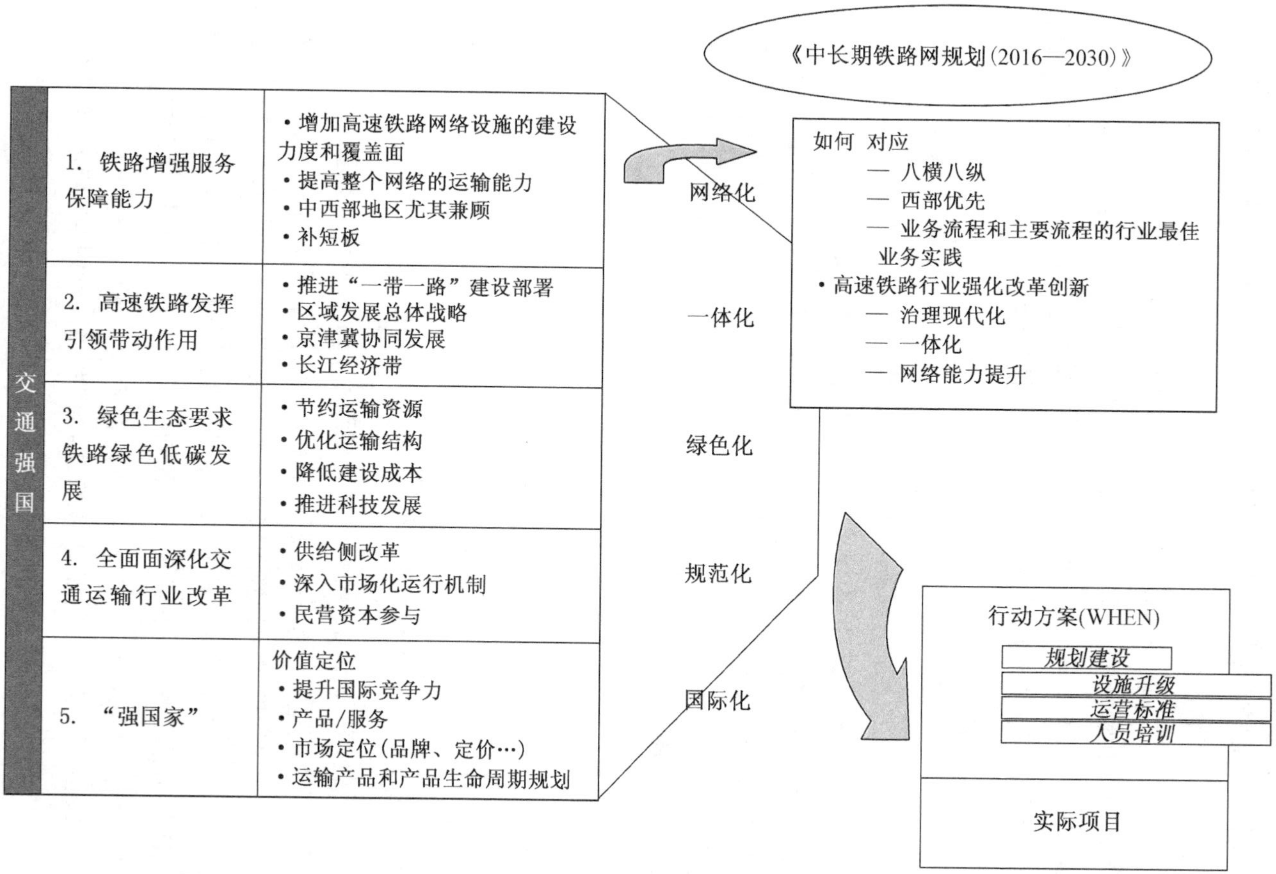

图 2－4 “交通强国”“一带一路”等国家战略与《中长期铁路网规划》(2016—2030)的对应

“走出去”，加快交通强国建设进程。

内容上，《铁路“十三五”发展规划》从路网建设、运输服务、信息化建设三个方面制定2020年的发展目标，具体指出：2020年全国铁路营业里程达到15万km，其中高速铁路3万km。高速铁路营业里程五年增加1.1万km，年均增长率达到11.6%。同时，动车组列车承担旅客运量比重达到65%。实现北京至大部分省会城市之间2～8 h通达，相邻大中城市1～4 h快速联系，主要城市群内0.5～2 h便捷通勤。

上文所述的《中长期铁路网规划(2016—2030)》规定，到2025年，铁路网规模达到17.5万km左右，其中高速铁路3.8万km左右。在“十二五”规划中，全国铁路营业里程目标为12万km，而“十三五”目标则在此基础上增加了3万km。从增加营业里程来看，“十三五”时期是我国高速铁路建设最多的阶段。比较重要的《铁路“十三五”发展规划》分别从路网建设、运输服务、信息化建设制定了2020年的发展目标，并在路网建设方面提出“全国铁路营业里程达到15万km，其中高速铁路3万km，复线率和电气化率分别达到60%和70%左右，基本形成布局合理、覆盖广泛、层次分明、安全高效的铁路网络”。

另外，《铁路“十三五”发展规划》提出，在全面贯通“四纵四横”高速铁路主骨架的基础上，推进“八纵八横”主通道建设，实施一批客流支撑、发展需要、条件成熟的高速铁路项目，构建便捷、高效的高速铁路网络，拓展服务覆盖范围，缩短区域间的时空距离。目前“复兴号”中国标准动车组已经全面实现自主化设计，《铁路“十三五”发展规划》也指出未来我国要大力推进机车车辆装备升级，建设国家高速列车技术创新中心，加快推进具有自主知识产权的系列化“复兴号”中国标准动车组研制及应用。

目前铁路发展仍面临诸多困难和问题。首先是路网覆盖面不够广泛，发达城市和落后地区之间差距较大；其次是部分通道系统服务能力和营运能力低下，现代物流、多式联运发展以及集疏运体系规划的推进工作不够完善，仍未实现不同运输方式有效衔接；而且铁路建设投资在资金方面也面临着各种危机和风险，市场化和投融资改革工作等需加快推进。为此，《铁路“十三五”发展规划》也提出了解决问题的措施纲要。

可见，《国家“十三五”铁路网规划》是《中长期铁路网规划》执行手段，二者也是“交通强国”“一带一路”等国家战略实施的重要发起点和保障手段。《国家“十三五”铁路网规划》和“交通强国”“一带一路”等国家战略在时代背景和任务上的对应关系与《中长期铁路网规划》一致，在此不再赘述。

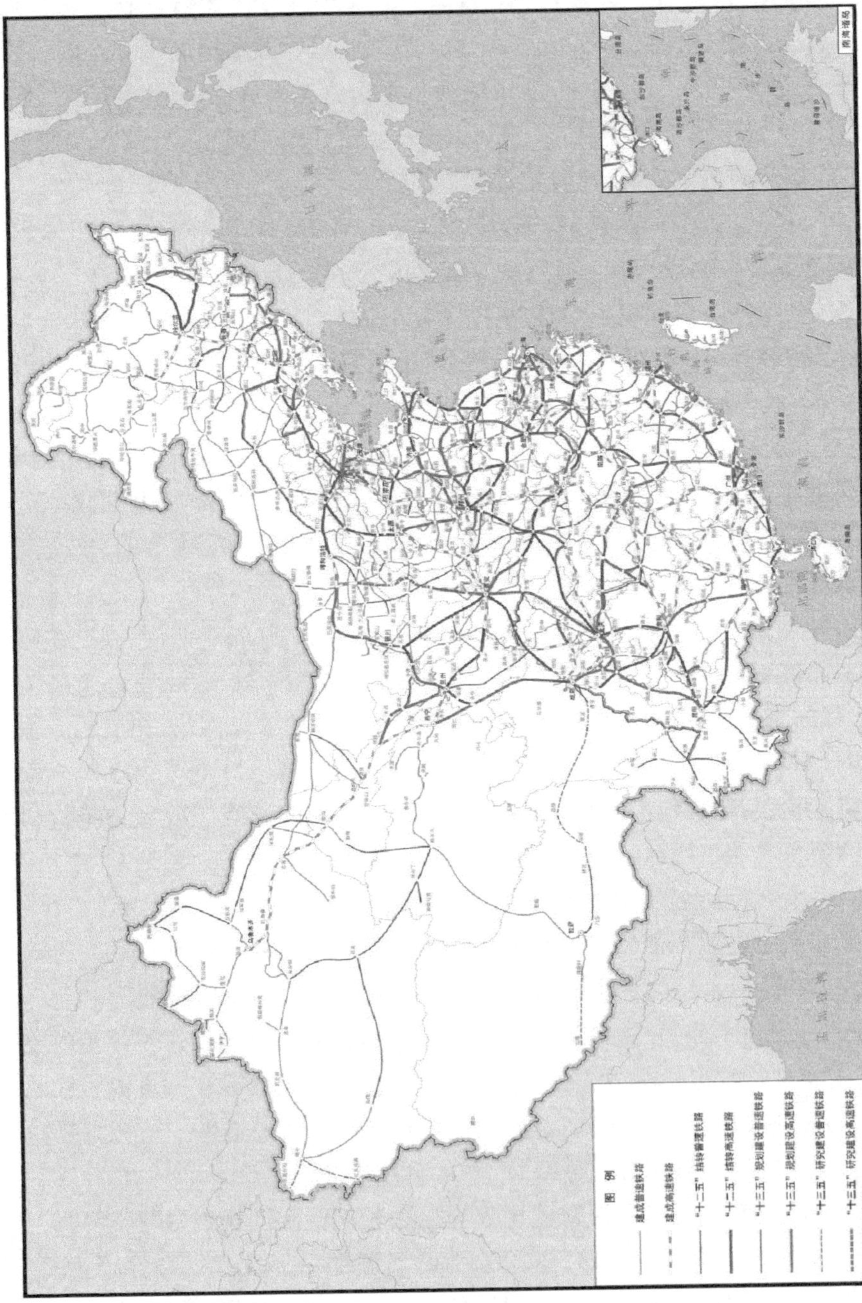

图 2-5 《铁路“十三五”规划》规定的高速铁路网络图

二、《铁路"十三五"发展规划》的重点内容

（一）构建以铁路为骨干的综合交通运输体系，加快交通强国建设

交通运输是兴国之器、强国之基。习近平总书记在中国共产党第十九次全国代表大会上提出交通强国建设战略。"建设交通强国"的目标也是首次出现在铁路规划文本中。

铁路运输是我国现代综合交通运输体系中高效便捷、绿色环保、经济可靠的运输方式，关系着我国社会经济的长远发展。建设交通强国，完善交通基础设施是根，优化运输网络结构是魂。《铁路"十三五"发展规划》明确了铁路在综合交通运输体系中的骨干地位，是推进交通运输供给侧结构性改革的具体体现，有利于发挥综合交通运输对经济社会发展的支撑引领作用。

（二）强化中西部地区铁路建设，推进路网扩张补强

《铁路"十三五"发展规划》明确指出，"十三五"期间，中西部地区持续扩大路网规模，注重网络一体化布局；东部地区持续优化完善路网，注重通道质量提升。《铁路"十三五"发展规划》特别强调拓展西部与东中部联系通道，加强区域间和区域内部联系。

随着铁路的延伸和跨国列车的开动，西部地区在我国国土版图中的地位也日益突出。在"一带一路"推动下，《铁路"十三五"发展规划》提到的互联互通铁路及口岸铁路重点项目也集中在西部地区，可见中西部地区在国家发展和铁路路网扩张补强中扮演的关键角色。

（三）加强城际和市域铁路建设，促进路网结构完善和质量提升

《规划》指出，"十三五"期间铁路将基本形成布局合理、覆盖广泛、层次分明、安全高效的网络。完善、高质量的路网既要求网络结构的完整，又需要不同层次铁路的合理分工。

加快高速铁路干线建设的同时，要利用好既有资源，兼顾支线建设，以提升路网的整体质量和效益，使旅客出行更加便利、货源调配更加便捷。同时《规划》还鼓励有序推进经济发达及人口、城镇密集型城市的城际和市域（郊）铁路建设，全面提升有效供给和运行效率。在 2020 年实现城际和市域（郊）铁路运营里程规模达到 2000 km 左右的目标。

（四）突出枢纽一体化建设与协同运作，实现高效换乘衔接

随着铁路网络的扩张补强，越来越多的线路汇于枢纽，对铁路枢纽的一体化规划建设和协同运作水平提出更高要求。《铁路"十三五"发展规划》强调了枢纽空间布局的完善，实现客运"零距离"换乘、货运"无缝化"

衔接。

一体化规划布局和建设铁路综合客运枢纽，以实现多种运输方式和城市内外交通有机衔接，同时融合城市功能，提升旅客出行效率和出行体验；一体化规划建设铁路物流枢纽，将完善铁路物流配套设施，扩大末端配送服务网络，从而构建无缝化的物流网络，促进全社会物流业"降本增效"。

（五）加强铁路科技创新，提升技术装备水平

《铁路"十三五"发展规划》提出，要健全高效协同的铁路科技创新机制，加大技术创新力度，加速重大科研成果转化应用，开展重要技术研究，提升铁路技术装备现代化水平。

一方面，结合路网建设和运输需求，推动智能动车组研发、加快先进列车控制系统升级改造和强化监控检测保障能力；另一方面，尽快实现高速铁路、高效货运、互联互通等关键核心技术突破，创新铁路相关研究实验、创建研究平台，推动基础研究和应用研究，提升铁路科技创新能力。

（六）提升铁路运输服务品质，拓展客货运输市场

《铁路"十三五"发展规划》指出，铁路要充分发挥准点高效、快速通达、覆盖面广的优势，将在客运组织、客运产品、服务模式等方面提升客运品质、挖掘客运潜力，同时满足一体化联程运输服务需求，本次规划特别强调了加强短途客运市场、旅游市场的开发和培育。

同时，《铁路"十三五"发展规划》还首次将货运服务与客运服务并重考虑。铁路要充分发挥绿色、低污染的优势，重点发展现代物流以提升其在货运市场的份额，大力拓展集装箱、铁路快运、冷链运输、商品汽车运输等新业务，推进铁水、铁公、铁空等多式联运发展，形成京沪、京广、欧亚大陆桥等物流大通道，扭转适合铁路运输的货物"弃陆走水"的局面。

（七）加快中国铁路"走出去"，助力"一带一路"建设

中国铁路"走出去"，一方面是提升建设施工、装备制造的国际化水平，另一方面是技术咨询、运输管理、人才培训、技术标准等软实力输出。推进铁路向产业链、价值链高端发展，既要提升中国铁路标准国际影响力，也要打造具有国际竞争力的中国铁路品牌。

《铁路"十三五"发展规划》指出，"十三五"期间将打造周边口岸互联互通工程，完善中欧铁路运输通道，基本形成布局合理、设施完善、运量稳定、便捷高效、安全畅通的中欧班列综合服务体系，解决好"联""通""畅"的问题，发挥交通运输作为"一带一路"建设先行官的重要角色。

此外，《铁路"十三五"发展规划》提出的重点工作还包括：深化铁路改革、健全法规标准、强化安全生产管理、推进沿线土地综合开发、加强军民融合发展等方面。随着《铁路"十三五"发展规划》的发布与实施，我国铁路将迎来路网更加完善高质、运输服务品质显著改善、技术装备水平持续提升、行业发展更具活力的新阶段。

第三章　高速铁路对经济的影响机理

第一节　国内外高速铁路对经济影响研究现状

自从第一条高速铁路建成以来，研究者对它对社会经济发展的影响研究不断增加。最开始的研究出现在对日本新干线的分析上。接着，随着法国德国等的高速铁路线路在20世纪80年代开通，对高速铁路影响，特别是对区域影响的研究逐渐增多，具体的研究综述可参见Moshe GIvoni等人(2006)的研究。国外对于高速铁路对经济影响的研究，可以总结为以下几类：

1. 基础设施建设投资的成本—效益分析

高速铁路作为大型的交通基础设施建筑，要考虑其建设的成本。所以国内外相关的研究从高速铁路的基本属性——大型交通基础设施出发，进行了比较深入的研究。此方面具体的研究基础理论比较成熟，具体可以参考唐建军、杨新的专著《基础设施与经济发展——理论与政策》。此方向主题的研究主要考虑的是建设成本的回收期限，考虑的因素主要有利率的增长、运营收入的预测以及高速铁路开通后对其他经济要素发展的弹性反馈等。

2. 高速铁路运营后产生的经济影响

(1) 对运输行业产值的影响研究

相关的研究主要集中在对其他交通运输方式的替代效应，特别是集中在高速铁路对航空和长途大巴的效应。相关的研究根据方法可以分为集计分析法和非集计分析法。集计分析一般是基于高速铁路开通后的客流变化数据，进行整个客运部分交通方式选择比例的划分，判定高速铁路的开通对客运方式比例划分的影响。采用方式划分法(Modal Share Modal)，主要的实现技术是依据真正的出行方式选择倾向性(意愿)调查(Refreed Preference Survey)或者期望的假设的意愿调查(Stated Preference Survey)，进行各种运输方式选择的效用函数的标定。通过效用函数计算未来客运方式的分担率，并分配计算客运需求。

当客运方式的变化确定之后，学者们通常进一步从替代性的角度，采用整个交通运输业产值的提升，说明高速铁路对运输经济产值的影响。从 20 世纪 80 年代以来的研究可以发现，高速铁路对整个运输经济产值的影响都是正向的。这些研究的不足在于，无法标定其他的变量的影响，因此可能无法真正的评判高速铁路对运输行业产值的直接影响。

(2) 高速铁路本身带来的经济效益

高速铁路作为一种大型交通基础设施，运营后又拥有运输产品的特性。因此，对于高速铁路而言，其本身对经济的促进效益也可从基础设施的经济带动价值和运输产品本身的经济促进效用进行估计。交通基础设施具有公益性、网络性、服务性、前瞻性、投资大、周期长等特点。一般地，对高速铁路直接的经济影响，通过财务评价和经济效益评价来实现。经济评价和效益计量通常需进行深入的调研和数据分析，科学、客观、全面考虑各设施直接的货币化价值因素和信息，以反映基础设施对国民经济所做的贡献。交通基础设施建设项目的经济评价有成体系的测算方法。

① 建设阶段。主要表现为投资拉动效益。高速铁路投资建设过程中有着大量的劳动力需求和建设原材料需求，为社会创造了大量的就业岗位，也直接或间接带动了上下游相关产业链的发展，拉动了内需，为社会经济发展做出了不可估量的贡献。同时，在此过程中将会形成投资者和受益群体的消费者剩余，从而产生乘数效益或内需的增长，对国民经济的新一轮增长有着巨大的促进作用。

② 营运阶段。主要表现为运输通道效益。高速铁路运输有着诸多的优点，如便捷高效、快速安全等，这决定了其在交通运输通道的重要地位。高速铁路对区域经济和交通运输业发展的影响作用主要是通过高速铁路骨干网络体系将我国的中心城市紧密联系在一起，改变了城市空间布局，缩小了城市群体之间的时空距离，加大了人口流动和物流运输效率，提升了我国客运和货运服务水平，推动着综合运输通道快步向前发展。

③ 高速铁路投入运营后，在沿线两端形成的新经济区会逐渐向外扩展延伸，进而发展成新的产业带。此时直接影响经济带向周边地区辐射，高速铁路的间接效用也开始显现出来。前期，直接影响区域的经济发展最先受益，生产资源得以合理流动和高效配置，当地人民生活水平和经济收入显著提高；后期，随着不同城市区域之间时空距离的缩短以及客流量和货运量的增加，沿线城市区域间的产业优势得以互补，经济水平进一步得以改善提升。

3. 对其他产业产生的影响

现代经济的发展，要求各产业各个生产活动环节间形成有机结合，如从原材料的生产到半成品或产成品的运输，再到各个销售环节的输送之间实现快速高效的衔接。生产要素集聚因素也是高速铁路和其他产业相互影响促进重点考量的一个因素。多元产业的集聚和扩散延伸是形成和发展交通经济带的基本有效途径。产业的集聚效应使得产业的规模不断扩大，分工更加明确，进而往更深层次发展。不同部门产业的集聚促进物流、通信、商贸、金融和信息等资源的高效利用，沿线城市区域的不同的产业链之间的资源得以整合，形成内在的联动关系，实现产业结构升级优化。产业集聚机制形成的交通经济带以区位最优地点为增长中心，向外辐射扩散，带动周边区域的发展。目前，高速铁路对其他产业发展的促进主要表现为以下几方面：一是推动促进了制造业的发展。高速铁路作为先进的交通运输系统，其对先进材料的要求，特别是对轴承材料、高强度玻璃、轻量化车体、耐久性耐磨性刚才、无砟轨道等要求特别高。我国近五年也开展了相应的技术攻关，形成了成套大规模的先进产业链。显而易见的是，高速铁路对制造业的促进非常大，且可以用量化分析的角度计算。二是对第三产业的发展。高速铁路带动了第三产业，尤其是旅游业的快速发展也和高速铁路的发展紧密联系，高速铁路也促进了地产行业的发展，为广大民众带来了出行便利的同时，促进了居民不动产财富的积累。三是高速铁路促进了文化的繁荣，丰富了文化产业传播的路径。

第二节 当前我国高速铁路对经济影响分析实践层面存在的问题

作为我国最重要、最大型的交通基础设施投资项目，高速铁路的建设和发展近15年来一直是我国中央政府内外投资激励战略，并期望高速铁路建设作为中国整体经济增长的带动点。但是，高速铁路和经济运行之间是否存在双向因果关系，很大程度上取决于局部地方经济和运输市场的发展水平。大多数研究建立在简单的计量经济学回归分析和因果关系分析的基础上，然而，对于这种统计样本数据体现关系的，目前还没有一个严格的检验标准。尽管我们可以通过比较现有的实证结果进行定性推断，但仍需要系统的、定量的分析来揭示异质性的内在原因。当前所有高速铁路与经济发展之间相关关系验证分析，无论结果是正向还是负面的，都未能得到此潜在的因果关系的驱动因素。对于相关的时变协变量,如外国直接投资、贸易、替代品竞争力和政府补贴、市场要素等,则未能有量化的估量方法来评估对高速铁路对经济发展的影响。

1. 高速铁路对经济社会的影响被片面的夸大

高速铁路作为重大基础设施项目,投资巨大,工期长。没有足够的经济实力,就不能快速发展。经过 40 多年的改革开放,中国已经成为世界第二大经济体。这不仅为高速铁路的建设奠定了良好的经济基础,也为高速铁路的运营提供了充足的市场空间。可以说,改革开放的成就支撑了高速铁路在短时间内爆发式发展。很多学者和管理学院,忽视整个交通行业发展带来了城市发展模式的转变,片面夸大了高速铁路在带动了旅游业的发展,促进了区域经济的增长,对人们出行起到的促进作用。很多学者却只是基于有限的样本数据,毫无根据地声称高速铁路减少了温控室气体的排放。

2. 高速铁路对经济社会发展的作用被恶性的贬低

经过十多年的发展,高速铁路成了基建设施建设的领头羊,也是我国基础设施发展的代表,对外开放输出的窗口。但是,不少学者从高速铁路建设开始,就没有根据地贬低、阻止高速铁路的建设和发展。而这种学说的依据经常是高速铁路投资建设的“盈亏平衡”难以达到,并得出了高速铁路“不经济”“不能发展”“给国家人民带来巨额债务”等个人观点。

3. 对高速铁路对社会经济发展的作用样本和实证深度不足

大量的国内学者,对于高速铁路对社会经济影响的研究,基本上都是基于 1 条线路,不超过 10 年的经济社会发展样本数据。根据中国知网数据库 38 000 篇“高铁”主题相关的文献资料(检索日期:2020 年 4 月 3 日)进行统计,作者发现基于单条线路的研究文献超过了 85%以上,且这些研究的经济数据都在 10 年内。有时候虽然能达到模型的统计显著,但是大多没有较强的实证合理性。

第三节 高速铁路对我国经济发展影响的机理

一、高速铁路对我国经济发展影响的表现

长期以来,受我国计划经济时代以来交通运输体制的限制,铁路运输一直占据着客货运的垄断地位。在 1997 年之前,铁路系统及其资产(主要为铁路线路及相关设备及配套单位和人员)的岗位都有“铁饭碗”的属性。

2000年以后，随着经济体制的改革和社会经济水平的不断发展，其他运输方式，如公水航管等运输方式的技术水平不断提升、运输效率不断提高，铁路运输在客货运的主导地位优势不再明显，逐步出现了铁路运输被其他运输方式所取代的情况。因此，铁路对于经济的“火车头”作用逐渐被取代。基于这样的形式，原铁道部进行了深化改革，实施了“跨越式”发展战略。并于2003年开始在资金预算的情况下开始在全国实现高速铁路技术引进创新，开始大规模建设高速铁路。得益于国家政策的倾斜，和社会经济发展的需要，高速铁路为代表的铁路建设和运营，又成了社会经济发展的助推器。

高速铁路的建设和运营带来的经济发展，目前我国基础的理论中主要有两方面：

1. 基于高速铁路的大型交通工程设施属性考虑建设对经济的发展

在高速铁路建设热潮开启之后，我国学者相应地开展了高速铁路工程建设对经济的影响，分为直接影响和间接影响。

高速铁路对经济的影响主要分析了高速铁路对区域或城市固定资本的增加、活动资本要素交易的促进、高速铁路促进的人力资本与信息资本的价值提升、技术和人才要素的积累等。基础设施在经济的促进作用上首先是促进了货币的投放。加大货币投放的表现在于对基础设施建设融资的准入条件降低，即社会融资成本的降低。由于国家掌握了资本融资的去向，高速铁路建设方面的融资成本降到最低，这样使得产能进一步挖掘，需求通过基础建设增长，直接稳定增加了资本的回报率。尽管通过货币投放刺激进行基础设施建设是近年来我国高速铁路建设资本融资的来源，但是后期大部分高速铁路都有较稳定的现金流作为回报，风险可控。此外，高速铁路基础设施的建设促进了勘察设计、工程建筑、材料建设、检修维护等部门的需求，增加了不同行业资本的交换率。

间接效用则通过高速铁路对区位促进经济要素集聚特征方面体现。间接效益最直接的体现就是高速铁路的运营促进土地、房地产等行业沉默资本的增加。一方面，设施运营后，土地的沉默资本投入后会提升土地价值，吸引其他资本前来投资，进而推动经济增长。另一方面，高速铁路运营后资本增长是铁路基础设施核心意义的体现。铁路辐射范围内商品和人员流通的增加，意味着产品具有更广阔的市场，相应的产品更容易满足需求，最终促进交换数量和质量的提高。政府可以将税收等财政收入重新分配给人民，形成一个闭环。

2. 基于运输产品评估对经济的增长

高速铁路运输产品的经济比较优势，如高速性、低价性和高效性，使得其在促进经济的增长上具备比较优势。高速铁路直接降低了单位时间和单位里程的运价。之前在普通火车为主要运输方式的时代，可能单位里程的表现价格比较低，但是这种表象价格建立在忽略了时间成本的基础上。高速铁路大大消除了时间成本的影响，使得运价实际降低。运价的降低必然导致工业区位的变化和分工的进一步加剧，促进了交通运输需求的稳步增长，经济的持续繁荣。在最近的 15 年中，高速铁路的客运量逐年递增，2008 年仅有 1.28 亿人次，而 5 年过后的 2013 年，客运量翻了 4 倍，到达 5.4 亿人次，2013—2019 年的六年中，高速铁路的客运量更是飞速增加，2019 年客运量到达 22.6 亿人次，已经是 2008 年的近 20 倍。高速铁路客运量需求的增加，必然导致各类供给的相应增加，并促进了各产业，尤其是第三产业的快速发展。

二、高速铁路对我国经济发展影响的机理

1. 古典的经济学理论

古典经济学里面认为经济的发展是资本积累的表现形态。古典经济学核心思想认为，顺应市场资源配置的规则，维系资本运转形成良性循环，将会更有助于社会经济的长远发展。资本分为可变资本和固定资本。基础设施的建设在于增大资本的产出，进而提升资本积累的速度。在古代，由于交通基础设施的建设需要基于“剩余”的资本，并通过历久弥坚的建设后，实现运营后实现经济效益。随着融资方式的不断变化，古典经济学增长理论受到了挑战。但是，依然可以解释为通过“信用”的抵押进行资金的提前使用，来进行设施的快速建设并循环性地进行抵押促进增长。

高速铁路作为大型交通基础设施，首先可以作为一种固定资本。基于该固定资本的生产和运营，可以不断地产生新的可变资本，促进经济的增长。而在我国社会主义体制下，良好的制度保证高速铁路建设的固定资本可以通过“信用”抵押，实现快速的建设，促进资本积累和经济的发展。当然，这样的发展模式也存在危机，就是当后续的可变资本产生率不足以支付通过信用抵押和融资进行设施建设的资本，会产生设施的过剩和国家大规模的债务累积。

2. 凯恩斯理论

凯恩斯理论将交通基础建设的投资和运营作为弥补投资需求和消费需求的最关键部分。政府通过加大公共开支，进行投资加大，可以促进相关行业资本回报率的提高。根据凯恩斯的增长理论和后续发展的同类理论，可从几个方面解释高速铁路作为交通基础设施对经济的发展产生影响：

首先，高速铁路基础设施的建设会增大社会的资本和资产总量。资本总量的提升带来产出的加大，即提升了GDP。其次，由于高速铁路既有基础设施又有生产设施的属性，其建设和运营之间的资本投入可具备调控性。当运输需求旺盛或者有保障时，可加大基础设施建设并增大运输生产资料投入，有利于社会生产率的提升，带来经济的发展。最后，高速铁路增强了劳动力和物资产品的联系性和交换律，有助于货币的交换律提高，稳定分工市场发展。

3. 运输经济学

根据运输需求规律，运输需求是一种派生需求。这种需求规律并不是由消费者的边际效用递减规律所决定的，而且与要素市场的需求理论也有所差异。高速铁路的运输需求包括客运和货运两个部分的需求，客运需求根据出行目的需要可分为生产性客运需求和消费性客运需求。货运需求以及生产性客运需求追求经济利益最大化，主要体现在货主或旅客所服务企业的利润。货运需求是建立在经济贸易的基础之上的，没有贸易活动就不可能产生运输需求。

根据运输供给规律，运输供给的变动是由成本决定的，高速铁路运输也是网络型基础产业中的一种。首先是高速铁路运输的建设成本高、服务量大和网络经济性强；其次是高速铁路载运工具（动车组）的不可分割性使得其平均成本有一定的波动幅度；而且，在载运工具额定载运能力范围内边际成本几乎不发生变动，一旦超出装载能力范围则边际成本会出现跳跃性增长的现象；此外，高速铁路运输企业相互之间有着巨大的共同成本和联合成本，这种复杂的成本构成能够促使交易更加频繁，增强上下游产业之间的互动发展作用。

从运输市场均衡作用上看，我国高速铁路的运价相对其他国家属于低水平，有利于实现运输活动参与主体的利益最大化，进而实现运输产业的升级优化和资源的合理配置。高速铁路运输市场均衡理论在符合市场基本假设的前提下从多方面论证了经济运输活动管理方法和手段的理论可行性。

最后，从成本与潜在企业发展上分析，运输经济学家拉德纳指出，如果产品的运输成本减半，产品的市场范围会扩大到以前的4倍。这说明运输成本的不同会对企业的市场区域造成很大影响。如果一个工厂配送距离为10 km，其配送区域是一个半径10 km的圆；而如果其运输成本减半，导致配送距离加倍，配送区域是原来的4倍。这个就是著名的拉德纳原理。此原理也适用于时间、运输速度增加1倍，相同时间可到达的区域范围是原来的4倍。高速铁路比普通火车在时间的减少方面能达4～5倍，相同情况下，可达的时间减少16～25倍。可达性增加，意味市场范围增加，则交易的频率大幅度提高，进一步促进了商业成本的下降。

另外，经济的发展离不开区位土地市场的支撑。运输经济学从土地区位和竞租曲线解释了运输的发展和市场发展的关系。经济活动的主体是企业，而企业的固定成本很大程度取决于土地成本。土地成本反应为竞租函数曲线上。竞租函数曲线的形状与对距离(或)时间的敏感性相关。高速铁路一个巨大的作用就是改变了地价对距离的敏感性，使得远距离的企业选址变为可能，土地竞租关系更加明显。从中国的实证看，高速铁路通过影响企业成本对距离的敏感性，影响企业选址和分工，近十五年来，具有正效用。

4. 我国经济学界对高速铁路与高速铁路经济之间机理的阐述

尽管大量的关于此课题的研究结果各异，但多数的研究结论都有一个基本共同点：基础设施建设积极促进了我国社会经济的增长。从经济学理论的观点上看，基础设施的资金和资源投入，对国民经济的增长有着多方面的促进作用，如创造大量的就业岗位、消除贫困、带动相关产业的发展等。

三、高速铁路作为新型基础设施建设的代表对经济的促进展望

当前，新型基础设施建设(简称："新基建")，主要包括5G基站建设、特高压、城际高速铁路和城市轨道交通、新能源汽车充电桩、大数据中心、人工智能、工业互联网七大领域，涉及诸多产业，包括之前快速发展的融合感知、传输、存储、计算、处理等新一代智能化信息基础设施。这种新型化的基础设施，在传统基础设施上融入现代智能信息技术后，具有智能高效、网络数字化和绿色环保等属性。

目前我国在工业化进程中还存在以下几个问题：

① 我国的工业化进程还存在不平衡不充分问题。一是各区域工业化进程不平衡；二是产业发展的结构不平衡，创新能力和高端产业发展不充分；三是工业化速度与资源环境承载力不平衡。② 优化布局、生态文明、文化传承的中国特色新型城镇化道阻且长。虽然我国目前的城镇化水平发展很快，但是我国城乡不平衡的矛盾依然长期存在，深化西部大开发等国家战略正式基于这种现状进一步推进。③ 经济发展质量不高，供给侧改革任重道远。

作为新基建的代表，高速铁路，特别是城际高速铁路，对促进下一阶段经济社会发展有重要的作用，主要有：

第一，高速铁路有利于提升高质量城镇化战略。目前我国正大力建设城市群、都市圈以提升全社会治理能力。面对我国经济发展的空间结构正在发生深刻变化，未来城市群和都市圈的高速铁路建设需求量很大。高速

铁路代表高速、便捷、绿色、智能的交通基础设施，是新型城镇化任务实现的关键保障，为实现建设智慧城市、绿色城市、森林城市、海绵城市、人文城市、宜居城市等高标准奠定基础。

第二，高速铁路建设是各个先进产业技术的综合集成，满足新型工业化与信息化深度融合要求，符合现代先进技术发展的需要，也是城镇化与工业化良性互动、与农业现代化协调的重要体现。

第三，高速铁路发展是现代化经济高质量发展的重要体现。现代化经济体系需要现代化的基础设施，高速铁路满足现代化经济发展的方向和要求，构成了现代化经济体系的关键基础设施。高速铁路对基础设施供给质量的提高，数字经济、智能经济和绿色经济的发展，经济转型升级与实现供给侧结构性改革具有重要的推进作用。

第四节　高速铁路对我国经济发展影响的表现形态——高速铁路经济

一、高速铁路经济的概念

总结相关研究成果，现有相关研究总结出高速铁路经济的概念如下：依托高速铁路综合比较优势，以高速铁路枢纽、高速铁路站区、沿线城市等为载体，通过人口、就业、资本、技术、信息等要素流动集聚，带来高速铁路沿线、沿站的旅游、商务、金融等产业发展和医疗、教育、文化等社会服务提升，同时支撑高速铁路效益持续增长，这种高速铁路与经济社会正向互动循环的经济发展模式和经济表现型态称之为“高速铁路经济”。

二、高速铁路经济的内涵

相关研究确定，“高速铁路经济”主要指高速铁路的直接和间接经济社会效益，其内涵可以从高速铁路与经济的关系、高速铁路经济与其他经济形态的区别、高速铁路经济的主要载体三个方面来认识。

1. 高速铁路与经济的关系：高速铁路带动经济，经济支撑高速铁路

高速铁路与经济的关系包括高速铁路对经济社会的带动和经济社会对高速铁路的支撑两个方面。高速铁路经济的核心在于高速铁路与经济社会二者之间正向互动循环。经济社会对高速铁路的支撑主要表现在高速铁路客流效益、高速铁路站点综合开发收益等方面。高速铁路对经济社会的带

动主要包括如下方面：

① 高速铁路带来旅客时间价值的节约是最直接的经济效益；② 高速铁路促进沿途旅游相关行业发展，对旅游业带动最为明显；③ 高速铁路带动沿途人口和就业集聚，提升全要素劳动生产效率；④ 高速铁路促进产业转型升级，加速高端制造业和服务业发展；⑤ 高速铁路促进商务办公等功能集聚，改变城市经济空间格局；⑥ 高速铁路促进教育、医疗、文化等服务提升，带来极大社会效益；⑦ 高速铁路带动区域协调发展，促进新型城镇化建设。

2. 高速铁路经济与其他经济形态的区别：共性与个性

从“高速铁路经济”概念来看，高速铁路经济并非独立于其他经济形态的特殊经济，其本身隶属于国民经济的一部分，主要包括旅游、商务、酒店、金融等经济领域以及教育、文化、医疗等社会事务。高速铁路经济的个性主要体现在依托高速铁路、发挥高速铁路的综合比较优势，与依托机场产生的临空经济、依托港口产生的临港经济等类似。

3. 高速铁路经济的主要载体：站区、城市、通道、产业

高速铁路对区域经济社会发展在空间尺度上主要表现为站区、城市和通道和产业四个层次。

① 站区层面是指在高速铁路站点周边 1～2 km 半径范围地区的开发建设或功能更新，重点关注高速铁路站区的选址、功能布局、产业选择、开发规模、开发模式、发展周期等。

② 城市层面指高速铁路通过改变设站及非设站城市的区域可达性，引发城市集聚要素能力的变化，带来城市经济产业的转型升级，重点关注城市经济增长、人口及就业、传统产业升级、新兴产业培育、空间结构变化等。

③ 通道层面指高速铁路促使沿线地区时空压缩、提升时空可达性，为区域发展带来集聚效应、规模效应，进而改变区域城镇空间发展格局，重点关注沿线城镇间劳动力、资本、技术等要素的重新配置，产业链条上下游延伸、产品市场的一体化发展等。

④ 产业层面指的是高速铁路的建设和运营带动其上下游、竞争、辐射产业的升级和演化发展，例如物流产业的升级演化、旅游业服务水平的提升、航空产业的变化。

第五节　高速铁路经济模式

基于上一节所述的高速铁路经济的概念与内涵，可以将高速铁路经济

的发展模式确定为四类，即高速铁路枢纽“站城”一体化模式、城市群高速铁路经济聚集模式、高速铁路通道经济辐射模式及高速铁路辐射产业演进升级模式。

一、高速铁路枢纽“站城”一体化模式

“站城”一体化模式主要指的是公交引导开发(Transit-oriented Development，TOD)模式。TOD最初由美国新城市主义代表人物Peter Calthorpe提出，是为了解决二战后美国城市的无限制蔓延而采取的一种国际上具有代表性的城市社区开发模式。它具有功能复合、集聚开发的特性，以公交或步行为主导交通方式，形成串珠式城市空间结构，对城市土地资源集约利用、城市空间布局优化具有重要作用。TOD开发模式有利于创建宜居、高效和环境友好的城市。早在1997年，Cervero和Kockelman就提出了TOD模式的3D原则，3D分别指Density(密度)、Diversity(多样性)和Design(设计)。其含义是指通过合理的设计保证在相对高密度的情形下为不同的人群提供多样化选择。

图3-5　站城一体的高速铁路经济发展聚集模式案例(东京站)

国外车站周边TOD开发模式在理论和实践上积极借鉴“人本主义”思想，旨在实现“以人为中心”的开发设计，抛弃以往对功能划分的过度追求，通过TOD建设来塑造多样化、人性化、社区化的城镇生活氛围，全力打造紧凑、适宜步行、功能复合可支付性以及重视建成环境，努力将多样性、社区性、简约性、服务性等传统价值标准与现实生活环境进行有机结合。典型的案例有美国波特兰“精明增长”的TOD引导的城市空间增长模式、日本东京大都市圈中基于轨道交通型都市圈结构的交通模式、日本多摩新城的铁路TOD主导新城开发模式、瑞典和丹麦等北欧国家的特殊形状紧凑型开发和通道沿线开发模式等。

二、城市群高速铁路经济聚集模式

高速铁路建设引起的交通的改善必然增进城市群间的交流，高速铁路城市之间的相互联系变得更加紧密，区域间人才流动、资本流动、信息流动也将更加频繁。在这种模式下，高速铁路网络扩大了城市群的范围，城市群需要进行重新确定城市产业环节以及重新划分城市职能，以应对当前城市群从“中心城市论”到“城市群生态”发展理念的转变以及从“以规模与体量论英雄”到“以特色与质量定角色”的发展过程转变。高速铁路促使了城市群内部城市打破行政区划，形成“超级中心城市＋功能节点城市”格局，并促进了城市群内部城市的分工和经济发展模式的差异性发展，例如出现超级中心城市、产业功能城市、卫星功能城市、旅游休闲功能城市等不同的发展形态模式。

以苏南地区为例，近年来，高速铁路作为该区域城市群经济聚集发展的“发动机”和“生命线”作用愈加重要。该地区利用其经济地位和高速铁路的连接，构建起长三角高速铁路发展体系，促进了中国与世界经济交往的交流，利用高速铁路促进城市群产业转型方面，该区域在城际商务、旅游、休闲客运需求高增长情况下，同时加快货运集约化、快捷化、高保质化，使得产业升级带来新的交通运输方式需求，客货运交通需求随之迅速增长，进而使得出行总量增长、距离拉大、流动性加强、目的多元化，促使区域空间结构不断调整，交通格局因而产生重大转变，地区综合交通的发展模式、路网衔接及其格局和建设重点也作出相应调整，最后使得区域城乡差距和贫富差距缩小，出行消费多样化、优质化、差别化，城乡交通基础设施配置形式及管理形式向城市化方向发展。

表 3-1　苏南地区土地与人口分布(2020)

城市	土地面积(km^2)	人口(万人)
南京	**6587.02**	**931.47**
溧水区	1067.1	44.98
高淳县	790.23	46.01
无锡市	**4627.47**	**746.21**
江阴市	987.5	177.95
宜兴市	1996.6	128.58
常州市	**4385**	**472.9**
溧阳市	1535	78.85
金坛区	975.46	58.51
苏州市	**8657.32**	**744.3**
常熟市	1276.32	167.70
张家港市	999	126.40
昆山市	931	166.74
吴江区	1176	154.50
太仓市	809.93	83.11
镇江市	**3840**	**321.04**
丹阳市	1047.2	98.89
扬中市	332	28.20
句容市	1385	63.93
合计	**43 405.15**	**4640.27**

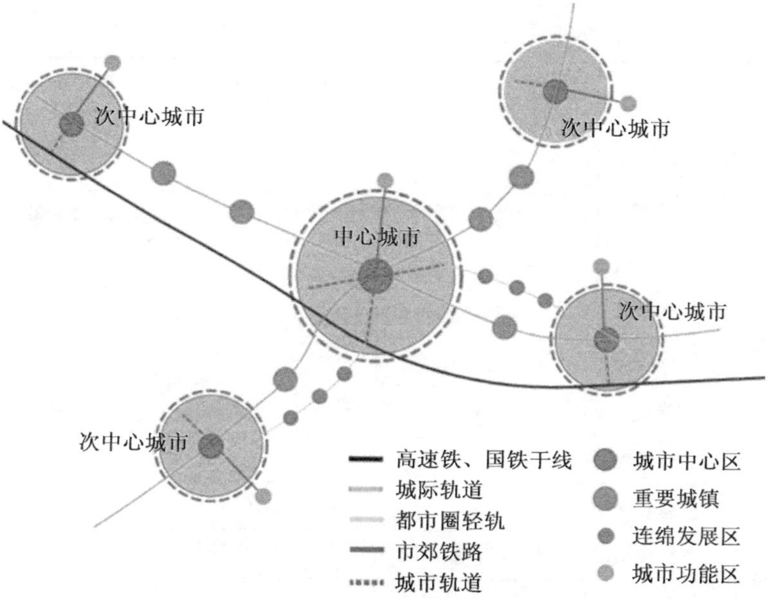

图 3-6　苏南地区轨道交通发展模式

（来源：苏南地区综合交通发展战略与规划研究，2012）

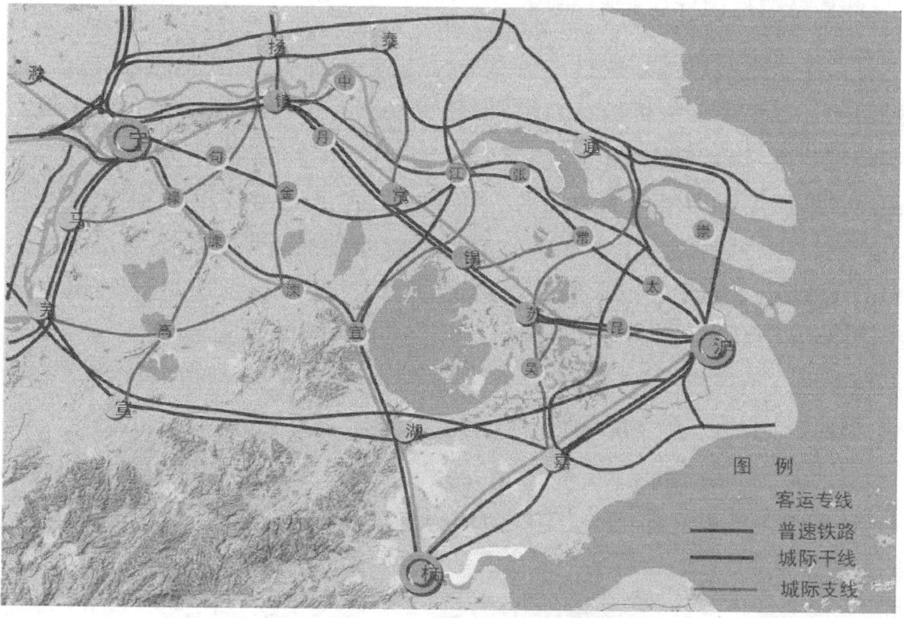

图 3-7　苏南地区城市群轨道交通规划

（来源：苏南地区综合交通发展战略与规划研究，2012）

表 3－2　苏南地区战略性轨道交通线网布局优化

（来源：苏南地区综合交通发展战略与规划研究，2012）

类别	指标	单位	苏南范围内长度/km	苏南及上海范围内长度/km
	总面积	km^2	28 090	34 430
客专（高速铁路）	总长度	km	495	586
	总密度	km/百 km^2	1.8	1.7
普铁	总长度	km	965	1242
	总密度	km/百 km^2	3.4	3.6
国铁合计	总长度	km	1460	1828
	总密度	km/百 km^2	5.2	5.3
城际	总长度	km	1310	1572
	总密度	km/百 km^2	4.7	4.6
全部合计	总长度	km	2770	3400
	总密度	km/百 km^2	**9.9**	**9.9**

三、高速铁路通道经济辐射模式

高速铁路通道规划建设之后，政府一般会发挥高速铁路通道新优势，提升双向开放水平。积极推动通道沿线的区域合作，推进多类型合作示范区的共建共享，探索沿线地区资源整合、产业升级的新发展模式，通过基础设施建设和城乡建设带动周边地区的经济发展和产业结构优化，同时与当地生态环境相协调，建立生态经济发展体系。鼓励高速铁路沿线城市开展多种对接模式，如点对接、园对接、城对接，发展“飞地”园区、对口合作园区，为提高沿线经济发展搭建互利共赢平台。在这种模式下，高速铁路通道的经济辐射模式不仅将改善沿线地区的交通配套设施，还将促成园区和产业聚集的现象，同时促进经济一体化和分工多样化的发展态势。

如图 3－8 所示，以贵广（贵州—广州）和南广（南宁—广州）两条高速铁路通道为例，这两条通道的开通，使得西南地区实现了快速通江达海，进一步完善了珠江—西江经济带综合交通运输网络，并对接参与国家“一带一路”倡议大通道建设，实现东部沿海发达地区与贵州、广西内陆经济的“陆海统筹”联动发展，促进了内陆和沿海合作对外开放经济通道建设与发展，成为国家陆海经济统筹的支撑重要措施。两条高速铁路通道的建设，近年来有力改善了广西和贵州的经济发展面貌，出现了贵广经济带、南广经济带的集聚区的出现，是高速铁路经济通道建设的典型成功案例。

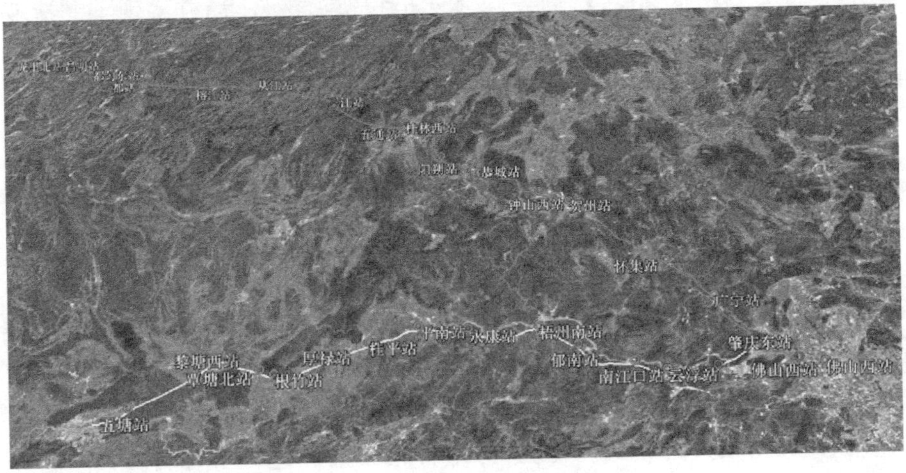

图 3-8　贵广和南广高速铁路通道

四、高速铁路辐射产业演进升级模式

1. 产业结构模式的改善

高速铁路汇集各项资源，加快资源的交流与共享，促进产业梯度变更，服务区内产业实现精细化分工，沿线地区产业发展得以协调互补。

2. 区域产业的转型

上下游产业发展通常会因高速铁路的发展而受到较大的冲击，如高速铁路货运系统的日趋完善造成旅游餐饮和快递物流等第三产业的结构迅速转变。

3. 新产业的涌现

数据表明，产业聚集方式随着高速铁路的发展而迅速转变，使得衣食住行等服务要素流向中心城市，下游城市则逐渐聚集配套服务产业。

4. 产业布局的优化

高速铁路的发展使得大容量快速运输得以实现，导致时空距离扁平化发展，缩短了服务区域出行时间，突破空间的局限性，制造了大量的就业岗位，扩大产业范围，制造业和服务业的灵活性增强，形成各区域资源优势互补的局面。

以株洲为例，近年来积极培育若干世界级先进轨道交通制造业集群，在涉及国计民生和国家安全的基础性、战略性、全局性领域布局高速铁路制造业集群区，培育了先进的高速铁路制造业群，年产值已经超过 2000 亿人民币。在产业集群的效益影响下，株洲目前成产了我国最先进的高速铁路动车组（复兴号）、中低速磁浮、高速磁浮列车和轨道配件等，并实现了制造业上下游产品的配置，提升了地区经济发展水平，即株洲地区是成功的高速铁路辐射产业演进升级模式典型代表。

本章小结

本章结合第二章我国高速铁路建设规划的历程以及目前高速铁路网络的情况，分析了当前我国高速铁路经济建设和研究现状，进而提出了高速铁路经济的概念和内涵。基于高速铁路经济的概念，总结出了我国 10 多年来高速铁路经济发展的模式和特征，并结合相关案例进行了说明。我国高速铁路经济内涵和发展模式，具有独特性，这和我国区域经济发展的特征关系紧密，当前其他国家和地区并不具有发展像我国这般规模的高速铁路经济的条件。

第四章　国内外高速铁路对经济影响的案例

第一节　国外高速铁路促进经济发展典型模式

一、日本高速铁路：高速铁路枢纽“站城”一体化模式

1. 日本高速铁路发展历程

1964 年 10 月，世界上第一条高速铁路——日本东京到大阪的东海道新干线建成。该线路全线 515.4 km，运营时速 210 km。基于东海道新干线的成功，日本运输省和国有铁路公司决定将新干线向西延伸，着手修建大阪至福冈的山阳新干线。为谋求区域均衡发展，政府认为有必要修建北海道至九州岛的高速铁路线以连接核心城市，形成全国高速交通网。为此，日本 1970 年制定了《全国新干线铁路整备法》，运输大臣据此确定了总长约 6000 km 的新干线建设基本计划。

目前，日本已形成覆盖本土的新干线网络，截至 2020 年 1 月，日本已经开通的新干线共有 9 条，线路总长度为 2915.7 km。新干线以高速、安全、稳定获得国民普遍好评，运量飞速增长，运输能力不断提高。其中，东海道新干线开通 6 年的客运量年均复合增长率达到了 18.4%，2015 年客运量达到 1.64 亿人次。日本高速铁路发展历程表见表 4-1，日本全国新干线铁道网图如图 4-1 所示。

表 4-1　日本高速铁路发展历程表

路线名		区间	里程/km	备注
营业路线	东海道	东京—大阪	515	1964 年 10 月 1 日开业
营业路线	山阳	大阪—博多	554	新大阪—冈山段 1972 年 3 月 15 日开业 冈山—博多段 1975 年 3 月 10 日开业

（续表）

路线名		区间	里程/km	备注
营业路线	东北	东京—新青森	675	大宫—盛冈段 1982 年 6 月 23 日开业 上野—大宫段 1985 年 3 月 14 日开业 上野—东京段 1991 年 6 月 20 日开业 盛冈—八户段 2002 年 12 月 1 日开业 八户—新青森段 2010 年 5 月 11 日开业
	上越	大宫—新潟	270	1982 年 11 月 15 日开业
	北陵	大宫—金泽	345	大宫—长野段 1997 年 10 月 1 日开业 长野—金泽段 2015 年 3 月 14 日开业
	九州	博多—鹿儿岛中央	257	新八代—鹿儿岛中央段 2004 年 3 月 13 日开业 博多—新八代段 2011 年 3 月 11 日开业
施工路线	北海道	新青森—新函馆 新函馆—札幌	148 212	2016 年 3 月 26 日开业 2014 年开工
	北陵	金泽—敦贺	125	2015 年开工 已确定路线
	九州	武雄温泉—长崎 新鸟栖—武雄温泉	67 46	
基本计划线	北海道	札幌—旭川	约 130	
	道经南北海道	长万部—札幌	约 180	
	羽越	富山—青森	约 560	
	奥羽	福岛—秋田	约 270	
	中央	东京—大阪	约 480	
	北陵、中京	敦贺—名古屋	约 50	
	山阴	大阪—下关	约 550	
	中国横渡	冈山—松江	约 150	
	四国	大阪—大分	约 480	
	四国横渡	冈山—高知	约 150	
	东九州	福冈—鹿儿岛	约 390	
	九州横渡	大分—熊本	约 120	

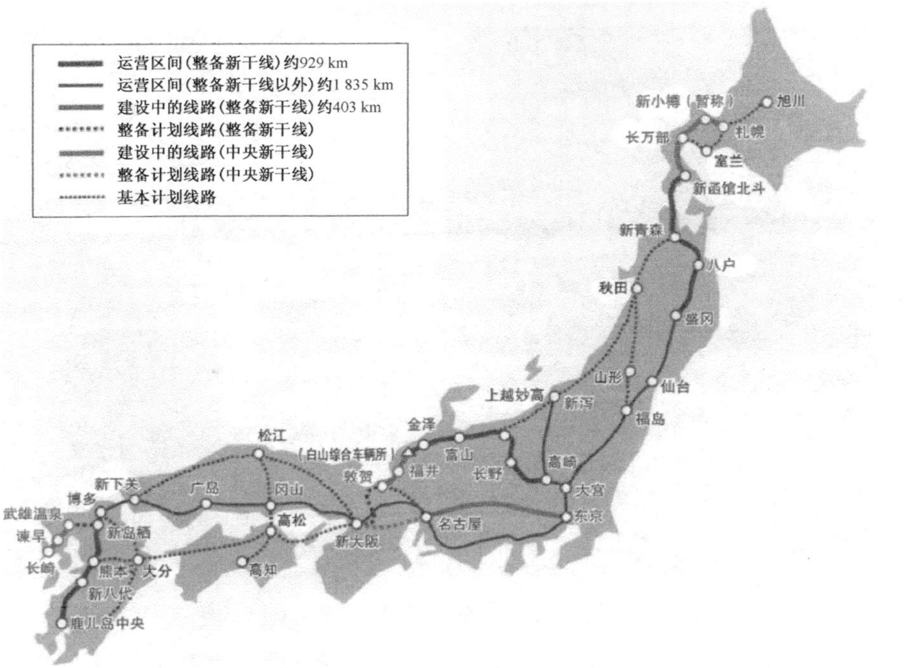

图 4-1　日本全国新干线铁道网图

(数据来源:日本国土交通省,2017)

2. 日本高速铁路经济典型模式:"站—城"一体

(1) 高速铁路站以新建站为主,距离市中心主要在 3 km 以内

以日本 1964 年建成的世界上第一条高速铁路东海道新干线为例,沿途共 17 个站,除东京站、品川站、名古屋站、米原站 4 个站为原有老站扩建外,其余 13 个站均为新建站。除岐阜羽岛站点距离市中心 15 km 外,其余站点距离市中心平均距离仅 2.6 km,且 53%的站点距离市中心距离在 2 km 以内。

(2) 高速铁路站点 1 km 范围内形成高速铁路站区成为城市新的增长极

① 大城市——商务核心型站区,以商务、办公、酒店、文化娱乐等功能为主。

以名古屋站为例,如图 4-3 所示,半径 500 m 范围内为站点片区的核心区域,分布着大量的写字楼、酒店、商业。而东京站 2 km 范围内仍具备大量的商务金融、零售商业、文化娱乐等功能。名古屋是日本第四大城市,人口约 220 万。名古屋站点半径 500 m 范围为该站点的核心地区,该范围内有大量的写字楼(35%)、酒店(30%),以及少量住宅(17%)、商业(13%)和配套(5%)。

图 4-2　东京站(红色方框区域)

图 4-3　名古屋站周边用地功能

以东京站为例，如图 4－4 所示，周边地区开发显现出高复合化、高密度开发的特征，车站 1 km 范围内集聚了中央商务区（CBD）、金融街、高端商业区、文化区等职能。1 km 范围内商务金融、零售商业（商业街以店铺计）占比约 80%，而 2 km 范围内占比总和依然超过 65%，颇具特色的是文化娱乐产业占比 6%，具有区域共享的性质。

图 4－4　东京站功能

② 小城市——混合功能区，以零售商业、酒店、餐饮等功能为主。小城市由于受其城市规模限制，高速铁路站区往往辐射范围也较小，功能与城市的对内服务功能相结合。某些旅游业较为发达的小城市站区还往往会形成以酒店住宿、餐饮娱乐等功能为主的旅游休闲型站区。

(3) 高速铁路加速沿线城市人口集聚

1975—1985 年，日本上越和东北新干线对区域人口的影响结果表明，无新干线车站的辖区人口增速均低于全国平均水平，有新干线车站的 6 个辖区中有 3 个辖区的人口增速远高于全国平均水平。同时，关于东海道新干线的研究指出，有新干线车站的城市人口增长率比无新干线车站的城市平均高 22 个百分点（Brotchie，1991）。关于日本新干线沿线的就业分析发现，有车站的城市平均每年劳动人口增长率是 1.8%，而没有车站的邻近城市平均每年劳动人口增长率是 1.3%。

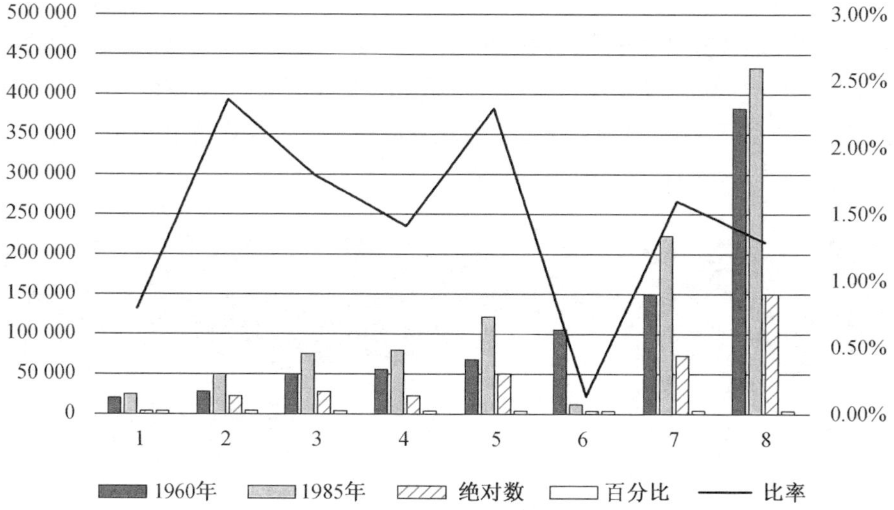

图 4-5　新干线开通前后相关城市劳动人口增长变化的对比

(来源:日本新干线年度报告,2000 年)

(4) 高速铁路促进沿线城市产业转型升级,高端服务业向中心城市集聚、低端产业向沿线其他城市扩散

高速铁路压缩了时空距离、加速了人员流动,对要素的流通环境带来重大改变,也促进沿线城市产业结构的调整。1975 年后,东海道新干线进一步延伸到九州,干线的延伸直接推动了大阪至九州的沿线工业结构重组和产业结构调整,具体表现在车辆、机电、家电等加工制造产业和集成电路和微电子等高端产业逐步取代了钢铁、石油和化工等传统工业的核心地位。另外东海道新干线沿线城市在零售、批发、工业以及建设等产业的增长率相较于非沿线城市,也明显高出 16～34 个百分点(Hirota, 1984)。日本高速铁路线路沿线产业配套见表 4-2。

表 4-2　日本高速铁路线路沿线产业配套

线路名称	东海道新干线	九州新干线	北海道新干线	东北新干线	上越新干线	北陆新干线
代表配套发展产业	奥运体育产业	旅游观光	科技房产开发区	科技、教育、房地产	计算机产业	观光游览

(5) 高速铁路强化中心城市集聚效应,对中小城市具有"虹吸"风险

新干线对日本区域经济发展的长期效果是强化了大城市的集聚作用,特别加速了各类要素向首都东京的单核集中式发展。在新干线不断开通的过程中,大城市的核心集聚功能被强化,同时中、小城市可能面临"虹吸"的

挑战，而高速铁路站点周边也不一定成为新的城市中心。对于缺乏产业竞争优势的小城市而言，不与高速铁路连接反而更容易防止本地产业衰退，形成一种封闭环境下的保护作用。

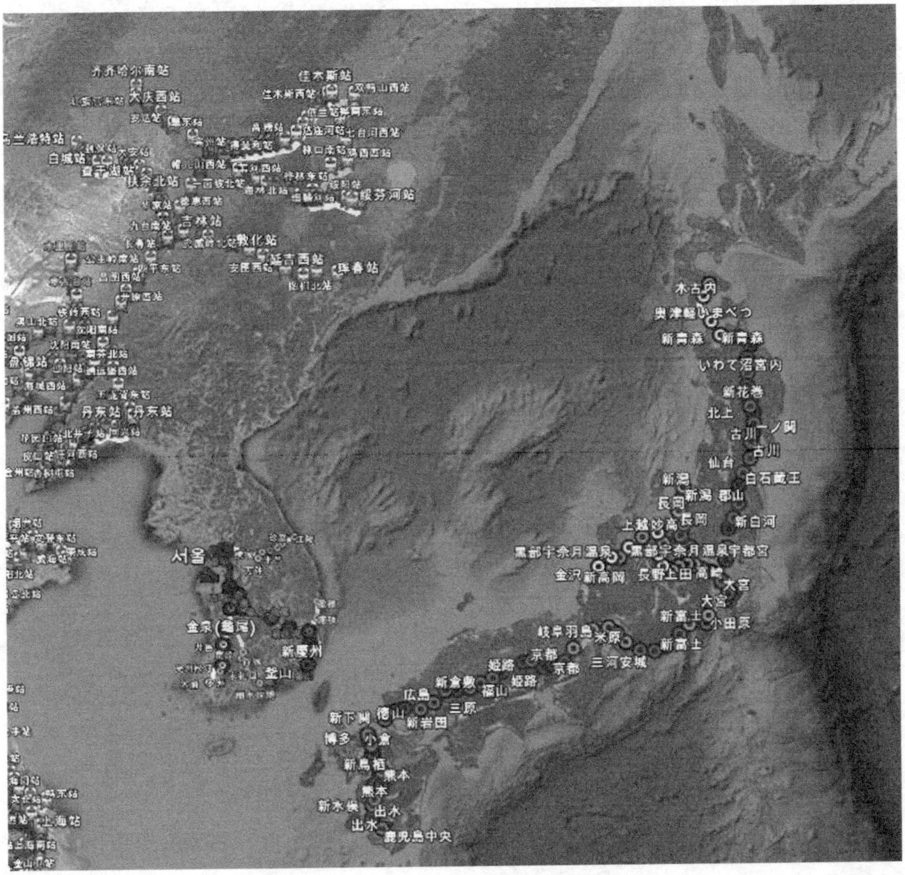

图 4-6　东北亚主要高速铁路网络图

(6) 高速铁路带动沿线城市经济发展，反过来又支撑高速铁路客流持续增长

以东海道新干线为例，东海道新干线将东京、名古屋和大阪三大城市群快速联系起来，主要城市之间通行时间压缩到 3 h 以内，东京到新大阪站最快时间仅 2 小时 25 分钟。在过去的 40 年期间，东海道新干线的运输效益不断提升，给新干线的运营盈利和可持续发展带来可靠的保障。2015 年，东海道新干线（总里程 554 km）客流量达 1.64 亿人次、运营收益 782 亿元，远高于 2015 年我国客流量最大的京沪高速铁路（总里程 1318 km）客流量 1.3 亿人次，运营收益 234 亿元。

(7) 高速铁路站区发育成熟历时 10 年以上

日本的经验表明，高速铁路站区从规划建设到形成规模并获得收益，一般需要 10 年以上时间。日本新干线开通后 30 年，名古屋站周边地区才发展成为城市最重要的商务中心区之一。新横滨站从起步发育到发展成熟，经历了 35～40 年时间。

新横滨高速铁路站区发展大概经历了起步期、发展期、成熟期三个阶段。

起步期阶段(1964—1980 年)，高速铁路对地区拉动作用并不突出。新干线通车后，站区主要进行城市基础设施建设和生态环境改善，开始小规模服务设施的建设，其间土地开发进程推动力不强(土地开发不及计划的 15%)，人口增长缓慢，铁路客流规模呈平缓状态。

发展期阶段(1981—2003 年)，对城市产业集聚、客流量增长呈现正面影响显现。新横滨的基础设施建设日渐完善之后，越来越多的医院、学校及企业等入驻，如 NEC 电子企业总部、科技研发中心及信息专科学校等；同时新横滨站客流量、停靠列车班次平稳上升，2003 年停靠车次达 100 趟。

成熟期阶段(2003 年以后)，高速铁路促进城市功能和基础设施更新。从 2003 年开始，横滨推进土壤改良计划，2006 年对城市水系进行改造，并逐步在产业地区发展改善居住环境，提倡从“工作在新横滨”向“生活在新横滨”转变，同时政府开始更新改造新横滨站大楼、步行天桥、交通广场、联系道路等基础设施。

二、欧洲高速铁路经济发展模式:辐射产业演进升级模式

1. 欧洲高速铁路发展历程

20 世纪 80 年代起，欧洲法国、德国、意大利、西班牙、比利时、荷兰、瑞典及英国等国家大规模修建境内和跨境高速铁路。当前欧洲高速铁路网络的框架体系已经形成，该框架以法国为中心，北部与英国、德国和比利时相连，东南部与意大利和伊比利亚半岛(葡萄牙、西班牙)相连。

1981 年 9 月 27 日，欧洲第一条高速铁路——法国 TGV 东南线(巴黎—里昂)通车。在这之后，法国的 TGV 大西洋线、北欧线、地中海线、巴黎东部线等相继开通，逐步形成以巴黎为中心向全国各区域辐射的 TGV 高速铁路网络。目前，法国有 9 条高速铁路运营，总长度 2023.6 km，TGV 高速列车可通行的范围达 6000 km 以上，列车最高运营时速可达 320 公里/小时。比利时、荷兰和英国基于 TGV 技术建成了与法国相连的高速铁路线路。德国第一条高速新线(汉诺威—维尔茨堡)铁路于 1991 年开通运营，

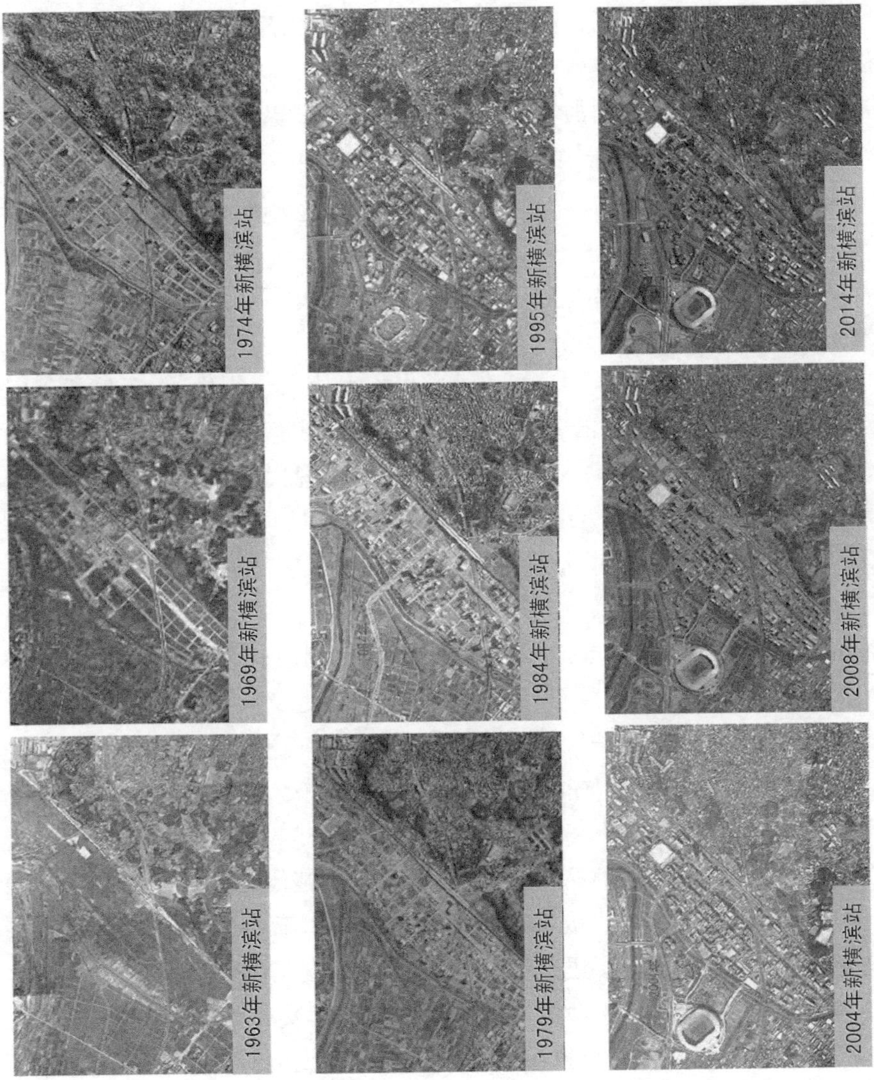

图 4-7　日本新横滨站区的发展过程

截至2020年3月，年底德国已建成高速铁路运营里程位居世界第五，全长1718 km(运营中1571 km，施工中147 km)，ICE列车通行范围可达6300 km以上，通达德国境内多数大城市。

2. 欧洲高速铁路经济典型模式：高速铁路辐射产业升级模式

(1) 高速铁路站以既有站改扩建为主，离市中心距离短，敷设能力强

欧洲主要城市的59个高速铁路站的统计数据表明，欧洲高速铁路站以利用既有火车站改造为主(占92%)，59个高速铁路站中新建站仅有5个(占8%)。除马德里的查马特站距离市中心8 km、巴黎里昂站和奥斯特里茨站距离市中心7.5 km、法兰克福机场站距离市中心14.4 km外，其余站点距离市中心平均距离仅2.4 km，且64%的站点距离市中心距离在2 km以内。

(2) 高速铁路带动中心城市的产业升级，传统制造业向现代服务业转型

以法国里尔为例，如图4-10所示，里尔市依靠位于伦敦、布鲁塞尔以及巴黎三大欧洲核心城市的突出区位优势，结合高速铁路站点的开发，启动“欧洲里尔”计划，促使里尔从传统工业型城市向现代化服务城市转型。随着高速铁路区域服务中心的打造，围绕高速铁路站集聚了大量的商务、酒店、文化娱乐等产业，里尔已经成为一个以商务办公为主的区域综合性门户。

里尔高速铁路场站位于里尔市中心区边缘，周边有70公顷的可开发区域。借助高速铁路开通的背景，里尔新区规划以建设欧洲服务中心为发展目标，现在的里尔新区是法国第三大商务区，配套功能包括商业中心、会议中心、城市公园等，引导了城市产业向服务业主导发展的趋势，极大地促进城市发展转型。

再以法国里昂为例，TGV的开通带动了里昂整体产业的升级与功能提升，使其由传统的纺织工业城市转型为服务阿尔卑斯山脉区域的法国第二大博览会中心，同时带动了里昂的传统纺织向高端丝绸、设计研发、服装创意的转型升级，并促进了生命医药、金融服务、汽车交通等新兴产业的发展。

高速铁路对里昂城市传统产业的升级扩充和发展新的产业形成了巨大的推动作用。高速铁路开通后，巴黎、马赛的丝织业向里昂转移，促进了里昂丝织业的升级，推动了高级丝绸、特种纤维等技术进步，开展丝织业的研究与设计相关活动。里昂城市产业由两大主导产业发展形成六大产业，促进了生命医药、金融服务、物流等新兴产业的发展，成为法国第二大工业基地、欧洲重要的物流平台。

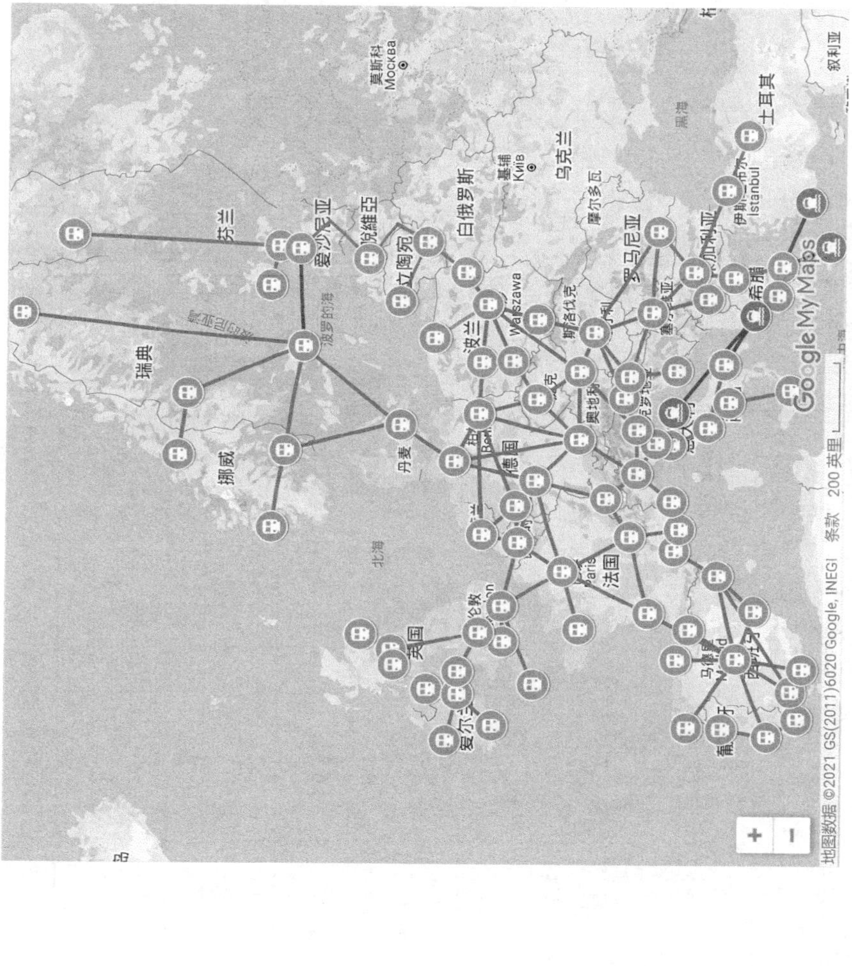

图 4－8　欧洲高速铁路网络布局示意图

（来源：欧洲旅游网，2019.12）

表 4-3 欧洲高速铁路投资概况(2000 年起)

成员国	合计		2000—2006 年期间				2007—2013 年期间				2014—2020 年期间			
	总数	占比/%	直接管辖区	共同管辖区	总数	占比/%	直接管辖区	共同管辖区	总数	占比/%	直接管辖区	共同管辖区	总数	占比/%
比利时	95.5	0.4	76.0	—	76.0	6.9	19.0	—	19.0	0.2	0.5	—	0.5	0.0
保加利亚	259.4	1.1	—	—	—	—	—	259.4	259.4	2.7	—	—	—	—
捷克共和国	0.3	0.0	—	—	—	—	0.3	—	0.3	0.0	—	—	—	—
丹麦	90.4	0.4	8.4	—	8.4	0.1	82.0	—	82.0	0.8	—	—	—	—
德国	2693.9	11.4	377.9	12.2	390.1	4.5	492.3	351.8	844.1	8.6	1459.7	—	1459.7	27.8
希腊	1050.9	4.4	—	241.9	241.9	2.8	1.0	308.3	309.3	3.2	499.7	—	499.7	9.5
西班牙	11 232.2	47.3	197.5	6195.8	6373.3	73.3	299.4	4264.3	4563.7	46.6	295.2	—	295.2	5.6
法国	2004.7	8.4	252.9	—	252.9	2.9	814.7	101.6	916.3	9.4	835.5	—	835.5	15.9
意大利	2042.5	8.6	195.7	241.0	436.7	5.0	608.1	—	608.1	6.2	997.6	—	997.6	19.0
荷兰	104.6	0.4	98.3	—	98.3	1.1	6.3	—	6.3	0.1	—	—	—	—
澳大利亚	996.6	4.2	39.6	—	39.6	0.5	308.7	—	308.7	3.2	648.3	—	648.3	12.3
波兰	1996.7	8.4	—	—	—	—	1.9	1710.6	1712.5	17.5	—	284.2	284.2	5.4
葡萄牙	917.9	3.9	36.3	534.2	579.4	6.7	43.0	102.9	145.9	1.5	192.5	—	192.5	3.7
斯洛文尼亚	0.7	0.0	—	—	—	—	0.7	—	0.7	0.0	—	—	—	—
芬兰	5.0	0.0	—	—	—	—	5.0	—	5.0	0.1	—	—	—	—
瑞典	6.6	0.0	—	—	—	0.0	4.6	1.9	6.6	0.1	—	—	—	—
英国	232.7	1.0	185.0	8.5	193.5	2.2	—	—	—	—	39.2	—	39.2	0.7
其他	1.5	0.0	1.5	—	1.5	0.0	—	—	—	—	—	—	—	—
总计	23 732.1	100.0	1496.2	7222.6	8691.8	100.0	2687.1	7100.8	9787.9	100.0	4968.2	284.2	5252.4	100.0

注:1. 数据统计于 2018 年 2 月,单位以百万欧元计;2. 已投入和准投入金额均包括在内;3. 交界处的项目投资额由相邻成员国之间均摊。

表 4-4　西班牙、法国、意大利及德国高速铁路投资成本状况

（1）基本数据

	已建高速铁路里程/km	已建在建高速铁路里程/km	已建高速铁路总投资/百万欧元	已建和在建高速铁路总投资/百万欧元	已建和在建高速铁路欧盟总出资/百万欧元	途经里程/十亿	人口/百万
西班牙	2675	3827	31 015	53 554	14 071	13.4	46.2
法国	2548	2628	38 395	40 382	1406	49.0	67.0
意大利	1144	1280	31 812	41 912	724	20.0	60.6
德国	2141	2331	28 506	34 105	2694	27.2	82.8

（2）主要绩效指标计算

	已建高速铁路每千米成本	已建和在建高速铁路每千米成本	已建高速铁路人均总成本	已建和在建高速铁路人均总成本	已建高速铁路每千米人均成本	已建和在建高速铁路每千米人均成本	欧盟人均出资	每千米高速铁路途经里程	人均途经里程
西班牙	12	14	671	1159	0.25	0.30	305	5	290
法国	15	15	573	603	0.22	0.23	21	19.2	731
意大利	28	33	525	692	0.46	0.54	12	17.5	330
德国	13	15	344	412	0.16	0.18	33	12.7	329

注：法国和意大利的数据不包括布伦纳基地和里昂—都灵隧道的接壤地段。

数据来源：ECA、国家管理局、基础设施管理处和铁路运营商。

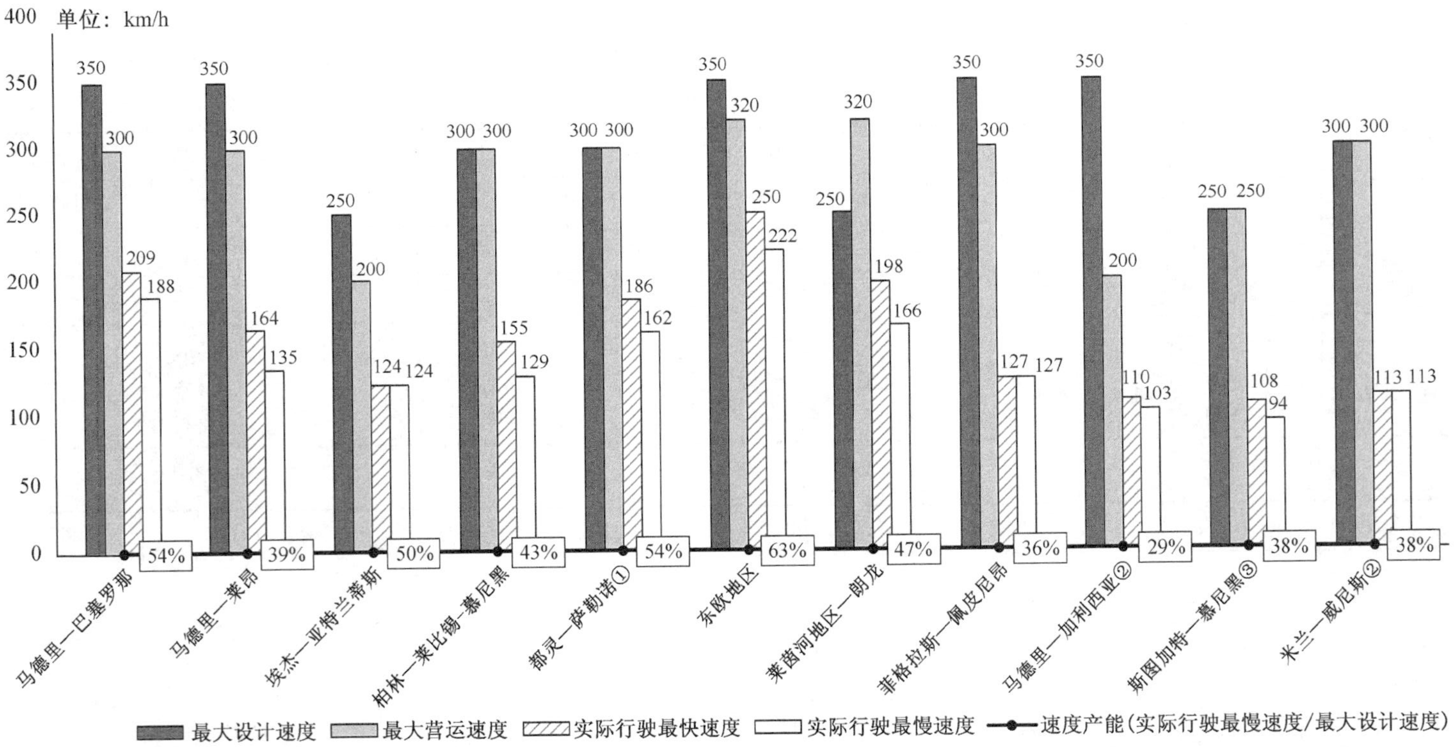

注：① 实际速度在马德里—拿坡里段测得；

② 包括在建路段和规划路段在内；

③ 包括在建路段和规划路段在内：假定最大营运速度等于最大设计速度。

图 4 - 9　欧洲国家高速铁路路线时速状况

表 4-5 欧洲国家高速铁路路线平均票价及出行时间概况

路线	平均票价及所耗时长												中间站点
	商务出行						休闲旅行						
	高速铁路		传统铁路		飞机		高速铁路		传统铁路		飞机		
马德里—巴塞罗那—马德里	€177	05h19min	€120	12h04min	€225	05h35min	€169	05h35min			€218	02h40min	20～30
巴塞罗那—马德里—巴塞罗那	€155	11h43min	€124	11h43min	€244	02h45min	€167	05h30min	€130	11h19min	€223	02h43min	20～30
马德里—圣地亚哥—马德里	€81	11h06min			€229	02h27min							<10
圣地亚哥—马德里—圣地亚哥	€82	10h40min					€81	10h36min					<10
马德里—莱昂—马德里	€69	04h38min	€63	10h13min			€81	04h57min					10
莱昂—马德里—莱昂	€71	04h56min											10
斯图加特—慕尼黑—斯图加特	€76	04h36min	€88	06h49min			€63	04h37min	€84	06h46min			50～60
慕尼黑—斯图加特—慕尼黑	€74	04h31min	€88	06h46min	€229	01h30min	€65	04h33min	€84	06h45min			50～60
莱比锡—慕尼黑—莱比锡	€135	10h15min	€177	13h33min			€108	10h45min	€87	13h39min			40～45
慕尼黑—莱比锡—慕尼黑	€113	10h28min	€118	13h32min	€340	01h50min	€91	10h18min	€92	14h26min			40～45
都灵—罗马—都灵	€137	09h08min	€125	12h55min	€276	02h24min	€157	08h43min	€159	13h15min	€236	02h20min	20～50
罗马—都灵—罗马	€134	09h10min	€127	13h53min	€289	02h23min	€140	08h54min	€121	20h44min	€165	02h30min	20～50
米兰—威尼斯—米兰	€68	04h50min	€51	06h40min			€82	04h50min	€53	07h42min			20～50
威尼斯—米兰—威尼斯	€65	04h50min	€50	07h04min			€66	04h50min	€53	07h43min			20～50
巴黎—斯特拉斯堡—巴黎	€161	03h40min					€173	03h44min					15～20
斯特拉斯堡—巴黎—斯特拉斯堡	€154	03h51min					€162	03h36min					15～20
第戎—米卢斯—第戎	€49	02h28min											15～20
米卢斯—第戎—米卢斯							€62	02h42min					15～20

数据来源：Advito、ECA 机构。

注：表格空白处无准确数据来源，中间站点表示一天内两个城市直接来回中途所经过站点的平均数。

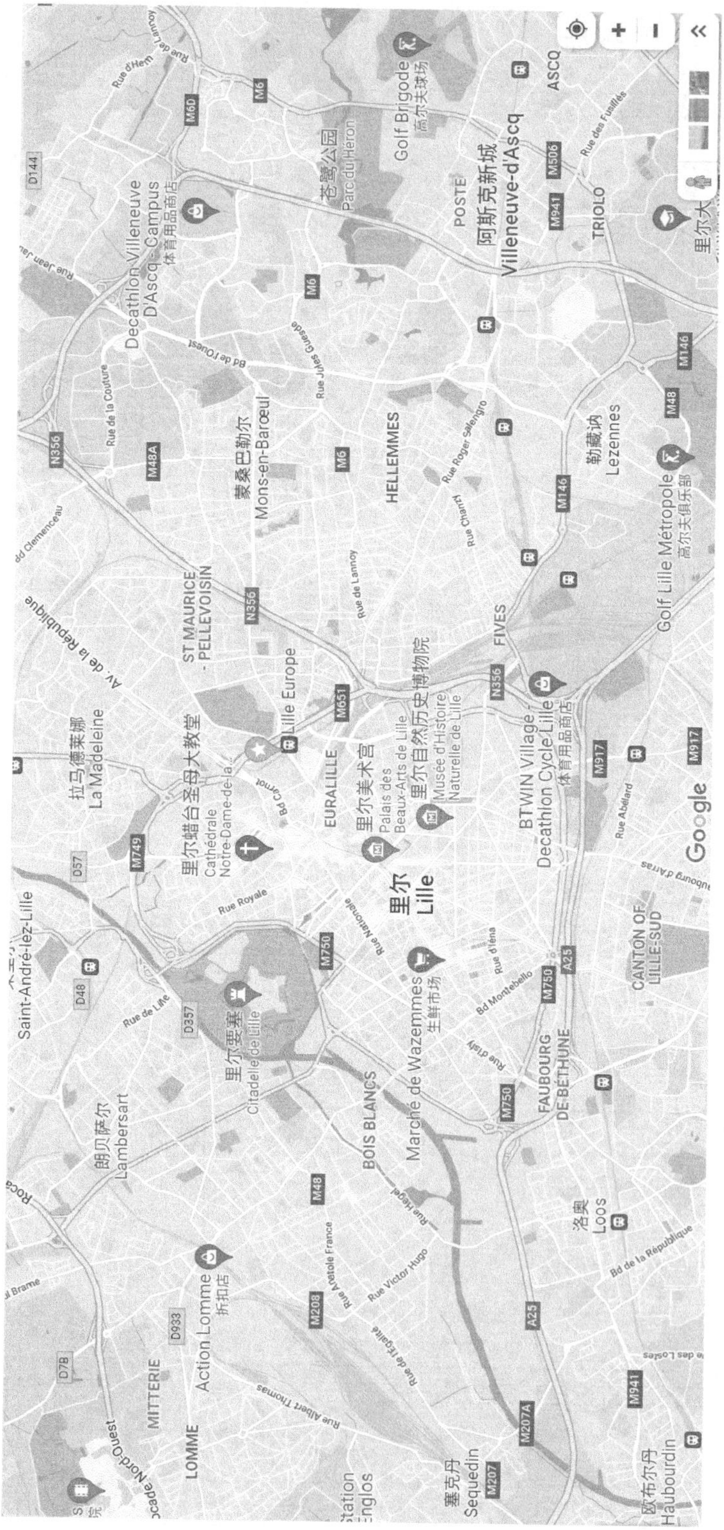

图 4-10　里尔高速铁路站(Lille)的位置

(图片来源:Google 地图)

（3）高速铁路站点 1 km 范围内形成高速铁路站区，带来城市空间结构调整

随着里尔高速铁路站建成运营，高速铁路枢纽周边聚集大量的商务、酒店、文化娱乐等功能形成高速铁路站区，以此推动了里尔城市空间结构的重构：城市发展重点由传统中心向枢纽节点转移。同时，TGV 大西洋线开通后为南特旧城区的更新重建提供了触媒，促进政府对旧城区进行改造提升，加快更多高品质住宅、办公、会议中心、宾馆、银行办公等混合使用功能的建筑的建设。由于 TGV 车站、城市中心区位以及现代化的建设品质，车站周边地区旧城的租金比城市其他地区高 20%。

里尔约有 22 万人，里尔站区周边 500 m 范围内既有密集的商业区、办公区，还配备有公园绿地、开放广场、会演中心等公共空间。站区内丰富的城市功能带动了周边第三产业服务业的发展，商业、休闲娱乐业、酒店业等行业的发展汇集了大量人流。

里尔站区呈圈层式开发，高档商业办公、休闲娱乐及市政设施、住宅和生活配套分别对应辐射半径 500 m 范围、1.5 km 范围、3 km 范围的各个圈层。

（4）高速铁路刺激沿线城市就业岗位增长

TGV 开通后，除了本身的管理运营与维护所带来的就业岗位之外，也吸引了大量的客流，加强了城市间的经济联系，给沿线城市增加了就业机会。根据法国铁路部门的估计，投资 10 亿法郎的高速铁路项目每年将创造 3500 个就业机会，此外，法国 TGV 东线将会带来 20 000 个就业机会。

第二节　国内典型高速铁路经济现状

2019 年 7 月 8 日，根据世界银行发布的《中国的高速铁路发展》，中国高速铁路营业里程超过世界其他国家高速铁路营业里程总和，票价最低，建设成本约为其他国家的 2/3。截至 2019 年底，中国高速铁路营业总里程达到 3.5 万千米，居世界第一。我国高速铁路从 2007 年到 2030 年建设和规划网络的演化过程如图 4－11 所示。

一、中国台湾高速铁路

中国台湾高速铁路，又称台湾高铁，是连接中国台湾的台北市与高雄市两市之间的高速铁路系统，贯通台湾西海岸，以南港为起点，经台北、板桥、

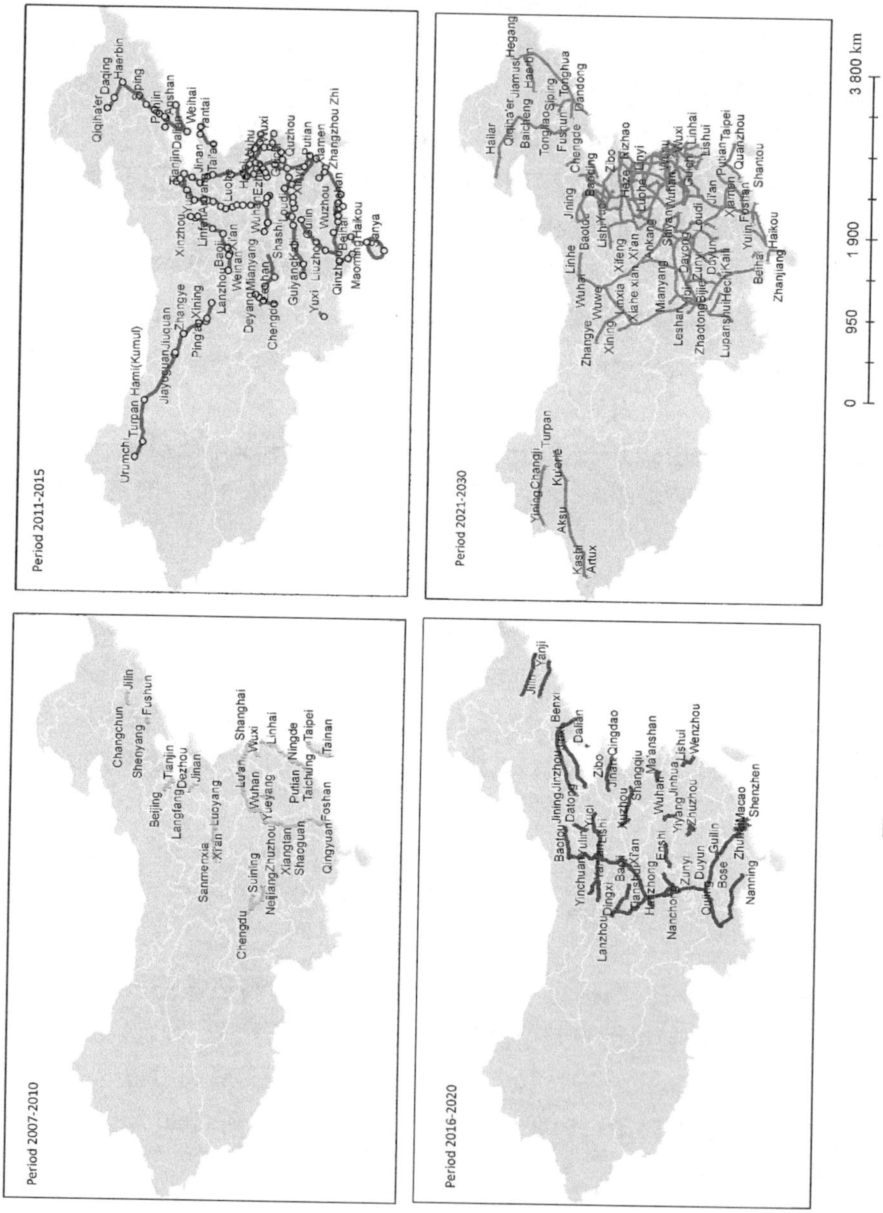

图 4-11　我国高速铁路建设五年期演化图

桃园、新竹、苗栗、台中、彰化、云林、嘉义、台南至左营，共12个车站，如图4-12所示，全长345 km，为台湾西部走廊的主要交通骨干。台湾高速铁路采用日本新干线技术，最高运营速度为每小时315 km。

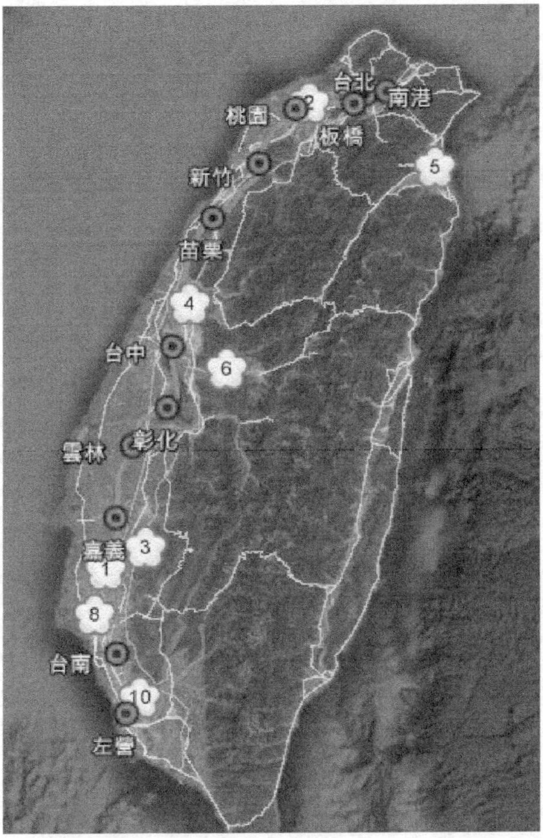

图4-12　中国台湾高速铁路车站和线路

我国台湾高速铁路于1998年启动兴建，全线于2007年3月2日正式通车，设计运营时速300 km，台北到高雄只需一个半小时。它纵贯整个台湾西部城镇发展带，覆盖台湾59.7%的土地面积，93%以上的人口和GDP。高速铁路线路里程345 km，2012年旅客发送量达到4749万人次，每天发车66对，在整个西部通道中150 km以上出行占比达到26%。

我国台湾高速铁路建设总成本约达新台币5000亿元，是台湾岛内第一个，同时也是全世界规模最大的采取BOT模式（Build-Operate-Transfer）兴建的高速铁路项目。台湾高速铁路也是中国版图上高速铁路发展的先驱和代表，在促进台湾经济发展方面效果明显。特别地，台湾高速铁路有选择地进行差异性综合开发，每站平均300公顷。台湾重点在桃园青浦站、新竹北站、台中乌日、嘉义与台南站等5个站点进行了高速铁路站区（高速铁路特定开发区）的综合开发与建设，特定区总用地1500公顷，平均每个站点约300公顷。台湾赋予高速铁路特定区"重整空间结构、构建台湾西部区经济体，重新构建城市定位，发展地方特色，促进产业分工互补，均衡城乡发展，培育新兴产业"的战略使命，各站区的发展定位各具特色，相互之间也具有很强的互补性。

表4-6　台湾地区人口经济状况(截至2020年)

城市	面积/km²	人口/万人	GDP/亿美元
新北市	2052.6	402.45	6946
台北市	271.8	263.11	6170
台中市	2214.9	281.67	4870
台南市	2191.7	187.88	2852
高雄市	2947.6	277.34	4470
桃源县	1221.0	225.58	3875
新竹县	1427.5	56.59	963
苗栗县	1820.3	54.45	845
彰化县	1074.4	127.05	1186
云林县	1290.8	67.96	975
嘉义县	1903.6	50.18	667
屏东县	2775.6	81.66	1142
基隆市	132.8	36.89	614
新竹市	104.2	44.96	902
嘉义市	60.0	26.74	447

表4-7　台湾高速铁路站点

特定区定位/km²		特定区面积/km²	核心区开发单位权责单位及面积/km²		
			高速铁路局	高速铁路公司	其他单位
桃园站	国际商务城	490	23.37	10.72	桃园县政府
新竹站	生物科技城	309	1.73	5.03	国科会生医园区38.11
台中站	娱乐购物城	273	14.46	17.44	中部行政中心计划3.67
嘉义站	休闲娱乐城	135	9.86	5.44	台糖公司5.24
台南站	学研生态城	300	39.4	7.86	国科会及县市政府
合计		1508	88.82	46.51	

高速铁路站区综合开发的成败取决于车站区位、地方当局的策略等多种影响因素。虽然中国台湾对高速铁路站的开发区域进行了甄选和选择，并对各个站区进行了差异化的功能定位，但是，仅有桃园、新竹高速铁路特定区发展相对成功，台中乌日、嘉义与台南站的综合开发均告失败。通过研究总结，车站区位，离市区交通时间与成本、规划是否有深入的市场调研分析，是否有人口及产业引进的开发策略，地方当局是否有配套做法及实践能力以及是否能够引进优良的开发商与双赢的合约管理等都是高速铁路站区综合开发成败的关键因素。

二、京沪高速铁路

京沪高速铁路(Beijing-Shanghai High-speed Railway)，简称京沪高铁，又名京沪客运专线，是连接北京与上海的高速铁路，是“八纵八横”高速铁路主通道之一。京沪高速铁路于 2008 年 4 月 18 日正式开工，2011 年 6 月 30 日，全线正式通车，全长 1318 km，设 24 个车站，设计的最高速度为每小时 380 km。截至 2021 年 6 月，京沪高速铁路运行的复兴号动车组，运营速度每小时 350 千米，开通运营 8 周年以来，共发送旅客超过了 13.5 亿人次。2020 年初，京沪高铁在上海证券交易所主板挂牌上市，作为上市的中国高速铁路第一股，这标志着铁路股份制改革是成功的。据悉，2019 年，京沪高速铁路营业里程约占全国铁路总营业里程的 1%，全线发送旅客人次占铁路行业总发送旅客人次的 5.87%；年客运周转量占铁路行业客运周转量的 6.58%，客座率维持在 80%左右；2016 年至 2018 年间，京沪高速铁路营业收入分别为 262.58 亿元、295.55 亿元和 311.58 亿元；净利润分别达到 79.03 亿元、90.53 亿元和 102.48 亿元。截止到 2019 年三季度末，公司总资产 1870.8 亿元，净资产 1597.3 亿元，资产负债率仅为 14.62%，且逐年走低，而利润率稳步上行。

基于京沪高速铁路的运营特征，它的经济发展模式的重要特征在于其途经人口密度高且经济发达地区，从根本上促进京沪高速铁路实现盈利。如图 4 - 13 所示，京沪高速铁路东部沿海经济发达地区，连接京津冀、山东半岛、长三角城市群。沿线地区人口达 1.56 亿，GDP12 万亿元，分别占全国的 12%和 21%。高速铁路客流强度与沿线地区人口集聚、经济发达程度高度正相关，沿途大量的人口和发达的经济水平，为京沪高速铁路的客流提供了保障。2015 年，京沪高速铁路运送旅客近 1.3 亿人次，平均每位顾客盈利 50 元。

同时，京沪高速铁路沿线发达地区与欠发达地区间形成扩散效应。京沪高速铁路通车后，为沿线区域经济发展提供了良好的流动条件，推动产业和资本、资源外溢，形成以长三角、京津冀为龙头，向中段的安徽、苏北、鲁西南等地区扩散，带动沿线地区发展的局面。高速铁路开通后，德州市已承接了200多项来自北京、天津的产业转移项目；泰安市的旅游接待人数从2010年的3000万人增加到2013年的4800万人。

京沪高速铁路表现出高速铁路经济发展模式的多样化，主要有通道经济集聚模式和城市群高速铁路经济发展模式。京沪高速铁路对沿线及辐射地区的社会经济发展产生了深远的影响，也成了我国铁路融资模式改革的首位代表。京沪高速铁路也是我国高速铁路“走出去”的信心来源，它必定是我国交通运输产业“两个一百年”伟大复兴过程中优秀基础设施的杰出代表。

图4-13　京沪高速铁路沿线车站

三、江西省高速铁路经济

2018 年江西省铁路运营里程 4134 km，其中时速 250 km 及以上的高速铁路运营里程占铁路运营总里程的 22.18%。2019 年底基本形成“一纵一横”高速铁路主骨架全省铁路运营里程达 1315 km。2019 年，江西南昌制订了《江西省高速铁路经济带发展规划(2019—2025 年)》，该规划提出江西省高速铁路经济模式为高速铁路城市群经济聚集模式，主要的内容如下：

打造以高速铁路通行和设站为主要依据，兼顾城市发展方向和功能提升，将全省高速铁路经济带划分为核心区、拓展区和辐射区。其中：核心区包括 11 个设区市 26 个市辖区，拓展区包括到 2025 年高速铁路设站的 39 个县(市)，辐射区包括未设站的 35 个县(市)。

1. 高速铁路经济带核心区

重点发挥高速铁路站场的枢纽作用和主城区综合交通优势，规划布局建设高速铁路新区，发展现代物流、商贸、会展、电子商务等各具特色的门户经济、枢纽经济、流量经济，推动主城区空间拓展与高速铁路新区建设双向互动、融合发展。坚持资源开发、服务配套、产业集聚、人口集中，结合城市发展和园区建设需要，推动站场与新区建设一体化、管理运营一体化、交通网络一体化，打造成为管理信息化、基础设施智能化、公共服务便捷化的智慧新区。

2. 高速铁路经济带拓展区

重点依托高速铁路沿线站场和通道作用，以互补、互融、互动为方向，加强与核心区的联动和协作，提升城市和小城镇发展质量，促进特色产业、现代服务业、现代农业、旅游业在高速铁路沿线集聚。因地制宜在高速铁路节点的中小城镇布局建设若干高速铁路小镇，大力发展临站经济，建设现代工商业集聚区，培育发展一批生态良好、宜居宜业宜游的高速铁路特色小镇。

3. 高速铁路经济带辐射区

依托自身资源禀赋和产业特色，加强与核心区和拓展区高速铁路站场的交通联系，主动接受辐射带动，促进城镇发展和乡村振兴。

同时，该规划提出了“充分发挥高速铁路及站场枢纽作用和经济带通道作用，强化高速铁路的快速、便捷、集聚效应，以重点城镇和产业园区为载体，加快推进高速铁路沿线先进制造业、现代服务业和现代农业发展，推动高速铁路沿线城市产业合作和协同创新，构建具有优势互补、协同配套、联动发展的现代产业集聚带”。

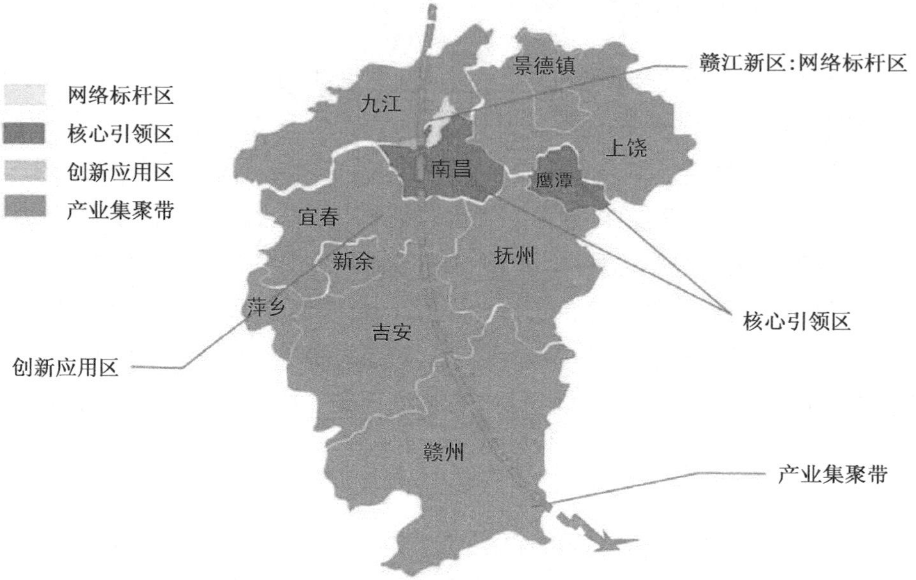

图 4-14　江西省高速铁路经济带功能分区图

四、贵广高速铁路

贵广高速铁路，简称贵广高铁，是连接贵阳市与广州市的区际高速铁路；线路呈西北至东南走向，为中国“八纵八横”高速铁路网兰（西）广通道的南端部分。它于2008年10月13日动工建设，2014年12月26日全线通车运营；北起贵阳北站，南至广州南站，线路全长857 km，客运站点23个，列车运营速度每小时250 km。截至2019年12月31日，贵广高速铁路5年发送旅客累计超过3000万人次。

在高速铁路经济发展模式上，贵广高速铁路沿途省市自发组织开展多层次、多方面合作，签署高速铁路经济带合作框架协议。2014年12月贵广、南广高速铁路全线开通运营，当日贵州、广西、广东三省签署建设贵广、南广高速铁路经济带合作框架协议。三省寄希望于通过两条高速铁路大通道的建设，切实加强与交通运输、产业发展、环境保护、旅游开发等重点领域的相关合作，加快区域一体化发展，促进东西部协调发展，将贵广、南广高速铁路经济带打造成内陆沿海协同发展，产业升级承接的先行试点区。两个高速铁路经济带的发展规划已经编制完成，即将进行三省联合审批。

同时，贵广高速铁路刺激欠发达地区的发展，促进旅游业开发、人口回流，使得人们的价值观发生改变。高速铁路把发达地区的人口导入欠发达

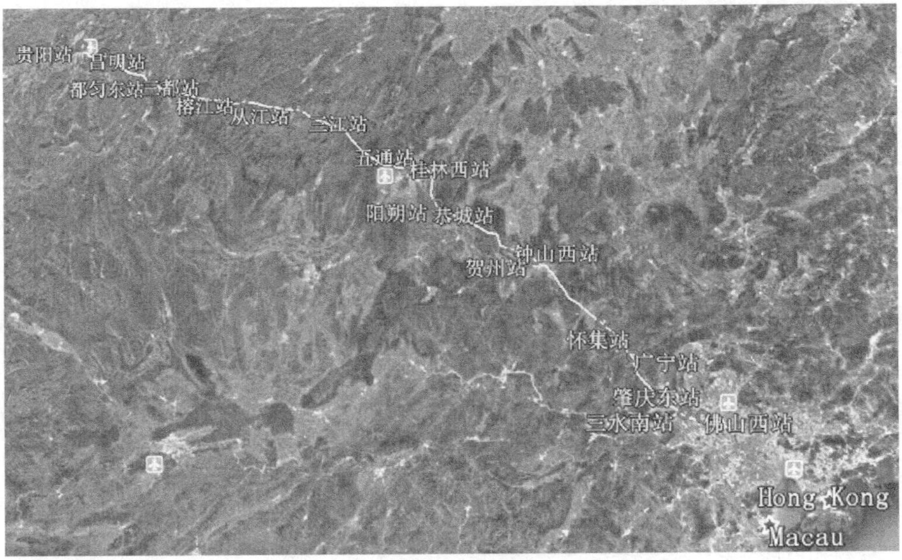

图 4-15　贵广高速铁路沿线车站图

地区消费、旅游，带动西部地区产业发展；除了投资以外，高速铁路更为关键的是带来了价值观念的变化，改变山区封闭、小富即安的小农经济，激发人们对追求更高品质生活的向位；广东人口到贵州避暑、旅游，创造了很多产业需求，吸引越来越多的外出打工人员回乡创业。

贵广高速铁路开通后，打破了中国粤桂黔三省之间既有铁路运输的大瓶颈，推动客货分流，广茂、黔桂、京广、沪昆等既有线铁路的运输能力得到释放，极大提高了西南地区和华南地区铁路的综合运力和运输效率；既有线铁路日均可增加千吨货物运能，不仅能保证重大节日期间里粤港澳地区重要物资的供应，而且可以保障粮食、电煤、石油、农药、化肥等日常物资的运输，推动事关中国国计民生的重要经济要素高速位移。（来源：时代周报评，2018.9）

此外，贵广高速铁路因其串联了中国华南地区和西南地区大片原生态旅游景点和少数民族聚落，被誉为“中国最美的高速铁路”，对强化多民族间的联系和落实精准扶贫政策，以及对经济、文化、政治和军事等方面的发展均有重要意义。（来源：央视网，2018.8）

第三节　我国高速铁路促进经济的发展主要特征与缺陷

一、通过诱增客流促进地区相关产业的繁荣

表 4-10　世界各国高速铁路线路诱增客流比例

线路(长度/km)[①]	高速铁路开通年份[②]	数据年份	诱发需求在高速铁路客运量中的比例/人次	数据来源[③]
大阪—博多[④](554)	1972、1975		6%	文献[43-44]
中国台湾	2007	2007	8%	文献[28]
大力士高速列车(巴黎—布鲁塞尔—阿姆斯特丹/科隆)[⑤]	1995、1997		11%	文献[45]
马德里—塞维利亚(470)	1992	1993/3—1995/10 的 5 个不同月份	11.7%～18.7%(取决于调研月份)	文献[46]
马德里—雷阿尔城(171)/普埃托利亚诺(210)	1992	1993/3—1995/10 的 5 个不同月份	13.9%～28.7%(取决于调研月份)	文献[46]
马德里—塞维利亚(470)	1992	1996	15%	文献[47]
欧洲之星(伦敦—巴黎/布鲁塞尔)[⑤]	1994、1997		20%	文献[45]
罗马—那不勒斯(222)	2005 年底	2007	22%	文献[48]
法国	自1984年有很多路线	2000	24%	文献[49]
马德里—我赛利亚(470)	1992	1994	26%	文献[50]
巴黎—罗讷—阿尔卑斯	1981、1983	1985	在商务出行者中为 36%	文献[51]
巴黎—里昂(427)	1981、1983		在没有增长趋势情况下为 37% 或 27%	文献[47]

（续表）

线路（长度/km）①	高速铁路开通年份②	数据年份	诱发需求在高速铁路客运量中的比例/人次	数据来源③
武汉—广州（968）	2009 年底	2010	45%⑥	文献[52]
北京—天津（131）	2011		80%⑥	文献[52]

① 指轨道长度。案例没有展示地区、全国的网络；

② 第二个年份代表其他高速段（仅展示线路开通后又发需求观测数据）；

③ 所展示的诱发需求数值可能直接来源于作者的观测或者其他渠道，包括铁路运营方、公共机构等；

④ 1993 年后才开始高于 250 km/h；

⑤ 文献[45]仅参考了大力士高速列车和欧洲之星，并不清楚是否包含全部系统，但是此处作如此假设；

⑥ 文献[52]对武汉—广州线的表述："45%为新增客流或从公共汽车或私人小汽车转移过来，这其中绝大多数是新增的"，对北京—天津线的表述为："或者从私人小汽车（包括小型公共汽车）转移过来，或者是新增的"。

通过对比中部六省 2010—2013 年设高速铁路与未设高速铁路城市国内旅游人数、国内旅游收入增长率可见，2010 年后设高速铁路城市与未设高速铁路城市在国内旅游人数增长率方面差距不大，但国内旅游收入设高速铁路城市比未设高速铁路城市增长率大 10 个百分点。

重点考察中部省份国内旅游人数、收入是否受高速铁路的积极影响。中部省份包括山西、安徽、江西、河南、湖北、湖南，这些省份中，都有 2 个以上城市在 2016 年至 2019 年之间开通了高速铁路。我们对比了这些省份中，开通高速铁路的城市和未开通高速铁路的城市在高速铁路开通前、开通时、开通后的旅游业变化情况。我们使用 6 个中部省份所有城市 2016—2019 年的国内旅游人数、国内旅游收入进行对比如表 4-11 和表 4-12 所示：

表 4-11　中部地区高速铁路与未通高速铁路城市国内旅游人数的变化率对比

中部省份	设高速铁路的城市（地级市截至 2019 年）
山西	晋中、太原、阳泉、朔州、忻州、临汾、运城 7 个
安徽	滁州、合肥、六安、蚌埠、宿州、芜湖、淮南、蚌埠、马鞍山、安庆、淮北、黄山 12 个
江西	上饶、南昌、抚州、宜春、萍乡、新余、鹰潭 7 个
河南	洛阳、三门峡、郑州、安阳、何必、新乡、许昌、漯河、驻马店 9 个
湖北	黄冈、武汉、咸宁、黄石、十堰、襄阳、鄂州、孝感、随州 9 个
湖南	郴州、衡阳、岳阳、长沙、株洲、湘潭、邵阳、娄底、永州、怀化 11 个

表 4-12　中部省份设高速铁路城市设高速铁路城市与未设高速铁路城市旅游人数变化率比较

	2016—2019 年国内旅游人数变化率(平均)	2016—2019 年国内旅游收入变化率(平均)
设高速铁路城市	119.4%	119.2%
未设高速铁路城市	108.1%	110.7%

二、对既有铁路通道发展情况

1. 高速铁路开通对既有铁路的客流量未有较大影响

既有京沪铁路受京津城际、沪宁城际、京沪高速铁路相继开通的分流影响,旅客发送量呈下降趋势,2011 年京沪线发送量比 2010 年下降了 30%,但此后旅客发送量基本稳定在每年 8000 万人左右。武广高速铁路开通后,旅客发送量迅速增长,而既有京广线旅客发送量 2011 年以后也稳定在每年 16 000 万人左右。由于郑西高速铁路没有网络效应,同时陇海线通过客流占据比重较大,没有受郑西高速铁路的明显影响,石太、哈大等高速铁路也是如此。

2. 高速铁路开通后,既有线客流密度短暂下降后保持稳定

京沪既有线双向客流密度在沪宁城际和京沪高速铁路开通后出现明显下降,京沪高速铁路开通后第二年达到稳定状态,此后双向客流密度保持稳定。武广高速铁路开通后,既有线双向客流密度 2011 年有所上升达到近年来最高值,之后开始小幅下降。陇海线郑西段双向客流密度在高速铁路开通后受到影响逐年下降。石太线双向客流密度受石太客专影响下降,2009 年降幅接近 60%,之后小幅回升,稳定在每km410 万人次左右。既有京哈线双向客流密度受高速铁路开通影响,2012—2013 年呈现出下降趋势,2014 年之后有一定回升,稳定在 420 万人/千米。

三、对局部区域经济发展影响

目前,可以证实的高速铁路对局部区域社会经济发展较大促进作用的是武汉广州沿线、成渝区域、长江三角洲京沪高铁沿线和粤港澳大湾区广州—深圳沿线。也有一些区域没有体现非常积极的作用,例如厦门深圳铁路沿线、郑州西安区域等。通过研究比对,作者发现一个较为关键的现象,就是高速铁路运营速度越大,其对其沿线区域经济和社会发展的促进就越大。高速铁路对社会经济发展促进作用不大的区域,一般存在以下几个

问题：

① 配套设施衔接差。只有高速铁路车站与人口聚集区和工业园区顺利、快速对接，才能发挥其最大的吸引力，有效支撑高速铁路的经济发展。在一些地区，高速火车站综合交通设施并不完美，和高速铁路与其他交通运输方式之间的联系还不够便捷，影响高速铁路经济的辐射效应，因此有必要进一步加快建设综合交通枢纽。

② 生产要素转移到周边省份。高铁的开通和运营将不可避免地带来生产要素与周边地区的流动。随着连接时间的缩短，区域经济竞争将更加激烈。现有的经济格局正在或将要改变。高速铁路不仅可以使生产资源(如人才、资金和技术)聚集，但也可以迅速拿走这些资源，从而导致稀缺资源的转移等。人才、资本和技术转移到周边省份和地区，将导致本区域发展势头的减弱和进一步扩大同发达地区的差距。

③ 经济水平相对较低。高铁的发展需要一定的政府引导和经济实力支持。对于经济发展水平较低、经济活力和人均可支配收入均低于全国平均水平的地区，高铁沿线居民消费能力不强，对高铁经济发展的经济支撑不足。

④ 通道效应有待增强。高速铁路运行带来一定程度的"城市效应"，乘客的时间成本会大大降低，"一日游""为期两天的旅行"和其他乘客流将显著增加，旅客停止的时间将缩短，当地消费将被削弱，形成一个"货架效应"，从而影响工业资源和人才资金的吸引力。与此同时，高铁沿线一些中小城市的人才吸引力较弱。高铁开通后的虹吸效应将进一步导致人才向省内大城市和省外发达地区流动，影响区域经济的发展。

四、高铁经济带规划脱离高铁外部效应

目前，我国许多地区发展高铁经济的热情高涨。例如，2014 年底，贵广、南广高铁开通时，广东、广西、贵州等省签署了《共建贵广高铁经济带合作框架协议》。2015 年 8 月，贵州省与湖南省签署了《湘黔高铁经济带建设合作框架协议》。根据三省联合编制的《贵广南高速经济区发展规划》，以产业合作产业集聚区为载体，作为现有产业园区应纳入高铁经济带，三园"邻里"每个园区规划面积都很大，如柳州园规划高速两车城市群，占地面积分别为 120 km^2 和 145 km^2，可见并没有摆脱规模扩张、土地金融发展的传统路径，这与依靠第三产业高速发展的外部效应，提升产业档次，培育新动能的知识经济发展思路并不一致。

五、缺乏将外部效应内化的政策机制和措施

在我国现行的铁路管理体制下，国家高速投资通道主要来自国家财政和中国铁路总公司贷款与融资，沿线土地增值等对外开放的高速效益归地方政府所有，而目前还没有相应的政策机制和措施将高铁外部效益转化为高铁建设资金来源，使得高铁与沿线区域经济发展难以形成良性互动和反馈，大部分高铁建设资金不足，目前大部分线路运营亏损较大，中国铁路总公司负债不断上升，目前接近 7 万亿元。日本铁路周边的商业开发占 JR 东日本和西日本收入的 1/3 以上，实现了收入的多元化，保证了线路本身的运营收入和铁路发展的可持续性。虽然国家出台了支持铁路建设和实施土地综合开发的相关文件(国办发 37 号)，但在实施细则和利润分配等方面仍存在许多问题有待澄清。

六、缺乏评价和测量的标准体系

在高速铁路对经济社会发展促进作用不明朗的背景下，关于高速铁路对区域经济发展好坏进行评价和衡量存在一定困难。而寻求科学合理的高铁经济评价标准和指标体系，是确定高铁经济发展目标、评价高铁经济发展质量的关键环节。目前，我国对高铁对区域经济影响评价的研究还很少。在构建高铁经济理论体系的基础上，需要进一步明确高铁经济的评价标准和指标体系。

本章小结

本章结合上一章内容，分析了国内外当前高速铁路与经济发展的典型案例，结合我国台湾高速铁路、京沪高速铁路、贵广高速铁路等高速铁路经济发展现状特征，比较国外典型案例，总结了我国高速铁路对经济发展的影响因素和发展规律。

第五章　高速铁路与经济发展关系综合评价

第一节　高速铁路对经济影响的评价指标

由于不同国家在投资高速铁路基础设施方面投资热情不同，为此，对高速铁路经济的研究和结论均有单一的模式。在很多西方国家，高速铁路在400～600 km通道的市场份额方面表现非常好，但在其他关键参数方面表现不佳，在这些国家，很多项目评价的经济指标参数没有达到“盈利”最低阈值，无法抵消与铁路基础设施建设相关的高投资成本。许多线路都有高额补贴，因此高负荷系数和市场份额与社会回报率低是相容的。在欧洲国家，与经济学家相比，高速铁路投资在政治家和公众中更受欢迎，因为经济学家往往通过简单的“盈亏平衡”指标来研究高速铁路的经济影响。

随着高速铁路里程的增加和研究水平的发展，我国已形成了较为合理的案例分析方法和分析模型的研究方法。在主流的定量研究方法中，研究者多采用相关变量，对有无高速铁路的情景进行经济分析模拟对比。实践过程中，由于我国高速铁路建设项目多，相关实际建设项目的科研报告经济评价比较成熟和规范，很多评价指标也十分典型、直接且高效。

高速铁路经济发展模式确定及评估的相关的指标可总结为以下几种：

1. 高速铁路经济发展模式指标

如第三章所述，高速铁路经济发展模式分为高速铁路枢纽“站城”一体化模式、城市群高速铁路经济聚集模式、高速铁路通道经济辐射模式、高速铁路辐射产业演进升级模式等四种模式。相应的量化指标选取一般可设置为0～1变量，例如可以用$C_{ks}=0$表示城市s发展模式可确定为第k种发展模式，否则$C_{ks}=1$；评价具体发展模式时候，一般可作为哑元变量。

2. 城市空间指标

现有研究中，依托区位理论、交通经济带、发展轴理论等，形成了一系列城市区位发展评估指标，如城市重要度、可达性、连通性、优势度等。此外，不少学者使用复杂网络指标评价高速铁路网络下城市区位的变化，这些指标包括复杂网络的中心度等。

3. 经济发展指标

经济发展指标主要指的是高速铁路建设运营后，影响区域经济活动或者效率改变的评价指标值，包括经济增长（如 GDP、人才、固有资源等经济要素的增加或价值增长）、经济密度、人均收入、企业数量变化等。

4. 规划建设指标

规划建设指标从单个项目规划建设的经济性和实施方案进行评估，包括投资的成本和效益，客流产生的经济效益与全盘资金投入与未来折损之间的对比进行分析，得出某个项目的经济性。如果经济效益在可研报告中体现不好，还会进行特殊的政治和社会效益的分析研究——这是由于我国不是所有的高速铁路线路都可以从经济效益上进行直接评价的。

5. 运输经济指标

运输经济指标从交通运输专业角度，评估高速铁路线路实际运营之后产生的经济价值，高速铁路的运输经济指标主要有：客运量、客运周转量、人公里的经济效益、单位里程的运输经济效益、高速铁路运输企业及上下游企业的经济指标等。

第二节 不同模式高速铁路经济的评价方法选择

现有关于高速铁路经济发展模式、发展程度、发展引发的后果的评价方法主要有主观、客观和综合评价。客观法常见传统的经济评价，根据国家财务标准，计算相关的盈利指标，进行直接判断。主观评价多采用专家咨询法或者经验分析法；综合评价多种量化指标，采用成熟评价模型来评估各个方案的预期属性值。

为满足铁路运输生产力发展、社会发展的要求，进一步提升高速铁路的竞争力，我国需要提升高速铁路运输能力、运输效率、经济效益和社会效益。根据分析研究，可以从以下几个方面的标准选择对铁路竞争力的评价方法：

① 设施资源布局效果：高速铁路的设施建设以优化国民经济和社会资源布局为最终优化目的，故需首先评价设施布局的效果。

② 运营效果：高速铁路的长期建设布局以铁路运输组织规划原则为指导方针，也是提升高铁运营效果的重要依据，分析高速铁路运营效果可以有效评价高速铁路建设对社会经济的长远影响和与铁路运输组织原则的相互

协调性。

③ 经济效果：市场主导着铁路运输的生产结构布局，引导发挥高速铁路运输的经济效益，因而对高速铁路的经济效果评价必不可少。

④ 社会效应：高速铁路建设发展具有双重属性，即经济属性和社会属性。国家经济发展和产业布局与高铁建设相互影响、相互促进，国家经济的快速发展使得高速铁路建设获得大量的资金资源，高速铁路的建设又直接或间接推动社会的发展变革，所以高铁的社会效应也应纳入重点评价内容。

基于上述原则，总结参考现有相关的评价方法，主要评价方法有：评价模型法、成本效益分析法、回归分析法、面板模型分析法、因素分析法、空间分析法以及地理加权回归分析法。

一、评价模型法

评价模型分为直观评价模型和指标评价模型。直观评价模型一般应用于高速铁路建设规划中的可行性研究报告，列举多维评价指标，或者多种建设方案，并预测客流，对运输能力进行匹配等。

1. 效果评价特点

高速铁路经济评价是从全局角度出发，综合各政策实施效果、高速铁路建设效果、高速铁路运营效果，对整体效果进行的评价，相关评价具有以下特点：

（1）整体系统性

铁路运营管理体系当中有多个部门、单位，也分了多个等级层次，他们之间相互关联，共同组成针对铁路管理的复杂系统。高速铁路经济影响将会涉及不同层次、不同区域、不同专业、不同部门，因此在进行高速铁路经济评价时应强调高速铁路站点、线路、网络、影响区域、城市群的整体系统性。

（2）整体网络性

高速铁路设施具有网络性结构的特点，应从全网范围内考虑。高速铁路系统内的分工既具有高度的专业性也具有高度的关联性，路网中某处线路及站区的新建、辐射影响能力的变化会影响其他线路在路网中存在的意义和发挥的作用。所以，应从高速铁路网络整体优化的角度对高速铁路经济进行评价研究。

（3）整体影响性

促进各类资源的合理配置，提高各类资源的利用效率是高速铁路线路开通运营的主要目的。高速铁路的建设会对资源基础配置和资源结构带来改变，并因此影响铁路整体性优势的发挥。因此，高速铁路经济评价需要评价高速铁路的整体影响性。

(4) 效果协作性

资源的配置优化及运输组织方式能够显现高速铁路运营效果。并且，效果的凸显与时间因素、高速铁路布局调整及其他相关因素有关。

(5) 指标相关性

高速铁路线路及网络系统涉及诸多专业部门，且各部门之间的影响互相交织。故这些评价指标还可能存在一定的相关性，即具有公共属性。因而在高速铁路运输评价工作中的指标选取上应分析各相关要素之间的关系，辨别高速铁路布局与调整的自身因素和外部因素。

(6) 双重属性

即自然和社会属性。自然属性决定了高速铁路需要发挥创造经济效益的作用。社会属性决定了高速铁路在满足运输需求的前提下，服务于国家政治、社会、文化的战略需要。因此，高速铁路经济评价需要考虑高速铁路的自然属性和社会属性。

根据以上特点，在评价高速铁路对经济和社会发展的促进作用时，应坚持系统性、全面性和创新性原则，兼顾高速铁路建设在国民经济、社会发展和交通运输系统中的重要性程度，并分析主要影响因素及相互作用关系，充分认识高速铁路可持续发展的必要性。

二、成本效益分析法

成本效益分析方法(The Cost Benefit Analysis，CBA)是评价和选取项目方案计划的高效方法之一，适用范围广，在工程领域、军事领域和社会生活等方面均有应用。成本效益分析方法是一种经济决策方法，能够较为全面地分析项目成本和效益并进行比较，以此来评估项目价值。这种分析方法将成本费用分析法应用在政府投资方案的决策当中，旨在寻求基于最小成本获得效益最大化的方案。

成本效益分析最初应用于商业分析领域，是企业在项目投资时候盈亏平衡分析的关键指导方法。企业往往通过控制成本来达到盈利的目标，成本控制需要分析经济环境背景、企业战略目标、企业经营方向与模式，进而掌握准确的决策方向，从根本上解决超额成本问题，达到长久控制企业成本的目的。

可以说，成本效益分析方法是研究高速铁路经济的普遍用法，尤其是在高速铁路项目投资建设初期用来确定能否盈利。该方法确定高速铁路经济影响的主要手段如下：

1. 成本构成

高速铁路项目是建设项目的商品形式之一，项目的全过程寿命期不仅包括前期决策阶段、设计施工建设阶段和投产运营阶段，还包括后期维护直至报废阶段。国内研究学者经过多重理论和实践研究发现，高速铁路在全生命周期过程中主要的成本包括：前期规划研究成本、建设成本、技术成本、安全成本、环境成本、运营成本、养护成本等。

2. 可量化经济效益

基础数据的完整性和可靠性，以及评价指标体系的合理性决定了评价项目方案经济效益的准确性。正确的评价指标体系能够保证经济评价的结果与客观实际情况相吻合，可以发挥实际指导意义。一般地，可量化的经济评价指标分为以下几类：

① 资金收益货币型指标：净现值（NPV）、净年值（NAV）、费用现值（PC）、费用年值（AC）等。

② 资金收益效率型指标：内部收益率（IRR）、净现值率（NAVR）、投资收益率等。

③ 资金收益时间型指标：投资回收期（静态、动态）、贷款偿还期等。

3. 成本效益评价

成本效益评价又称为经济评价，相关内容主要是根据指标进行两部分内容的计算来支持项目决策。

（1）财务评价：在国家价格体系和现行财税制度的条件下，项目的财务可行性可以从项目财务角度通过分析、计算项目的财务盈利能力和清偿能力进行判别。

（2）国民经济评价：国民经济评价根据资源合理配置的原则，从国家整体角度，通过货物影子价格、影子工资、影子汇率和社会折现率等经济参数来分析和计算项目对国民经济的净贡献，以此来判别项目的经济合理性。

表 5－1　财务评价和国民经济评价比较

<table>
<tr><th colspan="2">评价体系</th><th>国民经济评价</th><th>财务评价</th></tr>
<tr><td>相同点</td><td>1. 评价目的
2. 理论方法</td><td colspan="2">为项目经济的可行性提供判据；
货币时间价值理论，用现值法进行动态分析为主</td></tr>
<tr><td rowspan="4">不同点</td><td>1. 分析角度</td><td>国家利益为出发点</td><td>投资者角度分析财务可能性</td></tr>
<tr><td>2. 效益</td><td>计算直接效益和间接（社会）效益</td><td>只计直接效益，如公路收费收入</td></tr>
<tr><td>3. 损失</td><td>计算：直接和间接损失</td><td>只计财务支出，要计入：折旧、税收、国内借款利息</td></tr>
<tr><td>4. 折现率</td><td>不计：折旧、税收等
社会折现率</td><td>项目或行业基准折现率</td></tr>
</table>

(续表)

评价体系		国民经济评价	财务评价
	5. 采用价格	影子价格	现行市场价格
	6. 综合评价指标	经济内部收益率、经济净现值	财务内部收益率、财务净现值、财务投资回收期

三、回归分析法

回归分析法(regression analysis)是研究变量与变量之间的具体依赖关系的计算方法和理论。具体是通过后者的已知或设定值,去估计和(或)预测前者的(总体)均值;其中,前者称为解释变量(Explained Variable)或应变量(Dependent Variable),后者称为解释变量(Explanatory Variable)或自变量(Independent Variable)。

采用回归分析确定高速铁路经济影响的主要内容和分析步骤如下:

① 根据高速铁路的建设和经济变化特征,收集样本数据并加以分析,建立能够描述变量与变量之间相互关联的回归模型;

② 利用样本数据估计模型中的未知参数,得到回归方程;

③ 对模型进行检验;

④ 利用通过检验的回归方程对被解释变量进行预测或控制。

四、面板模型分析法

面板数据(panel data),即由变量 y 关于 N 个不同对象的 T 个观测期所得到的二维结构数据,记作 yit,其中 i 为 N 个不同对象,也称第 i 个体(如国家、地区、行业、企业或消费者等),t 为表示 T 个观测期。

时间序列数据、截面数据均是一维的。时间序列数据是在不同时间内得到的变量数据组;截面数据是在某个固定时点得到的变量数据组。面板数据是时间序列数据和截面数据相结合的二维数据,是由截面上个体在不同时点的重复观测数据。从横截面角度(cross section)分析,面板数据是由若干个体(entity,unit,individual)在某个时点的截面观测值所构成的;从纵剖面(longitudinal section)角度分析,则所有个体都是一个时间序列。

根据现有的操作方法,面板数据模型应用过程中可遵循以下简要步骤:

1. 步骤一:分析数据的平稳性(单位根检验)

为避免"伪回归"现象的存在,确保估计结果的有效性,面板数据模型在回归前需检验数据的平稳性。通常用单位根检验的办法来检验数据平稳性。首先绘制出面板序列时序图，然后观察时序图中的各个观测值所描出的代表变量折线中有无趋势项或截距项，为下一步的单位根检验工作做铺垫。

2. 步骤二：协整检验（模型修正）

① 情况一：协整检验一般用于单根检验结果中变量的情况是同阶单整。协整检验是考察变量间长期均衡关系的方法。协整，即两个以上（含两个）非平稳的变量序列，其某个线性组合后的序列呈现出平稳的性态。同阶单整是协整的前提条件。另外也有相对的宽限说法：当有变量数超过两个，即存在一个以上的解释变量时，此时必须有不少于两个的解释变量的单整阶数要比被解释变量的单整阶数更高。当只存在两个解释变量时，那么它们的单整阶数应是一致的。换言之，两个以上单整阶数不同的非平稳序列的协整检验若同时进行，就一定会存在一些低阶单整（波动相对高阶序列而言甚微）的序列，这几乎不会影响协整结果，因此低阶序列可不包含在内；而对于处在最高阶的序列，波动程度会相对较大，其对回归残差的平稳性将会产生非常大的影响，故在协整包含某些高阶单整序列的情况下是不纳入协整检验中的。

若模型的协整检验通过，则说明变量与变量之间有着比较长期的稳定均衡关系，如此一来，方程回归残差也具有平稳性。由此可直接对原来的方程进行回归，并且能够得到比较精准的回归结果。

此时，可以有针对性地选择一些面板数据做格兰杰因果检验（变量协整是前提条件）。须注意，若不能满足变量的协整（非同阶单整）条件，则格兰杰因果检验不能直接进行，需要先进行数据处理工作。

② 情况二：若单根检验的结果表明变量与变量之间是非同阶单整的情况，也即面板数据中包含平稳和非平稳的序列，那么协整检验和原序列的回归工作不可直接进行。此时可通过模型修正（必须保证不高边原有变量的经济意义）来减弱或消除数据不平稳所产生的影响。如通过差分某些序列把基于时间频度的绝对数据转化成变动数据或者是增长数据。这时候的研究将转向新的模型，通常情况下为保证模型具备经济意义，不对原序列进行二阶差分，这是由于变动数据或增长数据再差分时，无法给出较为合理的经济解释。

3. 步骤三：选取面板模型与回归

通常有以下三种模型可供选取：

(1) 混合估计模型

当不同个体之间从时间序列的角度来看并无明显的差别，从截面角度观察也无显著差异时，可直接混合面板数据，通过基本的最小二乘法（OLS）

来估计参数。

(2) 固定效应模型

当模型的截距在不同的截面或时间序列上有所不同时，可通过在模型中增入虚拟变量来估计回归参数。

(3) 随机效应模型

当固定效应模型中的截距包含了截面和时间这两个随机误差项的平均效应在内，且两者均服从正态分布时，那么固定效应模型也就转化成了随机效应模型。

面板数据模型的选取：一般是先通过 F 检验决定选择混合模型或是固定效应模型，然后再用 Hausman 检验进一步确定是建立固定效应模型还是随机效应模型，经检验后选取最合适的模型进行回归分析。

五、因素分析法

主成分分析和因子分析是因素分析法两种最常用的方法，可帮助评价主体对原始数据有更好的理解，同时也可以实现最重要的数据降维目的。

因子分析和主成分分析法经常应用于经济效益、经济发展水平、经济发展竞争力、经济发展质量的评价研究上，二者有联系也有区别。

主成分分析，应该是所有能够对数据实现主要成分表示的方法的总称。因子分析是指一种从变量群中提取共性因子的统计技术。因子分析可以通过在众多变量中找出隐藏的具有代表性的因子，然后将相同本质的变量归入一个因子的方法来减少变量的数目，此外还可检验变量间关系的假设。主成分分析和因子分析具体方法参考资料很多，本书不再赘述。二者主要区别为：主成分分析侧重于利用降维思想达到简化系统结构的目的；而因子分析更倾向于分析错综复杂的变量之间的公共因子。

许学强在专著《城市地理学》引用了美国经济学家兰帕德（E. E. Lampard）在《经济发展和文化变迁》第三卷中发表了一篇名为“经济发达地区城市发展历史”的文章，指出经济发展程度和城市化关系，采用因子分析法，确定经济、技术、人口和教育等因子对城市化的影响，量化经济增长与城市化之间的关系。在高速铁路发展模式的评价上，也可参照类似的方法进行高速铁路发展模式、城市化、经济之间的联系。

六、空间分析法

空间分析在地理信息系统科学中有着重要的地位，可通过空间分析对地理信息系统的功能进行评估。由于早期的空间功能较弱，空间分析

(GIS)与机助制图(CAC)和辅助设计(CAD)经常被人们所混淆，因为这三者都需要图形数字化以及自动制图功能来实现，但空间分析更注重空间数据的分析和空间决策信息的提供。

1. 空间分析的定义

空间分析的根本目的是通过对空间数据加工并深入分析来获取新的信息资料。它依托地学原理和空间数据分析技术，经一系列的算法分析从空间数据中获得相关地理对象的位置、形态、分布、形成和演变等空间信息。

2. 空间分析的功能

空间分析的基本功能有空间数据的查询和检索。它所涵盖的内容相当广泛，更深层次的内容涉及各式各样的空间模型分析。空间分析不仅是对单一目标的空间位置和属性等信息进行分析，通常是分析多目标的空间信息。

在早期，就已经有了GIS的空间数据分析功能的研究，它涵盖的领域宽泛，内容丰富，因而一直尚未系统化。但随着科学技术的更新，GIS的分析功能得到加强，其应用范围不断扩大，用户对分析功能的需求也逐步提高。目前GIS在高铁经济影响分析中的应用主要有以下几种：

① 叠合分析：基于叠置运算对各类地学信息全面综合分析，进而为用户获取所需信息且给出不同信息间的相互关联分析，属于信息复合模型。

② 邻域分析：通过指定目标的信息搜寻领域内的目标信息或从领域内的目标信息中提取并分析特定的目标信息。这类的分析有缓冲区分析、泰森多边形分析等。

③ 网络分析：典型的网络分析问题是用于寻求两点之间的一条最优通道，如最短或最佳路径分析，是一种基于图数据结构的分析方法。

七、地理加权回归分析法

地理加权回归(Geographically weighted regression，GWR)是一类典型的空间分析技术，它在空间范围的各个点建立局部回归方程，用于分析对象在某个尺度的空间变化信息和其他相关的驱动因素，还可用于对未来结果的预测。由于它考虑到了空间对象的局部效应，因此具有更高的准确性，被广泛应用于地理学及涉及空间模式分析的相关学科。

1. GWR基本模型

考虑如下的全局回归模型：

$$y_i = \beta_0 + \sum_k \beta_k X_{ik} + \varepsilon_i \quad i = 1,2,\cdots,n$$

地理加权回归(GWR)扩展了传统的回归框架，容许局部而不是全局的参数估计，扩展后模型的参数是位置 i 的函数，扩展后的模型如下：

$$y_i = \beta_0(u_i, v_i) + \sum_k \beta_k(u_i, v_i) X_{ik} + \varepsilon_i \quad i = 1, 2, \cdots, n$$

其中 (u_i, v_i) 是第 i 个样本点的空间坐标，$\beta_k(u_i, v_i)$ 是连续函数 $\beta_k(u, v)$ 在 i 点的值。如果 $\beta_k(u, v)$ 在空间保持不变，则 GWR 模型就变为全局模型。因此，GWR 方程认可空间变化关系可能是存在的，并为之提供了一种可度量的方法。

由上面可知 GWR 模型中的参数在每个回归点是不同的，因此不能用最小二乘方法（OLS）来估计参数。Fotheringham，Brunsdon，Charlton（1996）依据“接近位置 i 的观察数据比那些离位置远一些的数据对 $\beta_k(u, v)$ 的估计有更多的影响”的思想，利用加权最小二乘法来估计参数。由于其结果是区域性的并非全域性的参数估计，从而能够探测到空间数据的空间非平稳性。

通过普通最小二乘法可以得到全局的参数估计向量：

$$\hat{\beta} = (X'X)^{-1} X'Y$$

值得提到的是，使用最小二乘估计的前提条件是：$E(Y) = X\beta$，$Var(Y) = \delta^2 I_n$（I_n 是单位矩阵）成立。这里第二个条件不满足，可以改为 $Var(Y) = \delta^2 W_i^{-1}$，因为 $W_i^{-1} > 0$，存在 n 阶非奇异对称阵 B，使得 $W_i^{-1} = B^2$。令 $Y* = B^{-1}Y$，$X* = B^{-1}X$，则 $E(Y*) = B^{-1}E(Y) = B^{-1}X\beta = X*\beta$

$$Var(Y*) = B^{-1}Var(Y)B^{-1} = \delta^2 I_n$$

于是得到回归点 i 的参数估计向量可以表示如下：

$$\hat{\beta}(u_i, v_i) = (X'W(u_i, v_i)X)^{-1} X'W(u_i, v_i)Y$$

其中 $W(u_i, v_i)$ 是 $n \times n$ 的加权矩阵，对角线上的每个元素都是关于观测值所在位置 j 与回归点 i 的位置之间距离的函数，其作用是权衡不同空间位置 $j(j = 1, 2, \cdots, n)$ 的观测值对于回归点 i 参数估计的影响程度，而非对角元素为 0。矩阵 $W(u_i, v_i)$ 可以表示为如下形式：

$$W(u_i, v_i) = \begin{pmatrix} W_{i1} & & & \\ & W_{i2} & & \\ & & \ddots & \\ & & & W_{in} \end{pmatrix}$$

记作 $W_i = diag(W_{i1}, W_{i2}, \cdots, W_{in})$。

2. 加权矩阵函数的选择

为了估计方程中 GWR 的参数，需要选择一个标准来决定加权矩阵 W_i。在空间分析中，一般认为距离回归点 i 较近的观测值对回归点 i 处的参数估计影响较大，而远离回归点 i 的观测值的影响就较小。因此，在估计回归点 i 的参数时，必须更多地关注离 i 较近的地区，即优先考虑较近观测值的影响。根据这一思想，可供选择的权函数有多种形式，比如距离的倒数。通常选择 Gauss 函数作为权函数，其形式如下：

$$W_{ij}=\exp(-\lambda d_{ij}^2)$$

这里 d_{ij} 是回归点 i 和位置 j 中心的距离，λ 是带宽，W_{ij} 是关于 d_{ij} 的连续单调递减函数，随 d_{ij} 的增大而减小，并且当 $d_{ij}=0$ 时，$W_{ij}=1$。

3. 距离衰减参数 λ 的确定

参数 λ 是用于描述权重与距离之间的函数关系，值大于零，每个 λ 都对应一个 W_{ij}。当 d_{ij} 一定时，在位置 j 的观测值随 λ 的增大而减小；此外，给定一个 λ 值，权重的值随与 i 的距离增大而减小，越靠近 i，权重大小逐渐接近 1，越远离 i 则逐渐降低至 0，因此估计回归点 i 的参数是能在保持空间数据连续性的同时把远离 i 点的观测值充分排除在外。

由以上结论可得，不同 λ 会产生相对应的权重矩阵 $W_i(i=1,2,\cdots,n)$，且 λ 有多种选择，Brunsdon 等已经通过交叉实证方法（Cross2Validation）可得到一个最佳 λ。若 λ 值过大，则会忽略其他观测值点产生的作用，故 λ 有合适的取值范围，通常选用一个较小值来计算，然后用加权最小二乘方法获得参数的估计值 $\hat{\lambda}_i$。

Y_i 的估计值 $Y_{\neq i}(\hat{\lambda})$ 可通过 $\hat{\lambda}_i$ 代入地理加权回归（GWR）模型中计算得出，再由下式可以计算得到 CV 值：

$$CV_j=\sum_{i=1}^{n}[Y_i-Y_{\neq i}(\hat{\lambda})]^2 \quad (j=1,2,\cdots,m)$$

这里 $Y_{\neq i}(\hat{\lambda})$ 表示回归点 i 的观测值不参与估算过程得到的 Y_i 的估计值。$Y_{\neq i}(\hat{\lambda})$ 作为 Y_i 的估计值，在迭代的过程中省略了与 x_{ik} 有关的计算，只需要计算回归点 i 附近位置的观测数据，而不计算它本身的观测数据。

重新选择一个 λ，重复上述过程得到 m 个不同的 CV 值，通过

$$CV=\min(CV_1,CV_2,\cdots,CV_m)$$

来寻找最合适的 λ 值（即 CV 对应的 λ）。

第三节　不同模式高速铁路经济评价案例实证

因子分析是评价城市经济发展和城市地理空间变化的有力工具。参照许学强（2002）、顾朝林（1993）等人采用因子分析研究城市收入状况对社会

结构的影响的思路，提取因子，分析对经济变量影响最大的因子与高速铁路变量之间的关系，确定高速铁路属性变量对区域经济的影响程度。

采取我国2016年1862个县级区域单位（县城、县级市）的社会经济发展数据，根据《县级统计年鉴2018》提取人口、社会经济发展以及交通建设（包括高速铁路）等28个变量进行因子分析，具体变量内容如下：

户籍人口、第二产业从业人员数、第三产业从业人员数、固定电话用户数、地区生产总值、第一产业增加值、农业增加值、牧业增加值、第二产业增加值、公共财政收入、各项税收、公共财政支出、居民储蓄存款余额、年末金融机构各项贷款、县政府至高速里程、县政府至地州政府里程、县政府至海港里程、域内高速公路里程、域内国道里程、域内省道里程、域内公路密度、域内铁路里程、县域面积、域内铁路密度、人均GDP、地均GDP、城镇化率、高速铁路站数。

由于变量众多，所以对累计贡献（累计特征值比）的结果阈值取65%，得到六个因子，其累积贡献值如表5-1所示，对应的因子的特征值如图5-1所示、因子荷载如表5-2所示。

表5-1　获得因子的累积贡献

	F_1	F_2	F_3	F_4	F_5	F_6
Eigenvalue	10.693	2.847	2.039	1.524	0.771	0.691
Variability (%)	38.188	10.168	5.280	5.443	2.753	2.468
Cumulative %	38.188	48.355	55.636	61.079	63.832	66.300

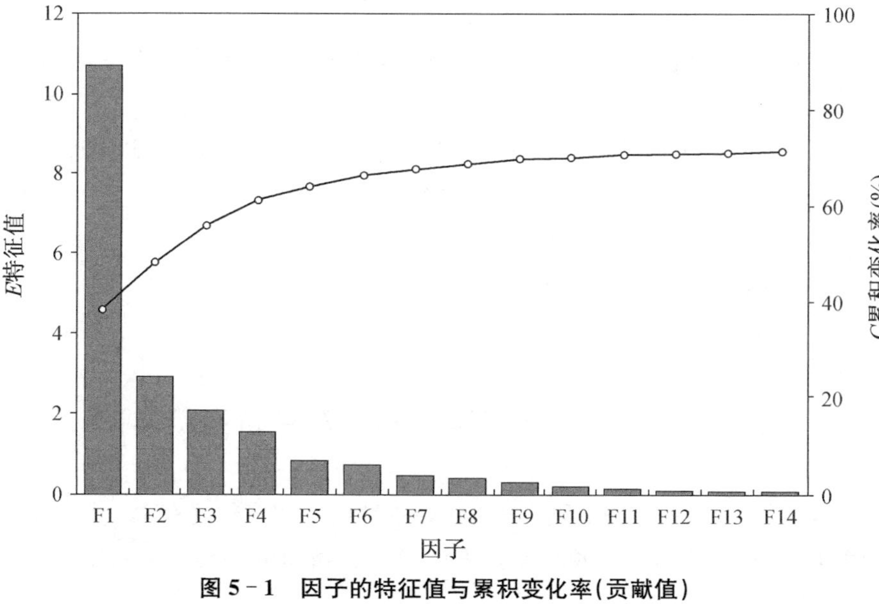

图5-1　因子的特征值与累积变化率(贡献值)

表 5-2 因子荷载表

	F_1	F_2	F_3	F_4	F_5	F_6
户籍人口	0.699	−0.556	0.215	0.154	−0.045	−0.164
第二产业从业人员	0.871	−0.057	0.027	0.187	−0.080	−0.243
第三产业从业人员	0.748	−0.297	0.128	0.131	−0.041	−0.209
固定电话用户	0.782	0.013	0.074	0.033	−0.054	−0.079
地区生产总值	0.949	0.230	0.059	0.064	0.059	0.074
第一产业增加值	0.644	−0.593	0.393	−0.035	0.193	0.191
农业增加值	0.576	−0.549	0.367	−0.029	0.171	0.095
牧业增加值	0.432	−0.506	0.322	−0.087	0.145	0.111
第二产业增加值	0.895	0.297	0.015	0.049	0.042	0.083
公共财政收入	0.873	0.371	−0.011	0.103	−0.012	0.051
各项税收	0.791	0.439	−0.018	0.137	−0.031	0.029
公共财政支出	0.886	0.016	0.157	0.132	−0.021	0.022
居民储蓄存款余额	0.925	0.081	0.010	0.082	−0.027	−0.144
年末金融机构各项贷款余额	0.836	0.365	−0.032	0.128	−0.052	−0.058
至高速	−0.379	0.397	0.524	0.155	0.020	−0.293
至地州	−0.343	0.365	0.567	0.005	0.086	−0.075
至海港	−0.417	0.300	0.430	0.081	−0.014	−0.166
高速里	0.385	−0.105	0.101	−0.560	−0.638	0.165
国道里	0.034	0.124	0.430	−0.381	−0.314	−0.029
省道里	0.319	0.000	0.229	−0.040	0.108	0.176
公路密	0.594	−0.024	−0.359	−0.255	−0.263	−0.130
高速铁路里程	0.121	−0.001	0.179	−0.613	0.228	−0.083
县域面	−0.211	0.390	0.694	−0.199	−0.020	−0.072
铁路密	0.286	−0.055	−0.322	−0.680	0.356	−0.492
人均 GDP	0.406	0.534	0.011	−0.261	0.218	0.404
地均 GDP	0.680	0.362	−0.245	0.072	0.073	−0.109
城镇化	0.383	0.280	−0.155	−0.303	0.238	0.181
高速铁路站数	0.223	−0.014	−0.002	−0.147	−0.167	−0.007

由因子荷载表可知，第一个因子 F_1 对人口、经济增长、税收、高速铁路

里程、高速铁路车站的系数都为正。且此因子在经济增长和高速铁路发展上的贡献最大。因此，可以将 F_1 定义为“高速铁路经济”因子。

进而对 1862 个观察县级区域样本的 F_1 进行聚类，发现呈现如图 5 - 2 所示的情景模式。

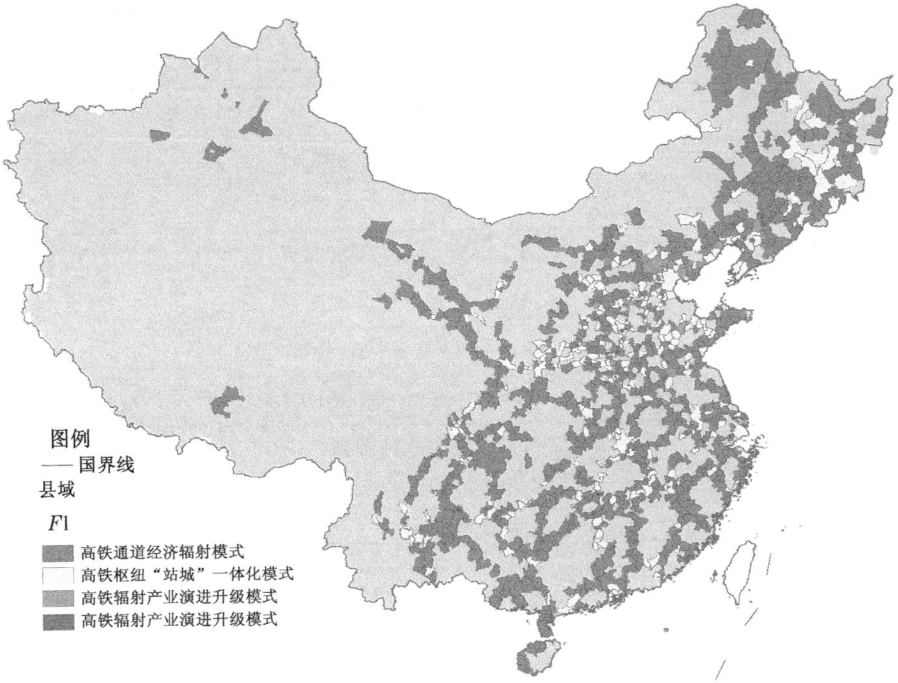

图 5 - 2 根据 F_1 聚类获得的对应四种高速铁路经济发展模式分布范围

由图 5 - 2 可知，在 2007 年到 2017 年之间，由于高速铁路的引入和建设，京津冀、沈阳等一些区域出现了高速铁路经济城市群集聚模式；而高速铁路通道敷设经济模式则在已经开通高速铁路的县城基本上都有体现，这说明了高速铁路在十年之间带动了我国经济的发展，并有利于区域发展不平衡的缓解；高速铁路产业演变升级，主要出现在鄂尔多斯、株洲等下属的县级区域，这些地方以制造业和采矿业为主，说明高速铁路或多或少促进制造业的发展，但是这样的区域不多。

本例提出了采用因子评价高速铁路经济空间分布的方法，有利于未来我国高速铁路经济模式的确定和发展模式的调整。

本章小结

本章提出了不同模式高速铁路经济评价的指标与评价方法，结合前文提出的我国高速铁路的四种模式，进行了因子分析，判断四种模式与相关参数的线性关系，并对几种模式的高速铁路经济进行了空间分析和聚类，提出高速铁路经济发展模式的判断和评估方法。

第六章　高速铁路经济影响区形成的机理

第一节　高速铁路经济影响区空间划分

一、高速铁路经济影响区空间划分的原则

根据流域地理学的相关理论，可类比高速铁路线路或者全网相关的经济影响区进行空间划分，划分方法可类比地采用如下原则：

1. 高速铁路经济影响区内经济活动一致性原则

交通快速通道影响区内，不同城市或者地域由于角色或分工的不同，可能其经济产业商贸中心会发生不断的变化，则可以将一定区域内的商贸活动及交易商品类似的划分为同一个区域，即经济活动同质性划分原则。

2. 中心城市聚集于辐射原则

铁路促进城市空间的发展，形成了城市化在运量上的差异，必然促进城市等级的极差效应：中心城市经济强度增长极增大，并带动周边连通的城市经济迅速发展。由此，以高速铁路枢纽城市为辐射点形成的区域是划分高速铁路经济影响区的第二个原则。在此原则下，产生了“轴—辐”发展网络。

3. 交通通道划分原则

某条高速铁路线路的开通往往能大幅度地压缩服务区域的联系时间。而快速联系是物流和人流等经济要素的载体，经济贸易活动有了经济要素载体才能开展。以京张高速铁路为例，2019 年 12 月京张高速铁路的开通，大大缩短了北京—张家口—大同—呼和浩特等沿线区域的旅行时间，以冬奥会为契机打造的经济活动必然使得沿线区域的经济联系性进一步加强，此通道将来定会成为固定的经济带。

4. 产业集聚与联系强度划分原则

高速铁路相关的产业不仅包括高速铁路车辆、配件、建筑等相关的第一产业，还包括高速铁路运营后产生的各类型第三产业。不同的产业由于属

性不同,会在某个地方形成聚集效应,例如中国南车集团公司株洲片区,集聚了以高速铁路制造业相关的产业,形成鲜明的新型制造业特征;福建南三龙铁路沿线的各个县城,发展了不同特色的旅游产品,形成了通道旅游区域等。根据产业聚集联系性对高速铁路经济影响区域划分也是需要遵循的一个重要原则。

二、高速铁路经济影响区的划分

根据以上四个原则,可以将高速铁路经济影响区划分为以下几种类型:

1. 高速铁路中心城市区

大量科研结果证实,高速铁路建设有利于城市群经济集聚梯度效应的实现以及制造业的扩散和生产性服务业的集聚;高速铁路建设促进了中心地区的生产性服务业集聚,对外围地区的制造业集聚也具有正向影响,推动城市群经济空间结构向多中心模式的演变。在这种结构演变下,形成了多中心分工明确但相互协作的经济区,依托高速铁路带来的人流和物质流的分配,形成显著的经济区特征和地理分布,如长三角城市群、成渝城市群经济区等。

2. 以枢纽城市为中心的轴辐区域

在一些里程较长,服务区域广泛的主要通道的沿线枢纽城市,如京九线、京沪线、沪昆线等,很容易呈现出枢纽点城市向喂给点城市辐射的形态,如图 6-1 所示。

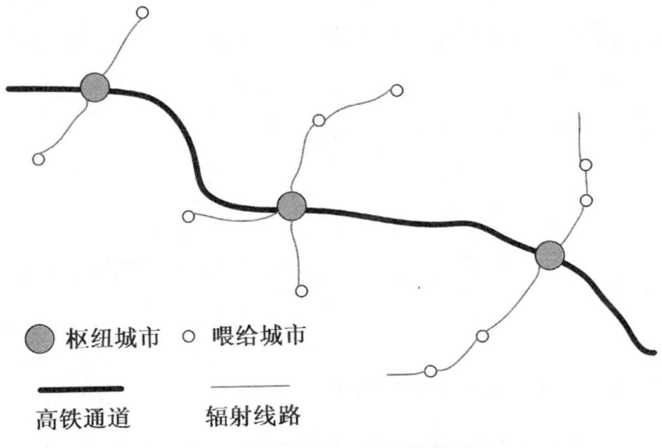

图 6-1　轴辐区域示意图

在这种模式的经济区模型下,主要表现为枢纽城市通过辐射线路(可以是低等级高速铁路线路、公路、水运等)相互产生经济联系,形成经济资料对核心城市的喂给，核心城市通过大运量高速铁路通道，形成联系和分工的城市核心区，并依托地理和经济基础，形成糖葫芦式的发展模式。

3. 短途通道经济带区域

一线城市人流量不断增大，出于发展的需要，相继建设了短途快速路线，如京津线、深广线、深厦线等路线。此类通道以两端为首，呈“哑铃”模式状态带动周边城市的发展，但中途沿线城市的发展模式却几乎无差异，还可能被弱化，产生“虹吸”效应。

4. 沿线小城镇区域

沿高速铁路干线的小城镇地区也依靠其优越的地理位置或独有的历史文化风格形成了特色的发展模式，高速铁路形成的集中人流极大促进了当地以消费为主的第三产业发展，创造了大量的劳动岗位。高速铁路小城镇主要有旅游观光、历史文化、农业示范带，采摘体验、婚纱摄影、休闲度假、健康养生等特殊的经济模式，形成独特的点状经济区域，主要的例子有福建古田、山东威海等。

5. 高速铁路核心产业区

高速铁路服务区域内，尤其是某个城市开发建设通过突出产城融合、站城一体，与城市建成区合理分工，在城市功能布局、综合交通运输体系建设、基础设施共建共享等方面同步规划上协同，逐步打造出结合自身资源禀赋、优势特色、发展定位等的产业集聚区域。集聚产业主要有高速铁路制造业、高端服务业、商贸物流、商务会展等产业，中、小城市高速铁路车站主要以布置发展商业零售、酒店、餐饮等产业功能。例如高速铁路物流集聚区，有以“延伸物流链、拓展产业链、提升价值链”为引领，创新高速铁路快运物流经营理念、模式与产品，大力吸引电商、快递、仓储、商贸、流通加工等类型企业入驻，打造高速铁路快运产业生态圈的功能。

第二节　高速铁路经济区生成和扩张机理

一、高速铁路经济区空间结构的判定方法

根据交通运输经济学原理可知，人口和生产要素等经济资源的活动距离与范围并不完全取决于其地理空间位置上的距离，在很大程度上取决于交通条件（如可达性、连通性）、时间距离。区域中任何亮点可达性、连通性的变化促进经济要素的交换率增大，出于经济要素交流的需求，空间的经济

要素(用地、生产设施)等必然需要随之改变。因此,可以说高速铁路对区域空间结构的引导和变化,主要是对区域可达性改善而引发的。对于可达性的测定方法,主要有以下 6 种常用的方法。

1. 距离法

距离法分为最近距离法和平均距离法,最近距离法指需求者到达最近设施的距离(时间或费用),平均距离法指需求者到所有设施的距离(时间或费用)。一般用直线距离进行分析两点之间的可达性,用来确定不同地理要素的空间邻近性和邻近程度,并考虑距离衰减。距离的确定方法往往是最短路径分析,最邻近设施分析及资源配置等应用,也可综合设置障碍点及道路车速等因素,以现实空间的交通可达性分析,而不是仅仅考虑只受路网的影响的因素。

2. 重力模型法

重力模型由汉森等人于 20 世纪 50 年代提出,不断修正优化并形成广泛的应用,具体的模型如下:

$$P_{ij}=GM_iM_j/d_{ij}^a$$

式中:P_{ij} 为同一地理空间 i 点至 j 点的出行机会;G 为常量;M_i 为 i 点发生交通的潜力(如可用居住人口);M_j 为 j 点吸引交通的潜力(如零售商业的规模);d_{ij} 为 i 点与 j 点之间的通行成本(如距离、时间);a 为距离衰减系数(指出行机会对于通行成本变化的敏感度,通常小于 1)。然而,交通可达性研究以重力模型为主,几乎忽略了对象之间的连通条件(代表对象之间的出行需求大小),因此往往无法真正意义上证实对象之间必然存在与势能大小相互匹配的交通可达度。

3. 累计机会法

累计机会法即保证在出行成本一定的条件下,把从某个地点出行能够接近的机会大小视作可达性指标。累计机会法往往没有考虑距离的衰减效应、供给者繁忙程度及需求者之间竞争对可达性的影响。

4. 核心密度法

核心密度法的主要方法流程为:首先创建一个经重力模型计算得出的需求点对所有设施可达性的点状密度图层,将设施的密度图层和临近边界的图层叠加得出平均密度,最后将服务区平均密度除以该服务区的需求数,以评估供应设施与该区域人口的比率。该方法多用于评价医疗服务可达性,局限性在于没有考虑到供需之间的相互作用。

5. 引力模型法

引力模型法是测定供给和需求之间的比值。引力模型则综合考虑了供方能力、需方竞争、供需之间空间距离的影响，对不同的供应者分级处理，反映了可达性随距离衰减的过程。但是本方法计算复杂，不够直观，而且需要实际的交通需求数据。

6. 服务区步长移动搜索法

步长移动搜索法，分别以供给地和需求地为基础，移动搜索两次，分两步计算公共服务设施可达性。两次移动搜索的方法也存在一定的缺陷，它有前提假设条件：所有供应者在供应点服务阈值范围内均同等对待，聚集衰减为零，实际出行距离和时间及其差异性不加以考虑；同时忽略服务阈值范围以外的需求。

基于上述可达性分析的结果，高速铁路对空间结构的变化机理和结果可以通过表 6－1 来说明。

表 6－1　高速铁路与城市空间结构形态、交通需求和其他交通系统的互动关系

促进城市空间结构形态的演变	可达性带来交通需求时空分布	要求其他交通运输系统进行配合改善
单中心到转变多中心	单位需求产生强度下降，密度上升，需求出现空间分级	交通流向心性弱化，交通总量随可达性提高而上升，交通巨流间的均匀平衡和衔接配合工作需要加强
出现了高新技术业城市、商业金融型城市、旅游城市、文化消费城市、新型工业化城市、科技新城	需求呈现多样性，休闲、娱乐等出行需求增加	客运、货运效率提升，网络管理需求朝扩大化和多样化趋势发展，因此，高速铁路带来的城市产业和土地利用改善，要求其他运输系统与管理体系有很高的需求适应度
单一城市到多级中心、城市群落转变	土地资源的需求和需求空间日趋专业化，需求的实现又依赖二级或多级的土地利用和空间分布，有时候也促进了强者更强的“虹吸”效果	经济区城市的内部交通系统和城际交通系统相连贯通，提高了交通运输转运、联运的标准，形成确定性的区域客运交通通道，而高速铁路线路在通道中发挥绝对的主导作用，逐步形成轴辐式的城市网络空间分布结构

高速铁路交通网建成前，区域竞争在我国主要表现为单点城市之间的竞争。加强城市之间联系后，由单点空间结构发展为组团或者区域和城市群空间结构，例如粤港澳大湾区城市群、京津冀城市群、长江三角洲群等城市群竞争，另外的，城市空间结构的变化使得城市群成为国家参与全球竞争与国际分工的基本地域单元。

二、高速铁路经济区产业差异及分工机理

高速铁路网络建设进入一段时间之后，依托高速铁路车站推进周边土地开发建设，有利于有效拓展城市空间、整合优化城市内部结构、调整完善产业布局，促进交通运输、产业布局、城镇建设之间的融合发展。

① 高速铁路行业内部产业差异和分工方面。在分析我国和国际上拥有高速铁路国家案例后，发现高速铁路往往首先引起其上游的制造业（基于设备和相关配件）出现明确的分工，随后，下游产品、科技研发和现有铁路制度下的相关服务产业也出现分异。内部产业分工首先出现在高速铁路的建设和维护上，例如出现了专业化的设备检测和维护产业；运营管理方面，形成了专业化的产业，而这些产业往往都是国有或者地方政府所有。此外，还出现了高速铁路行业相关的教育、科研、医疗、培训和场站服务等产业，而且从业人员群体大，分工细致，综合化水平高。这些产业在高速铁路出现之前，不存在这样的专业化分工和产业类型。从这方面断定，高速铁路不仅能促进国家资本的积累，还能促进国家国有资本专业化的分工和多样化的发展。

② 高速铁路行业外部产业差异和分工方面。首先，高速铁路促进了房地产的发展并形成了专门从事“高速铁路地产”行业的企业和人员，房地产也是高速铁路运营单位获取大量资本和现金流的特殊产业；其次，外部产业如物业和相关产品的生产、销售、中转、加工及第三方产业也出现了差异化，例如物流行业出现了“高速铁路物流”等行业模式。

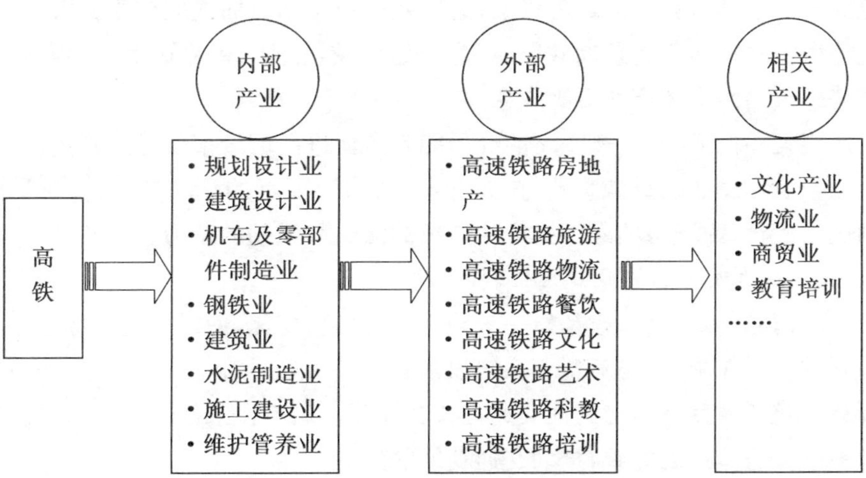

图 6－2　高速铁路产业分工示意图

总之，高速铁路促进了内外部产业差异及分工水平的进一步提升，并作为产业发展的物质载体丰富了资源配置的灵活性，促进了从业水平的提升和经济要素活动密度的加剧。

三、高速铁路经济区集聚机制

1. 集聚机制

一般地，高速铁路开通后，经济集聚程度最高的城市，必然会吸引资源向其流动和集聚，从而使得服务空间分化，人才、资金、优质劳动力等资源和文化、医疗、休闲、旅游等高端消费群体向更发达地区流动集聚。对于竞争力更大的城市，随着经济要素的进一步集聚，往往出现所谓的“虹吸”效应。虹吸一般指资源从一个城市向另一个城市快速流动的现象。

高速铁路经济集聚效应一般是其服务阈值之内（一般为 500 km 圈层）出现产业、人口、资本、知识、信息、生产要素向核心城市集聚现象，这种集聚在很大程度上取决于服务空间经济圈之间的空间距离等因素。因此，高速打破了空间距离和通勤时间对产业集聚的限制性，发达城市有更强的资源吸引能力，且集聚效应会越来越大，从而成为拓展经济发展的腹地需要，满足对内经济发展的市场需求，进一步推动服务空间城市的发展。

2. 边际效应机制

边际效应是指政府行政边界划分。边际效应往往起到阻碍不同行政区间经济、政治、文化交流的作用，使得行政区间生产要素流动不畅，损害地方利益。边际效应出现的正面结果是有利于地方产业和人才的保护，形成特色或者压过其他竞争区域的极点；边际效应引发的负面效应往往更大，比如经济增长水平达不到预期效果、产生资源浪费的现象和稀缺生产要素得不到快速供给而出现产业短腿现象。

相关案例证明，高速铁路的开通能有力促进两端城市市场的开拓，并增加区域极点发展的纵深腹地，扩大资金、人力等要素的流动空间，促进资源的优化组合，为城市的经济提升注入新的活力和强劲的动力。

3. 高速铁路的鲶鱼效应机制

所谓鲶鱼效应，一般是指一个局部的突破和变化，使得系统内部产生一系列的相互作用，最终对整个系统发展产生重要的影响。随着高速铁路的开通，由于其特殊性，与其他交通方式存在相互影响，形成鲶鱼效应，共同促进地区交通体系的完善，推动交通功能的发展。

首先，高速铁路的开通有助于地区形成多元化、多层次的交通体系，为交通体系完善带来新的活力。相比于公路交通，我国高速铁路运营时速达到 300 km 以上，远超公路交通的速度；相比于航空客运，高速铁路运输具有出行换乘便捷、票价稳定及发车间隔时间短等诸多优点。除此之外，输送能力大是高速铁路更为重要的技术经济优势，其运输能力远超公路交通和航空运输。因此，高速铁路的开通有助于为整个交通体系注入新的活力，同时，极大地丰富和完善人们出行、货物输送的方式。

其次，高速铁路的开通有助于各运输行业提升服务质量。高速铁路以其安全性、舒适性、准时性、方便性等特征在现有交通体系中占有越来越重要的地位，进而从服务质量的角度产生倒逼效应，推动公路运输、航空运输等传统行业加速转变服务理念，提升服务品质。最终使整个交通体系的服务更加完善，进一步促进高速铁路沿线城市的社会经济发展水平。一条高速铁路不仅是交通方式上的贯通，更是对交通结构、产业发展以及城市创新等多方位的融合。高速铁路的开通不仅仅将从空间上拉近了所服务地区之间距离，而且将对腹地经济发展产生深远的影响，为腹地经济发展提供强劲的引擎。

四、高速铁路通道经济区联系机理

如果高速铁路连接两端的城市都属于外向型经济发达的城市，在经济发展过程中，都积极寻求更为广阔的腹地，然而在高速铁路服务城市之间如果一直缺乏一条串起两地的铁路线，而且两地之间直线距离短，交通体系也不完善，则两地之间就不会形成有效的互动，处于各自为营的状态。

随着高速铁路的开通，曾经横亘城市之间的自然屏障将被打破，外向型经济最活跃的城市关系无疑会更加紧密，区域间经济的合作和发展将会得到进一步推动。高速铁路对促进内陆和沿海、南方和北方经济区的联系的功能机理在于保证生产要素的快速交换和运送，强化并协调两个距离较远的核心城市群或者重要区域的区域领头功能。高速铁路通道对于我国区域发展的贡献主要可以总结为：

① “八横八纵”中的沿江通道可改变沿线大密度人口区域缺乏快速高速运输干线有效支撑的局面，促进四川、重庆、安徽、湖北沿江主要城市功能地位提升和要素集聚发展，并保证川渝地区东向出川通道的畅通。

② 东南沿海通道上的高速铁路通道贯通，大大加强了海峡西岸城市群的对外联系，向北对接长三角城市群，向西南联系粤港澳大湾区，形成两大极点的中转站，缓解两大极点生产要素产生的冲突，成为经济和人才交流的缓冲和过渡区域，并促进长三角城市群、海峡西岸城市群、粤港澳大湾区城市群、北部湾城市群的联动发展和沿海城镇带的形成与功能提升。

③ 山东、江苏沿海地区通过京沪、京港通道、沿海通道衔接上海、青岛与沿线主要城市，极力推进两省沿海地区的城市功能培育和对外辐射效应提升。

④ 粤港澳大湾区通过沪昆通道向西沟通广西、贵州、川渝地区，发挥城市群面向西南地区的辐射带动效应，使得西南地区大量的人口和生产要素可以迅速向中国经济密度最大的地方聚集，同时促进了沿线和西南地区旅游业和相关产业的迅速发展。

⑤ 京港通道沿线的武汉、郑州、长沙面向沿海三大经济中心地区的可达性得到显著提升，同样的，济南、青岛面向京津冀、长三角地区，合肥面向长三角地区，南昌面向长三角、粤港澳地区，太原、东三省的沈阳、大连、哈尔滨、长春面向京津地区的可达性均得到显著提升，由此加强了沿海经济中心城市相互间及其与中部、东北部中心城市间的客运联系，沿客运主轴线有力支撑了中部、东北部地区中心城市的发展。

一直以来，我国高速铁路通道对加强经济联系的作用呈现集约化轴线组织和网络化服务并重的两种态势：一方面以高速铁路通道为依托，国家高速铁路通道促进城市联系和生产要素交换功能得到强化，极大地促进主要城镇群间的需求联系（尤其是发挥国家中心城市的辐射带动效应），有力支撑起我国沿轴线的城镇、人口集聚；另一方面，依托高速铁路通道骨架网络化建设，各层级城市的交通普遍化服务得以实现，促成国土空间开发实现相对均衡的态势。

显然，“八横八纵”高速铁路通道是组织国家城镇体系的动脉支撑，他们对经济的联系促进作用可分为两方面：一是构筑起我国主要城镇群间快捷生产要素联系，实现人口聚集交流，实现公交化、大运能快速运输，促成城镇群间联动发展和沿轴线国家核心功能集聚；二是对经济发展水平较低区域，通过高速铁路通道建立国家中心城市与区域中心城市及区域中心城市间的联系，促进国土层面以区域中心城市为支点的均衡发展，如陆桥通道，高速铁路构建的资源、人口交流联系促成服务国家网络化城镇空间格局。

五、高速铁路服务区域运输模式分担的影响

由于在某个时期内，我国在交通建设方面采取重公路轻铁路的策略，且盲目追求里程长度而对铁路建成质量、硬件设施建设及运营服务水平的关注度较低，使得我国在具备良好的配套设施的情况下依然没有形成满足社会需求的交通系统，在较长一段时期内存在交通供给和需求不匹配的状况。

高速铁路的快速建设和投产运营将会对原有的客运系统产生较大的冲

击，这是因为交通运输内部的不可替代性很强。如2010年福厦高速铁路正式投入运营，将从福州到厦门的时间距离缩短了3个小时，对福州到厦门的长途汽车运输市场产生了巨大的冲击。为应对高速铁路带来的冲击，福州——厦门的长途汽车运输采取调整票价的措施，降价幅度达到30%。同样地，此类冲击对具有竞争关系的航空运输、既有铁路运输也带来影响。

经济性往往是旅客出行的首要考虑因素，客运产品是以一种劳务的产品形式出售于交通运输市场，针对不同的消费群体有着不一样的经济需求，但每种出行方式都有其特定的预算标准，旅客都希望能够用合理的价格享受优质的客运服务。

运输模式分担的改变，导致两地旅行乘客对交通运输模式选择发生了大的变化，进而带来交通运输方式经济性指标的变化。首先，如果大量的乘客选择了高速铁路，航空运输、公路客运原有的市场份额必然随之发生改变。以往的运输政策和运输成本发生变化的情况下，将会对运输行业本身的发展带来冲击。运输从业者必然从最佳的经济性出发配置新的市场资源，以探索新的经济利益。这种资源模式的改变导致整个行业的发展必然随之发生变化，并促进高速铁路服务区域市场的变化，间接导致产业模式发生变革，经济模式发生转变。而已经有大量的研究表明这种经济模式的转变是利好的，会带来市场的优化配置并促进经济的发展。其次，从旅客本身出发，高速铁路出现之前，中短途客运出行基本上都是基于公路客运，而长途出行往往选择普快列车或者航空运输，选择方案数量比较固定。高速铁路出现后，自2007年起，城际间的出行大比例地被高速铁路所取代，甚至500～1000 km的出行也倾向选择高速铁路。显然，高速铁路在丰富旅客选择时，实际上是运输市场选择和变化的过程。在以往的公路客运和普通列车不再是市场主体时，经济模式也必然发生了变化。例如，高速铁路房产、高速铁路物流、高速铁路餐饮的出现就是为了迎合旅客运输模式分担变化而出现的新的业态产品。这些新的产业从表面上和运输模式选择方式的联系不大，但实际上密切相关甚至有着本质上的关联。

张薇(2010)研究了高速铁路票价引发不同交通方式需求变化，从而引起交通运输模式选择的变化。价格变化在一定程度上会影响客运需求，旅客对高速铁路出行的选择，不仅受高速铁路的替代品(如公路、航空)的价格影响，也受出行相关产业的市场(如旅游业)所影响。例如，当航空运输的机票价格降低，旅客会优先考虑航空出行，高铁客运中将会有客户流入航空客运，反之则会有航空客运的客户转而流向高铁客运；当外出旅游费用(如住宿费、景点门票等)降低时，旅客外出旅游的需求上升使得客运需求同步上升，同理，外出旅游费用增加则会导致旅游需求和客运需求的下降，具体变化如图 6 - 3 所示。

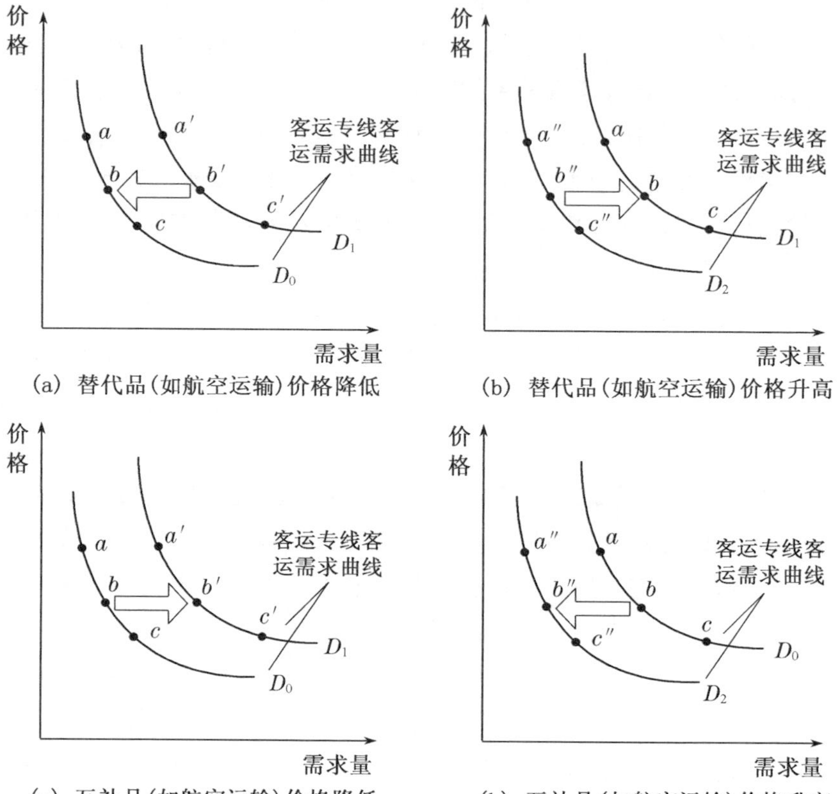

(a) 替代品(如航空运输)价格降低　(b) 替代品(如航空运输)价格升高

(a) 互补品(如航空运输)价格降低　(b) 互补品(如航空运输)价格升高

图 6 - 3　相关客运产品价格变化时运输需求的变化(张薇,2010)

图中 abc 三点为替代品(互补品)价格变化前需求量与价格的数据点，由 abc 三点绘制的曲线为价格变化前的需求曲线，而 a′b′c′(a″b″c″)则为替代品(互补品)价格变化后 abc 三点对应的数据点，由 a′b′c′(a″b″c″)绘制的曲线为价格变化后的需求曲线。

可见，低廉的票价决定了高速铁路的竞争力，促进了旅客向高速铁路方式的转移。加上准点、舒适、快速等优势，导致了中短途客运运输市场从 2007 年开始大幅度地向高速铁路转移。目前，城际的公路客运企业基本已经逐步地解散消失，或者被共享出行模式兼并、重组；而航空运输方面，由于高速铁路的竞争，其票价水平就没有了垄断性或者唯一性的属性，变得更加的市场化和人性化，从而完全改变且优化了区域的运输市场经济。

第三节　高速铁路经济区功能评估

经济区的功能评估，就是评估此区域区位经济发展水平、产业集聚水平等综合因素的发展水平或建设程度。由于交通基础设施对区域经济影响具有渐进性、多样性、多变性和复杂性等特征，评价对象和评价的切入点多种多样且没有一种方法可以涵盖所有指标并得到任何输入的期望结果。

世界银行2014年对高速铁路与区域经济影响的报告《中国高速铁路区域经济影响分析》中，将高速铁路对区域经济的影响划分为两类：事前评价和事后评价。事前评价主要是基于高速铁路建设项目的经济成本价值评估。主要的评价对象是高速铁路项目在建设和评估时期运营期间估计建设成本、运营维护成本、养护成本、安全性和环境效益的现金流，作为项目经济性的体现。在这个过程中，对高速铁路服务区的需求预测和分标段项目建设和养护费用的投入，往往作为微观的评价某个区段高速铁路经济性的直接反映。而此时的评价，往往是实际产生的运营和维护成本，与票务和其他相关收入的差值来体现是否“盈利”，并以此评估高速铁路的经济效益。事后评价主要是对于高速铁路项目建设的整个过程的分析和总结，以此判断是否达到既定的目标要求。事后评价不单单对直接经济效益进行评价，国民经济评价也是必不可少的一部分，甚至更为重要。这是因为高速铁路的建设所带来的经济效益，更多时候是体现在其对当地经济和产业的促进作用。

由此可见，关于对高速铁路经济区的评价，其实整体上还是缺失的，例如高速铁路如何带动整个区域经济的发展，还没有确定的方法和比较成熟的评估方案。为此，本书提出以下几种可行的指标：

① 区位功能指标：用以评价高速铁路的建设和开通对服务区域地位的改善；该指标反应高速铁路的交通设施经济性功能。

② 基础经济性指标：用以反映直观的经济发展水平的变化，该指标也是被采用最多的基础性评价资料。在基础性评价资料中被广泛采用。

③ 外生性指标：用以反映高速铁路带来的经济集聚和产业发展等外生性指标，这些指标一般难以直接归功于高速铁路的发展，需要经过严密的计量经济学的论证和鉴定，并考虑其他方面的指标。

一、区位功能指标

此类指标包含可达性、连通性、中心性、网络生长状态等。多数学者们主要研究了可达性和复杂网络指标反映的规划高速铁路网络下各个城市及区域区位地位的改变。一般来说，这种指标既可以做事前（基于规划方案）预测分析，也可以研究事后（高速铁路建成后）城市或者区域交通区位的改变。虽然既有研究已经表明交通基础设施建设引起的区位改变会促进经济模式的改变，但是这些指标无法直接反映高速铁路与区域经济的关系，因此不能用来评价高速铁路经济区的功能和模式。

二、经济性指标

经济性指标是标准化地评估某个区域经济发展程度的指标值，如人口、GDP、产业比、人均GDP、单位面积GDP、单位面积财政收入、人口净流入比等。其中GDP为经济总量的标准化值，而人均及单位面积GDP更能体现区域经济发展差距，单位面积财政收入反映空间的财富聚集量，人口净流入比人口总量更能反映城市吸引力，第三产业占比反映产业结构合理性。这些指标相对固定，且容易通过各个地方的年鉴获取，也能比较客观地反映高速铁路发展带来的经济要素的变化，并反映高速铁路经济区功能属性。

三、外生性指标

此类指标包括经济区的产业集聚度、经济密度、产业分工、经济中心性、创新成果转化度等。这些指标多数为区域经济学里的重要概念，用以评价经济区经济集聚特性。产业集聚度典型的计算方法主要有：

1. 行业集中度(Concentrion ration of industry)

行业集中度，又称作市场集中度，表示某一行业的少数企业在市场上的生产量、销售额和资产额度对该行业的支配程度大小，通常选用这些企业的某个指标数量（一般选用销售额）占整个总量的比例大小来衡量。行业集中度是用规模最大的几个地区有关经济指标（销售额、就业人数、生产额等）占整个行业的份额来度量。计算公式为：

$$CR_n = \frac{\sum_{i=1}^{n} X_i}{\sum_{i=1}^{N} X_i}$$

其中：CR_n 代表X产业的集聚度；$\sum_{i=1}^{n} X_i$ 代表规模最大几个地区X产业的统计指标等；$\sum_{i=1}^{N} X_i$ 代表全部地区X产业的统计指标等；n 表示统计指标的周期数。该评估方法的一大优点是计算简便，通过最常见的经济指标就可以比较准确地反映出产业集聚水平，但也存在一定的局限性：易受选取的时间周期 n 值大小影响；没有把除最大规模外的其他地区的产业分布情况加以考虑；无法体现出最大规模地区内部产业结构布局之间的差异。

2. 区位熵(Entropy index)

区位熵，也叫专门化率，某一区域要素的空间分布状态、部门专业化程度以及在高层次区域的地位作用等均可以此作为度量指标。在产业结构领域，该值可在一定程度上反映区域主导化部门的状况。计算公式为：

$$E_{ij} = \frac{q_i}{\sum_{i=1}^{n} q_i} \bigg/ \frac{Q_i}{\sum_{i=1}^{n} Q_i}$$

其中：E_{ij} 表示某区域 i 部门对于高层次区域的区域熵；q_i 为某区域部门的经济要素统计指标；Q_i 为高层次区域部门的经济统计指标；n 为某类产业的部门数量。E_{ij} 值越大，表示产业的集聚程度越高。该指标的优点是计算操作简单方便，指标选取目标明确；缺点是不能反映区域经济发展水平的差异性，某产业区位熵最大的地区不一定是该产业集聚水平最高的地区。

3. 赫芬达尔—赫希曼指数(Herfindahl-Hirschman index)

该指数是衡量产业集聚程度的重要指标，来源于贝恩(Bain)的“结构—行为—绩效”(SCP)理论，计算公式为：

$$H = \sum_{j=1}^{N} Z_j^2 = \sum_{j=1}^{N} (X_j/X)^2 \quad (j = 1,2,3\cdots,n)$$

其中：X 代表产业市场总规模(就业或产值)；X_j 代表 j 企业的规模，$Z_j = X_j/X$ 代表第 j 个企业的市场占有率；N 代表该产业内部的企业数。经常采用 H 指数的倒数作为产业多样化的测度。该指标有以下 3 个优点：第一是能够准确反映产业或企业市场集中度，因为它考虑了企业总数和企业规模两个因素的影响；第二是能够反映市场垄断与竞争程度的变化；第三是对产业内企业的合并与分解反应灵敏且计算方法相对容易。缺点是表达不直观，难以理解。

4. 空间基尼系数(Space Gini coefficient)

Krugman 等利用洛伦茨曲线和基尼系数的原理和方法，构造了测定行业在空间分布均衡程度的空间基尼系数，计算公式为：

$$G = \sum_{i} (S_i - x_i)^2$$

其中：G 为空间基尼系数；S_i 是 i 地区某产业占全国该产业就业人数的比重；x_i 是该地区就业人数占全国总就业人数的比重。$G=0$ 时，产业在空间分布是均匀的，G(最大值为 1)越大，表明地区产业的集聚程度越高。

相对而言，该方法比较简便直观，可以很方便地把基尼系数转化成非常直观的图形。其缺点是基尼系数大于零并不表明有集聚现象存在，因为它没有考虑到企业的规模差异。空间基尼系数没有考虑到具体的产业组织状况及区域差异，因此在表示产业集聚程度时往往含有虚假的成分。

5. EG 指数(EG index)

为解决基尼系数失真问题，Ellision 和 Glaeser(1997)提出了新的集聚指数来测定产业空间集聚程度，即 EG 指数，计算公式为：

$$\gamma = \frac{G-(1-\sum_i x_i^2)H}{(1-\sum_i x_i^2)(1-H)} = \frac{\sum_{i=1}^{M}(s_i-x_i)^2-(1-\sum_{i=1}^{M}x_i^2)\sum_{j=1}^{N}Z_j^2}{(1-\sum_i x_i^2)(1-\sum_{j=1}^{N}Z_j^2)}$$

其中：s_i 表示 i 区域某产业就业人数占该产业全部就业人数的比重；x_i 表示 i 区域全部就业人数占经济体就业总人数的比重。赫芬达尔指数(Herfindah-Hirschman index) $H=\sum_{j=1}^{N}Z_j^2$ 中 N 表示该产业中以就业人数为标准计算的企业数。

优点：充分考虑了企业规模及区域差异带来的影响，弥补了空间基尼系数的缺陷，能够进行跨产业、跨时间、甚至跨国的比较。缺点：该方法没有对其中的 H 给出合理的解释。

6. DO 指数(DO index)

Duranton 和 Overman(2005)则采用了无参数回归模型分析方法，构造了新的产业集聚测度指数，计算公式为：

$$k_{A、B}(d) = \frac{1}{p_{(n_A,n_B)}h}\sum_{i=1}^{n_A}\sum_{j=1,j\neq 1}^{n_B} f\left(\frac{d-d_{i,j}}{h}\right)$$

其中：h 是窗宽；f 是核函数；A、B 是总企业地点 S 的两个子集，$p_{(n_A,n_B)}$ 是不同企业双边距离的总数，其中每个企业属于一个子集。如果 A、B 是相同的集合，则 $p_{(n_A,n_B)}=\frac{n_A(n_A-1)}{2}$；如果 A，B 属于不相交的集合，则 $p_{(n_A,n_B)}=n_A\cdot n_B$。该指标与前面几种方法相比的优点在于能够评价偏离随机性地统计显著性，避免了与规模和边界有关的问题。由于这种计算是基于企业层面的数据且与企业间的距离有关，因此该方法的可操作性比较差。

此外，大量采用不同方法的研究表明，高速铁路的大量投资能够对经济产出、生产率和旅客本身带来显著的区域经济影响，但是这种影响多样且复杂，且表现为区域投入与产出的对比，也表现为产业联系和产业集聚，同时还表现为区域和城市之间空间联系结构的改善。总之，高速铁路对我国区域经济的影响机理是十分复杂的，涉及了经济、政治、科研和普通大众的生活各方面，因此非常值得探讨和研究。

本章小结

本章首先提出了高速铁路经济影响区的划分原则，并研究了高速铁路经济影响区生成与扩张的机理，并基于现有区域经济学、交通地理学理论提出了高速铁路经济区功能评估方法。本章的研究能应用于高速铁路经济影响区的甄别和价值评估，为评价高速铁路经济发展模式提供基础依据。

第七章　高速铁路对区域空间结构及经济发展的影响——我国的实证研究

高速铁路对空间的塑造表现为点(车站)、线(通道和线路)、面(区域)周边和辐射区域的社会经济发展模式的改变。本章从"点—线—面"的层次分析高速铁路对区域空间结构的变化,评估我国高速铁路发展对区域空间经济发展的影响。所采用的方法基本上是多维量化分析,相关结论可供未来高速铁路建设方案评估参考。

第一节　点:可达性—连通性

一、引言

根据我国最新的国家铁路网规划建议,本节首先计算了中国高速铁路网在不同时期的连通性和可达性指数,以评估高速铁路对不同城市的影响,基于以下三个指标,提出了一个全面的城市可达性—连通性指标:① 反映城市内高速铁路网络连通性的 β 指数;② 城市 500 km 范围内高速铁路可到达的县数,反映城市内高速铁路网络基于位置的可达性;③ 城市 500 km 范围内高速铁路可达地点的人口,反映城市内高速铁路网络的潜在可达性。最后,根据不同类别城市的标准化连通可达性水平的差异,衡量中国未来国家高速铁路网络对城市发展潜力的影响。研究发现,如果 2016 年颁布的《中长期铁路网规划》方案全部实现,将深刻改变不同城市的高速铁路连通性和可达性。最值得注意的是,长三角城市受影响区位提升最小,中西部城市受影响最大——该结论可能有助于分析未来我国社会经济格局的新变化。本章提出的方法的贡献有两方面:一是设计了一个评价高速铁路网络综合连通性和可达性水平的综合指标。二是本书还研究了如何根据未来高速铁路网络整体连通性(可达性)指数的变化,确定未来高速铁路网络在不同时段对不同层次城市的影响。

国家基础设施特别是铁路运输基础设施的投资和建设，与一个国家的经济发展息息相关。近几十年来，高速铁路以其快速性、可靠性和相对低廉的价格引起了广泛研究。特别是在人口密度很高的中国、印度等发展中国家，高速铁路已被证明是最适宜长途旅客出行的交通工具。然而，理清高速铁路现状与规划方案之间的区别可能更为重要。根据我国高速铁路建设过程体现的信息，可以很容易地发现，一旦规划方案实施，高速铁路实现运营，高速铁路网络上的某个城市将很快成为区位变化上的“赢家”。相反，也有一些区域和城市由于迟迟未开通高速铁路，使得在我国社会经济发展版图上成为“输家”。

因此，研判规划高速铁路网络方案所产生的“输家”区域和城市，并制定相应的交通发展战略，不仅可以弥补这些区域与城市，而且可以保持城市或区域发展的发展力与竞争力。根据目前的研究，高速铁路规划方案实施前后连通性可达性测度值变化的研究工作暂未开展。因此，本章研究提出一种计算 2007—2030 年不同时段高速铁路网络上城市连接可达性措施的方法，比较了我国高速铁路网络上各城市的时变可达性—连通性措施，探讨了各城市评价指标的变化趋势，研究了最新国家高速铁路规划方案对各城市和不同区域可达性—连通性的影响。该研究结果可用于分析未来中国高速铁路基础设施的时空分布，更重要的是，根据连通性可达性指标值的变化，各城市可以制定出最合适的城市交通规划配套方案。

二、相关研究

1. 可达性

可达性是衡量交通网络服务水平的重要指标。目前已经存在大量的方法和措施来确定交通网络的可达性(Tong 等，2015)。一般而言，交通网络可达性措施可分为基于位置的、基于潜力的和基于交通容量的。基于位置的交通网络可达性措施主要评估到达交通基础设施的总体“易用性”。因此，在评估公共交通网络的服务水平时，基于位置的可达性也被称为“可达性”或“可达性交通”(Geurs 和 van Wee，2004；Matisziw 和 Grubesic，2010；Moniruzzaman 和 Péez，2012)。一般来说，基于位置的交通网络可达性措施通常是根据网络上到达车站的平均旅行时间或成本计算的(Karou 和 Hull，2014)。基于潜力的交通网络可达性测度可以等价于基于覆盖面积或乘客需求的网络覆盖测度。对于这类指标，可达性通常被定义为一种潜力，它反映了交通基础设施的易用性，或网络可以覆盖和提供服务的可能需求量(Cui 等,2016;Gutiérrez,2001;Moniruzzaman 和 Péez,2012;Péez 等,2012;Saghapour 等,2016)。基于势能的可达性措施是基于汉森(1959)势能方程建立的,其中可达性指标与网络覆盖范围内的需求成正比,并随着指定的衰减值(如行程距离、时间或成本)而减小。基于位置的可达性测量也被称为基于重力的可达性测量,有一个具有各种表示的大家庭成员,例如,浮动区(FCA)方法(Luo 和 Whippo,2012;McGrail 和 Humphreys,2014;Xu 等,2015),基于空间相互作用的测量(Saghapour 等,2016)和累积机会指标(Péez 等,2012)。在现有文献中,基于潜在可达性的交通网络可达性措施也被称为"可达性"(Moniruzzaman 和 Péez,2012)或"位置可达性"(Caschili 和 De Montis,2013;Edmond 等,1993;Matisziw 和 Grubesic,2010;Péez 等,2012;Stratemeier,2008)。基于运输能力的可达性度量在运输网络的给定条件或环境下,网络上可能发生的旅行或时刻的便利性。也就是说,对于运输网络,基于运输能力的可达性评估运输工作的开展有多容易,或者在给定的基础设施、服务水平、时间表的情况下,运输网络可以满足多少需求(Fransen 等,2015)。此外,基于传输容量的传输网络可达性措施通常与用户行为分析相结合(Caschili 和 De Montis,2013)。具有代表性的是,经常采用基于效用的方法来确定乘客行为对可达性水平的影响(Nassir 等,2016)。最近,考虑到运输服务的时间表或时间表的可达性指标经常被提出(Silva,2013;Xu 等,2015)。基于潜在可达性测度和基于运输能力的可达性测度的区别在于前者计算可能使用网络上基础设施的"可能"最大需求量;反之,后者强调了在当前环境投入的情况下可以利用的运输基础设施的"显示"能力。

2. 连通性

在交通研究中,连通性是评价交通网络服务水平的一个常用指标。它测量网络中一个节点与另一个节点之间的连接或通信的容易程度(Cheng 和 Chen,2015;Suau Sanchez 和 Burghouwt,2012;Zhao 和 Künzli,2016)。一些学者采用图论方法的框架下提出了不同的连通性度量方法。Sokol(2009)将连接性定义为人员、材料和信息可以轻松地从一个位置移动到另一个位置。另一方面,他提出了连通可达性的定义来评价交通网络的区域服务水平。Kaplan 等人(2014)制定了公交连通性,如车内时间、出入口时间、等待时间、服务可靠性、频率以及公交网络上沿多模式路径的"无缝"传输。在它们的度量中,公交连接是根据始发地和目的地之间的路径上的出行时间类型来加权的。Mishra 等人(2012 年)提出了一种从多式联运网络的图论方法确定连通性的措施。提出的连接性衡量综合路线、时间表、社会经济、人口和空间活动模式。一些学者如 Andersson 等人(2010)、Blair 等人(2013)、Chin 等人(2008)、Hadas(2013)、Suau Sanchez 和 Burghouwt(2012)、van Wee(2016)认为连通性是评价交通网络潜在可达性的重要指标之一。

根据复杂网络理论,评价连通性有两个指标。第一个用于整个网络,第二个用于网络上的单个节点。第一个通常被量化为 Beta 指数,它被计算为链接(连接)与节点的比率。第二个是根据连接到节点的链路数量,即节点的度来计算的(Sokol,2009)。然而,连通性指数很少被用来评价规划(或未来)的交通网络。其原因在于,连通性指标应建立在实际旅行时间或地点之间的成本数据的基础上。

3. 高速铁路对点区位的影响

高速铁路作为一种新型的交通工具,正在世界许多国家建设(Levinson,2012)。因此,许多学者发表了大量论文来研究其影响(Cheng 等,2015)。就有益效果而言,有学者发现,高速铁路的引入首先可以提高区域交通网络的效率(Stanley,2015),特别是提高国家铁路网络的可达性和运输能力(Cao 等,2013;Marr 和 Sutton,2007;Martínez Sánchez Mateos 和 Givoni,2012;Shaw 等,2014;Wang 等,2016)。事实证明,高速铁路能够平衡长途旅行的速度和成本(Abrate 等,2016;Wang 等,2016;Yang 和 Zhang,2012)。同时,高速铁路的另一个显著效果是对铁路网的节能增长(Krishnan 等,2015;Lu,2016)。特别重要的是,一些研究者发现高速铁路能够刺激消费增量增长,促进服务业地区的经济发展(Chen 等,2016;Cheng 等,2015;Circella,2015;Zheng 和 Kahn,2013)。已经确定,高速铁路通过增强不同市场的区位可及性,有助于重塑一个地区的经济(Stanley,2015)。此外,近年来,人们对高速铁路对城市发展的影响进行了深入研究(Chen 和 Haynes,2015a;Guerra,2014;Shen 等,2014;Yin 等,2015)。研究发现,高速铁路对城市发展的本质影响是通过改变城市地区的房价来实现的(Chen 和 Haynes,2015a)。此外,高速铁路还加快了其他行业的发展,如旅游业(Albate 和 Fageda,2016;Chen 和 Haynes,2015b)、机械制造业(Stanley,2015)和物流业(Boloukian 和 Siegmann,2016;Diziain 等,2014)等。当然,对高速铁路的质疑和批评从未停止过。有学者指出,高速铁路的大规模建设可能给环境带来不可逆转的破坏(He 等,2015)。还有一些人坚持认为,高速铁路将导致不平衡和不适当的经济发展,因为预算的主要部分将强加在基础设施上,而不是提高当地人民的生活水平(Zhao 等,2015)。同时,一些研究人员发现,高速铁路的引入并不一定能解决现有铁路网运输能力有限的问题(Wu 等,2014)。更严重的是,事实证明,由于不透明的竞争，高速铁路或多或少会毁掉一个地区的航空业（Fu 等，2012）。

目前还没有一个综合连通性和可达性的指标来衡量交通网络的时空服务水平。此外，根据现有文献，基于可达性指数的演化来考察城市高速铁路资源配置的研究还不多见。作为历史上最大的交通基础设施项目，高速铁路将如何重塑中国的区位格局景观，值得研究。因此，本节建立了一个综合评价指标来研究高速铁路网络在不同时期对中国城市连通性和可达性的影响。除了新的连通性和可达性指标外，我们还利用新技术来检验未来高速铁路网络规划方案对城市地理位置的影响，弥补目前研究的不足。

三、我国高速铁路建设与规划网络数据

2007 年以来，在铁路网运输能力不足的压力下，我国高速铁路正式开通运营。根据《中长期铁路网规划（2004 年版）》，截至 2007 年，中国将商业铁路的最高速度提高到 160 km/h。在全面掌握国内高速铁路技术后，中国提出了高速铁路建设的宏伟蓝图——建设由“四横四纵”通道组成的高速铁路网络。到 2020 年，高速铁路的轨道总里程将达到 19 000 km。按照这一计划，中国在过去的 15 年里开始了令人瞩目的高速铁路建设。到 2025 年，高速铁路线路总里程将达到 3.8 万km（这个任务在 2020 年已经基本实现了）。这意味着在未来十年内，高速铁路服务的总里程将增加到目前的两倍。最新国家规划方案中规定的高速铁路网络如图 7－1 所示。

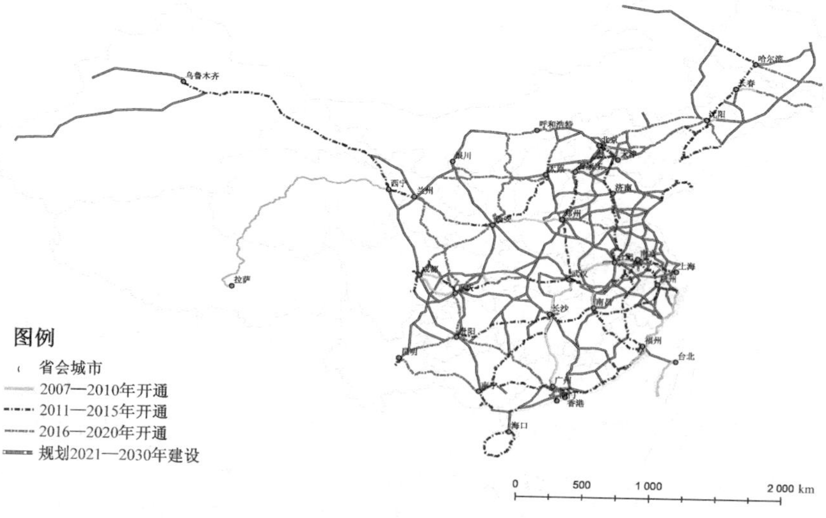

图 7－1　我国高速铁路不同阶段的建设过程图

由于历史上最大的运输基础设施项目——高速铁路，在过去十年中大大改变了中国城市的区位格局，显然，这一趋势将继续根据最新的国家计划加强。在同一时间内，高速铁路网络重新设计了城市未来的空间可利用性概况。作为一项结果，本书分析了城市的连通性和可达性，同时尊重高速铁路网络在不同时间段内的连通性，无论是现在还是将来，连通性都应被视为是对城市或国家的区位地位一种衡量。因此，本书根据高速铁路网络对2007—2030年不同时间段不同城市的连通性和接入性进行了计算。根据这一分析，本文划分了四个周期：2007—2010年、2011—2015年、2016—2020年、2021—2030年。很明显，第四个周期是10年，与第一个周期有很大的不同。第一个三年期是根据“中国国家发展规划周期”划分的。因为很难预测下一个五年期的发展过程，所以第四个五年期是与“中段至长期铁路网计划”的规划时间相一致的。

四、影响研究相关参数

为了计算我国高速铁路的时空可达性和连通性，采用以下评估指标：

① I_1：某城市经过并服务其行政区范围内的已建成或规划的高速铁路线路数量；

② I_2：某城市行政区范围内已建成或者规划的高速铁路车站数量；

③ I_3：从某个城市乘坐高速铁路出发，500 km范围内可到达的高速铁路车站数量；

④ I_4：从某个城市乘坐高速铁路出发，500 km范围内可到达的县城数量；

⑤ I_5：从某个城市乘坐高速铁路出发，500 km范围内服务的人口数（2016年人口计算）；

⑥ $I=\left(\frac{I_1}{\max I_1}+\cdots+\frac{I_5}{\max I_5}\right)$：可达性和连通性的综合评价指标值。

其中，$I_1 \sim I_3$ 为可达性指标，$I_4 \sim I_5$ 为连通性指标。

五、结果分析

截至2019年2月，我国共有34个省会城市和334个地市，在此只取地级以上城市作为指标计算。每个城市的指数都具有时间依赖性，在2007—2030年期间分别按4个时间段计算。这4个时间段分别为：2007—2010、2011—2015、2016—2020、2021—2030。前两个时间段的指标是根据中国高速铁路建设的历史数据计算的。此外，2016年至2020年期间的指标根据中国铁路合作文件中正在建设或将要建设的高速铁路线路计算。最后，根据最新的国家铁路规划建议《中长期铁路网规划(2016 年修订)》中规定的高速铁路网络，计算 2021—2030 年的指标。

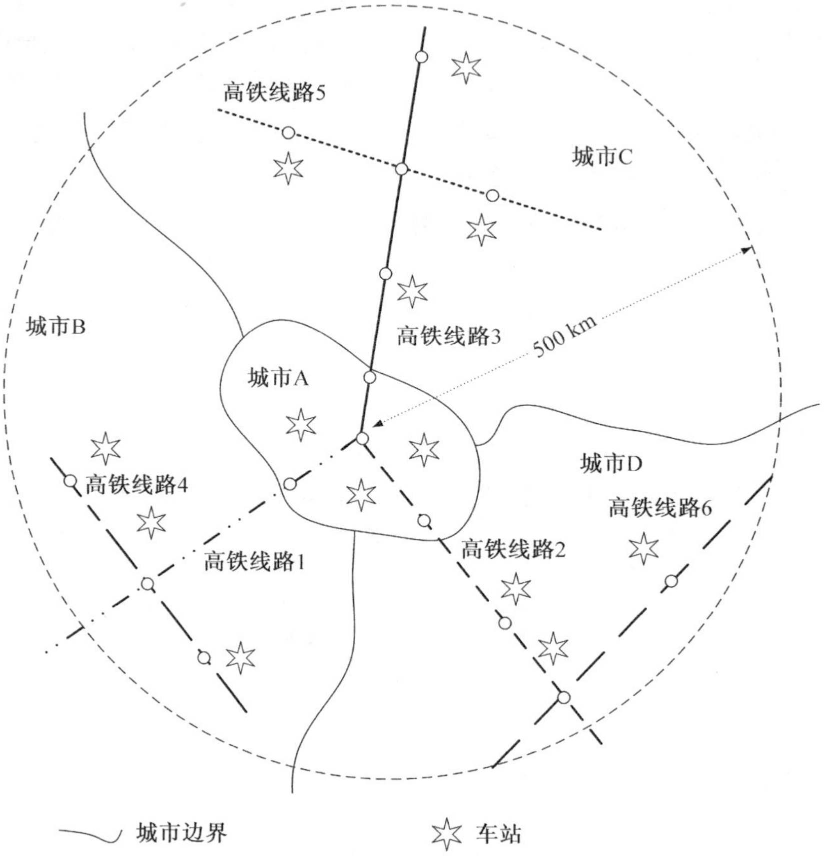

图 7－2　可达性计算示例

如图 7－2 所示，城市 A 是指数计算的目标城市。境内有高速铁路线路 3 条，高速铁路车站 4 座。因此，可得到 $I_1=3$ 和 $I_2=3$。在距 A 市市中心 500 km 的缓冲区内，覆盖 14 个高速铁路车站($I_3=14$)。高速铁路车站半径 20 km 缓冲区内有 13 个县 14 个车站，也就是说 $I_4=13$。显然，这些县可以直接从 A 市乘高速铁路到达，而不需要转移到其他长途运输工具。假设这些县的总人口是 100 万，那么我们就有 $I_5=100$ 万。最后，根据高速铁路网络上所有城市的指标值计算出综合指标。

表 7－1 给出了中国各省会城市的指标值。结果表明，2007—2010 年，杭州的综合评价指数最大($I_1=3.05$)。然而，这一时期只有一条高速铁路线路为杭州提供服务。相比之下，这一时期有三条高速铁路线路服务于重

表 7-1　省会城市和一线城市在不同时期的连通性—可达性指数值

城市＼指数值	2007—2010						2011—2015						2016—2020						2021—2030					
	I_1	I_2	I_3	I_4	I_5	I	I_1	I_2	I_3	I_4	I_5	I	I_1	I_2	I_3	I_4	I_5	I	I_1	I_2	I_3	I_4	I_5	I
杭州市	**1**	**3**	**78**	**95**	**756.26**	**3.05**	4	5	218	361	1869.39	**2.85**	4	5	275	417	1944.29	**2.58**	10	12	421	769	4056.32	**2.92**
南京市	2	4	67	77	437.17	**2.82**	7	14	189	340	1021.99	**3.00**	10	26	247	422	1636.56	**3.51**	14	29	413	818	3309.05	**3.48**
福州市	3	4	49	56	420.27	**2.77**	6	9	131	218	1290.85	**2.33**	6	9	142	234	1378.50	**2.00**	8	12	224	442	2180.13	**1.88**
上海市	2	7	53	59	434.29	**2.75**	3	10	133	237	1836.37	**2.25**	3	10	163	272	2003.94	**2.02**	7	14	279	531	3988.93	**2.27**
合肥市	2	4	69	77	316.51	**2.70**	5	9	208	383	2507.32	**3.29**	5	9	282	483	2892.62	**3.15**	12	14	480	967	4367.54	**3.42**
武汉市	2	10	42	51	316.53	**2.67**	6	**22**	**164**	**315**	**2318.47**	**3.37**	**9**	**43**	**241**	**436**	**2579.75**	**4.06**	11	44	384	848	3739.18	**3.65**
重庆市	3	5	39	54	267.79	**2.55**	5	15	148	301	2025.14	**2.88**	10	28	270	528	2378.84	**4.01**	**16**	**45**	**399**	**909**	**3467.57**	**4.04**
成都市	3	12	17	26	192.22	**2.54**	9	36	65	99	679.13	**2.70**	9	36	112	193	1239.78	**2.73**	11	39	165	328	2241.72	**2.45**
南昌市	2	4	66	73	219.70	**2.52**	4	8	217	373	833.53	**2.62**	4	8	285	460	1354.88	**2.60**	7	10	416	844	3543.04	**2.68**
台湾省	1	13	36	41	86.00	**2.15**	1	13	98	150	415.93	**1.33**	1	13	108	171	532.95	**1.17**	2	15	157	307	1466.51	**1.23**
北京市	1	4	11	13	843.00	**1.86**	4	9	53	150	1539.86	**1.73**	6	16	115	308	1887.07	**2.36**	12	23	212	572	3932.34	**2.68**
郑州市	2	5	23	23	100.48	**1.60**	4	7	82	256	1272.69	**1.94**	8	13	153	424	2185.09	**2.89**	11	17	303	845	5481.25	**3.10**
长沙市	1	1	31	40	295.93	**1.41**	3	3	132	257	1973.82	**2.15**	10	7	186	354	2646.58	**3.03**	13	8	289	661	4267.06	**2.68**
天津市	1	7	11	13	13.14	**1.11**	6	11	72	185	288.91	**1.76**	8	19	134	340	730.45	**2.44**	12	24	253	645	2387.88	**2.66**
广州市	1	4	13	14	32.61	**0.93**	2	7	111	199	228.75	**1.37**	8	20	196	280	664.27	**2.52**	9	21	257	476	1647.29	**2.17**
沈阳市	1	4	9	14	51.23	**0.91**	3	8	47	87	291.47	**1.03**	7	15	85	167	847.70	**1.82**	8	16	112	235	1149.08	**1.43**
济南市	1	1	17	19	122.01	**0.89**	2	2	87	252	785.51	**1.44**	4	6	154	429	1216.45	**2.09**	7	10	337	889	3841.89	**2.60**
长春市	1	2	9	14	57.30	**0.76**	4	5	43	93	673.88	**1.18**	4	5	77	155	875.18	**1.25**	5	6	112	242	1349.35	**1.05**

（续表）

城市＼指数值	2007—2010						2011—2015						2016—2020						2021—2030					
	I_1	I_2	I_3	I_4	I_5	I	I_1	I_2	I_3	I_4	I_5	I	I_1	I_2	I_3	I_4	I_5	I	I_1	I_2	I_3	I_4	I_5	I
西安市	1	1	15	17	20.44	**0.73**	3	2	49	152	755.97	**1.17**	6	5	142	336	1766.95	**2.20**	9	8	216	563	2407.74	**1.97**
太原市	0	0	21	21	98.10	**0.51**	2	3	77	207	1029.27	**1.40**	4	7	160	387	1578.42	**2.14**	6	8	271	713	2054.15	**1.99**
石家庄市	0	0	18	20	77.41	**0.44**	1	4	76	212	616.54	**1.19**	3	6	163	417	1270.48	**2.00**	8	13	303	805	3390.32	**2.53**
贵阳市	0	0	13	14	59.80	**0.32**	2	3	66	148	929.39	**1.20**	6	8	140	283	1318.96	**2.05**	9	12	212	484	2054.63	**1.94**
香港	0	0	8	11	78.90	**0.27**	0	0	80	127	840.14	**0.87**	1	5	159	184	1068.06	**1.17**	1	5	206	319	1504.73	**0.94**
澳门	0	0	8	10	68.89	**0.25**	0	0	76	120	402.39	**0.70**	0	0	155	177	591.87	**0.92**	1	2	190	291	1127.94	**0.78**
昆明市	0	0	8	7	24.73	**0.17**	1	1	20	54	371.93	**0.46**	4	4	58	125	816.83	**1.10**	5	6	92	221	1077.96	**0.96**
南宁市	0	0	7	8	15.31	**0.16**	4	5	95	161	491.81	**1.48**	6	8	214	287	1195.30	**2.24**	7	11	255	433	1666.15	**1.78**
哈尔滨市	0	0	3	4	28.37	**0.10**	2	4	23	49	196.98	**0.60**	2	4	38	74	355.41	**0.63**	3	9	69	153	676.98	**0.75**
海口市	0	0	0	0	0.00	**0.00**	2	3	65	98	742.46	**1.02**	2	3	137	150	800.95	**1.15**	3	4	159	223	972.64	**0.91**
呼和浩特市	0	0	3	3	0.00	**0.00**	0	0	38	96	400.32	**0.49**	2	2	87	200	1177.68	**1.17**	2	2	147	363	1535.32	**0.98**
西宁市	0	0	0	0	0.00	**0.00**	1	2	15	31	55.29	**0.31**	1	2	34	68	302.59	**0.45**	2	3	53	122	621.01	**0.48**
乌鲁木齐市	0	0	0	0	0.00	**0.00**	1	2	8	12	59.97	**0.24**	1	2	8	12	59.97	**0.21**	2	2	22	41	93.45	**0.26**
兰州市	0	0	0	0	0.00	**0.00**	1	1	15	46	205.84	**0.37**	3	5	55	124	384.63	**0.90**	6	7	85	203	527.80	**0.95**
银川市	0	0	0	0	0.00	**0.00**	0	0	6	23	181.88	**0.13**	1	2	53	95	656.78	**0.64**	4	4	80	174	1264.01	**0.81**
拉萨市	0	0	0	0	0.00	**0.00**	0	0	0	0	0.00	**0.00**	0	0	0	0	0.00	**0.00**	0	0	0	0	0.00	**0.00**

表 7-2　中国其他城市在不同时期的连通性—可达性指数值

指数值 城市	2007—2010						2011—2015						2016—2020						2021—2030					
	I_1	I_2	I_3	I_4	I_5	I	I_1	I_2	I_3	I_4	I_5	I	I_1	I_2	I_3	I_4	I_5	I	I_1	I_2	I_3	I_4	I_5	I
温州市	1	7	77	86	655.07	**3.15**	1	7	194	317	2343.26	**2.53**	2	9	224	351	2570.40	**2.36**	3	10	333	628	4032.23	**2.13**
九江市	2	5	76	81	520.49	**3.12**	2	5	237	409	1835.58	**2.80**	2	5	308	503	2581.03	**2.79**	7	7	479	971	5327.84	**3.07**
六安市	1	3	62	75	527.22	**2.45**	1	3	208	408	3111.16	**2.93**	1	3	290	542	3884.36927	**3.00**	3	5	507	1092	8275.62	**3.30**
宁波市	1	4	61	64	465.34	**2.35**	2	7	150	256	1400.05	**2.03**	2	7	180	290	1611.94	**1.83**	4	12	282	536	2688.06	**1.89**
苏州市	1	5	60	63	372.51	**2.30**	3	10	146	261	1606.22	**2.29**	3	10	178	304	1696.40	**2.04**	8	14	309	610	3646.50	**2.42**
台州市	1	4	74	82	174.80	**2.29**	1	4	182	296	884.82	**1.88**	1	4	212	330	982.22	**1.66**	2	7	315	588	2373.83	**1.73**
黄冈市	1	2	57	63	481.20	**2.17**	2	5	199	381	1334.78	**2.43**	2	5	285	511	1768.16252	**2.53**	8	9	464	1008	3590.20	**2.97**
绍兴市	0	0	68	78	578.56	**2.03**	2	4	180	307	1326.52	**2.15**	2	4	210	341	1413.66	**1.89**	5	10	327	624	2186.43	**2.02**
无锡市	1	3	61	64	250.61	**2.02**	3	5	149	270	1587.95	**2.17**	3	5	182	316	1886.24	**2.01**	6	6	320	636	2511.85	**2.03**
芜湖市	0	0	71	83	474.70	**1.98**	2	5	206	355	1413.24	**2.42**	2	5	272	433	1964.57	**2.40**	4	6	431	818	2563.55	**2.29**
常州市	1	2	61	66	259.03	**1.97**	3	5	160	286	1726.06	**2.30**	3	5	194	337	2003.26	**2.11**	5	8	342	675	2691.24	**2.11**
镇江市	1	5	57	60	125.14	**1.95**	3	9	153	277	825.30	**2.07**	3	10	189	333	1001.78	**1.95**	7	11	343	677	3109.74	**2.36**
黄山市	0	0	78	94	239.46	**1.87**	1	2	227	382	1804.79	**2.49**	1	2	289	454	2059.42	**2.34**	5	5	445	850	3952.71	**2.56**
蚌埠市	0	0	58	66	383.46	**1.60**	2	1	168	342	2526.65	**2.49**	2	1	250	471	2725.65	**2.51**	3	3	448	962	4064.56	**2.51**
泉州市	1	3	44	49	90.06	**1.53**	2	4	137	200	768.35	**1.57**	2	4	164	234	932.35	**1.44**	3	6	233	421	1586.88	**1.36**
阜阳市	0	0	53	60	157.66	**1.23**	0	0	161	348	1768.64	**1.98**	0	0	235	461	2105.73	**2.07**	4	4	437	982	4352.10	**2.63**
舟山市	0	0	51	54	120.81	**1.11**	0	0	119	200	824.71	**1.18**	0	0	149	234	1022.17	**1.12**	0	0	229	427	2107.70	**1.10**

（续表）

指数值 城市	2007—2010						2011—2015						2016—2020						2021—2030					
	I_1	I_2	I_3	I_4	I_5	I	I_1	I_2	I_3	I_4	I_5	I	I_1	I_2	I_3	I_4	I_5	I	I_1	I_2	I_3	I_4	I_5	I
厦门市	1	0	33	36	95.19	**1.08**	3	2	109	159	788.61	**1.43**	3	2	123	184	895.22	**1.27**	4	5	177	329	1432.14	**1.18**
扬州市	0	0	48	52	114.64	**1.06**	0	0	138	269	1329.29	**1.57**	0	0	182	350	1672.56	**1.60**	3	4	352	724	3131.09	**2.01**
南通市	0	0	49	54	56.24	**1.02**	0	0	130	244	1062.41	**1.40**	0	0	166	298	1423.48	**1.39**	3	5	298	605	2374.37	**1.73**
徐州市	0	0	46	46	133.39	**1.01**	1	1	137	328	2254.25	**2.14**	2	2	192	445	3174.63	**2.43**	6	6	400	976	6160.53	**2.94**
南阳市	0	0	37	45	128.29	**0.91**	0	0	118	283	367.39	**1.22**	0	0	201	457	1751.54	**1.87**	1	3	352	871	2716.97	**1.95**
德州市	1	1	17	19	122.97	**0.89**	2	2	88	248	1037.81	**1.51**	2	2	168	442	2229.09	**2.12**	4	4	345	899	4247.37	**2.36**
汕头市	0	0	30	31	120.88	**0.71**	1	1	107	148	618.99	**1.09**	1	1	182	196	692.69	**1.19**	2	1	233	340	1315.61	**1.08**
宜宾市	0	0	17	26	202.13	**0.63**	0	0	75	133	1051.05	**0.93**	0	0	137	253	1970.83636	**1.37**	5	5	202	429	2332.72	**1.50**
邯郸市	0	0	21	23	116.32	**0.54**	1	1	87	254	1326.60	**1.48**	1	1	168	441	1625.67	**1.84**	4	6	332	882	4990.94	**2.45**
永州市	0	0	21	25	97.96	**0.54**	2	3	137	261	1474.97	**1.90**	2	3	257	411	1776.23689	**2.22**	3	4	351	710	3658.80	**2.06**
青岛市	0	0	19	20	146.54	**0.53**	1	5	74	165	1266.88	**1.32**	2	9	114	266	2017.00	**1.75**	5	14	234	569	2668.89	**1.93**
惠州市	0	0	17	20	131.46	**0.50**	2	8	116	202	727.80	**1.59**	2	8	200	275	1019.83	**1.73**	4	12	262	466	1446.56	**1.64**
绵阳市	0	0	18	27	67.81	**0.49**	1	2	73	136	417.37	**0.89**	2	3	138	257	1366.01	**1.49**	4	5	205	440	2428.59	**1.46**
秦皇岛市	0	0	13	17	116.05	**0.41**	0	0	79	162	785.85	**0.93**	2	4	143	308	1425.02	**1.64**	3	6	221	518	2128.27	**1.49**
安阳市	0	0	22	16	19.63	**0.38**	1	1	88	245	354.63	**1.15**	1	1	155	409	1526.27	**1.72**	2	1	317	842	3321.12	**1.95**
衡水市	0	0	17	18	34.36	**0.36**	0	0	80	220	1382.89	**1.25**	0	0	161	414	2466.20	**1.86**	4	5	318	836	3003.18	**2.12**
佛山市	0	1	11	13	45.29	**0.35**	1	4	107	170	599.89	**1.22**	5	9	192	249	1029.29	**1.99**	5	9	246	420	2090.17	**1.64**

（续表）

指数值/城市	2007—2010						2011—2015						2016—2020						2021—2030					
	I_1	I_2	I_3	I_4	I_5	I	I_1	I_2	I_3	I_4	I_5	I	I_1	I_2	I_3	I_4	I_5	I	I_1	I_2	I_3	I_4	I_5	I
唐山市	0	0	11	13	87.26	**0.32**	0	0	75	170	390.06	**0.80**	1	3	132	321	922.79	**1.38**	5	8	227	575	2551.93	**1.77**
廊坊市	0	0	11	13	86.26	**0.32**	2	3	56	170	511.82	**1.07**	2	3	115	323	885.50	**1.42**	5	5	234	632	2348.47	**1.75**
大连市	0	0	13	18	29.53	**0.32**	2	9	66	127	559.11	**1.20**	3	11	122	256	1386.56	**1.74**	3	11	173	401	2231.84	**1.41**
东莞市	0	0	11	12	80.21	**0.31**	1	12	100	152	407.93	**1.31**	4	27	181	215	857.60	**2.17**	6	27	233	369	1335.19	**1.93**
柳州市	0	0	14	15	18.15	**0.29**	2	3	110	200	1356.45	**1.62**	3	4	234	354	2015.76	**2.24**	3	4	309	592	3591.27	**1.86**
深圳市	0	0	11	11	75.50	**0.29**	1	3	85	138	275.22	**0.93**	4	10	164	199	730.98	**1.66**	6	13	213	346	1199.95	**1.55**
保定市	0	0	13	13	29.48	**0.28**	3	9	64	181	507.12	**1.40**	3	9	147	378	1047.71	**1.90**	8	21	275	726	3680.13	**2.62**
丹东市	0	0	9	14	54.21	**0.27**	1	2	53	92	441.88	**0.72**	2	5	92	170	822.69	**1.11**	3	6	115	226	1169.46	**0.90**
烟台市	0	0	9	10	78.13	**0.27**	3	4	59	128	852.22	**1.24**	3	4	100	239	1516.03	**1.51**	3	4	193	482	1930.65	**1.33**
中山市	0	0	9	11	58.48	**0.25**	0	0	98	147	601.83	**0.91**	2	7	179	213	910.33	**1.50**	3	8	223	349	1753.11	**1.34**
鞍山市	0	0	8	11	66.51	**0.25**	3	2	52	89	453.57	**0.94**	4	3	88	170	747.07	**1.23**	4	3	117	244	1083.81	**0.90**
珠海市	0	0	8	11	18.79	**0.20**	0	0	93	141	883.38	**0.96**	1	4	174	206	1247.88	**1.39**	2	4	211	335	1545.70	**1.12**
湛江市	0	0	7	9	26.15	**0.18**	1	3	93	127	940.64	**1.15**	1	3	186	211	1588.77	**1.50**	3	4	217	308	2206.85	**1.25**
北海市	0	0	5	8	16.91	**0.14**	1	2	78	120	425.37	**0.88**	1	2	173	204	1085.15	**1.30**	2	3	198	292	1549.94	**1.04**
齐齐哈尔市	0	0	3	4	26.70	**0.10**	1	3	21	43	229.49	**0.45**	1	3	23	51	271.65	**0.40**	3	5	43	110	331.32	**0.52**
包头市	0	0	0	0	0.00	**0.00**	0	0	12	41	157.05	**0.19**	2	2	60	137	332.35	**0.76**	3	3	84	234	512.32	**0.70**
三亚市	0	0	0	0	0.00	**0.00**	2	2	26	45	317.37	**0.58**	2	2	27	50	356.23	**0.51**	2	2	37	84	421.97	**0.37**

庆和成都。然而，它们的可达性值（I_1、I_2 和 I_5）却相对小于杭州、南京和合肥。事实证明，在 2007—2010 年期间，有 15 个城市没有高速铁路服务。因此，这些城市在这一时期没有自己的价值。2011—2015 年期间情况发生了变化。这一时期，武汉获得了可达性值第一的"桂冠"，武汉已建成开通高速铁路 4 条。而在城市边界内拥有最多高速铁路线路和高速铁路车站的城市是成都。除中国香港、澳门、呼和浩特、银川和拉萨外，几乎所有的省级城市都拥有高速铁路服务。在 2016—2020 年期间，除拉萨外的所有省会城市都将拥有高速铁路线路。本期高速铁路是在既有网络的基础上，加上在建的高速铁路线路，计划 2020 年前投入运营。如表 7－1 所示，武汉仍将占据价值排名第一的位置。然而，一些城市，如重庆、南京和长沙到 2020 年将拥有比武汉更多的高速铁路线路。但是，武汉将拥有全市范围内最多的高速铁路站点。同时，南昌将拥有 500 km 半径缓冲区内最便捷的高速铁路车站。虽然重庆将拥有 500 km 半径缓冲区内交通最便利的车站，但合肥将拥有这一时期服务人口最多的车站。

如前所述，2021—2030 年高速铁路网络数据根据最新的国家铁路网规划方案计算。表 7－1 中 2021—2030 年期间的这些指标可以反映出国家对不同城市之间高速铁路网络建设的重视程度和未来的政策重点。如表 7－1 所示，我们可以了解到重庆的价值最大。也就是说，根据最新的国家高速铁路规划建议，重庆将成为 22 世纪最重要的高速铁路网络枢纽。2021—2030 年期间，重庆将有 16 条高速铁路线路和 45 个高速铁路站。但是，在高速铁路车站 500 km 半径缓冲区内的可达高速铁路车站、县和服务城市人口，合肥在这一时期将处于第一位。显然，仅仅讨论省城五大指标的演变是有失偏颇的。一些低行政级别的城市，如深圳、苏州等，在每一个时间段内都会拥有国家投入的大量资源。也就是说，在国家高速铁路网络建设过程中，一些低行政级别的城市可能会受到更多的关注。为此，以 50 个地级以上有代表性的城市为例，这五个指标见表 7－2。需要注意的是，表 7－2 中的二级城市是指深圳、厦门、大连等副省级城市，三级城市是指地级市。

表 7－2 列出了中国其他城市的时间相关指数值。表 7－1 和表 7－2 的比较显示，2007—2010 年，其他一些城市的 I 值高于省会城市和一线城市。这一结果意味着，在中国高速铁路网的初期发展中，与省会城市和一线城市相比，其他一些城市在高速铁路网络建设的连通性和可达性方面受益更多。温州、九江、六安、宁波和苏州在 2007—2010 年具有很高的 I 值。几乎所有的城市都位于长三角地区，其中的中心城市是上海。这一结果表明，在中国高速铁路网初期，长江三角洲在高速铁路项目上获得了最大的投资。

这一趋势在 2011—2015 年略有变化。尤其是中部少数三级城市，如安徽省蚌埠市，在这一时期获得了较高的 I 值。这一结果表明，2011—2015 年，高速铁路建设在长江三角洲之外得到加强。表 7 - 2 显示，特殊目的公司与三级城市之间的价值差异将进一步减小。在 2021—2030 年，几乎所有其他城市都会有可比的 I 值。

表 7 - 1 和表 7 - 2 数据显示，并非所有城市的 I 值都经历了类似的增长，从而反映出城市的整体连通性—各个时段的可达性水平。由于高速铁路的建设，城市的 I 值会随着时间的推移而变化。一旦其他城市拥有大量的高速铁路线路或车站，一个缺乏高速铁路线路或车站的城市就应该期望 I 值降低。实际上，温州就是一个很好的例子(见表 7 - 2)。2007—2010 年温州市的 I 值相对所有三级城市都较高。然而，相对幅度在随后的时间段内逐渐减小。温州的案例相对地说明了中国如何随着时间的推移将其资源分配给高速铁路建设，并暗示了在这一过程中哪些城市受到了实质性的青睐或忽视。也就是说，高速铁路建设中的一些"赢家"或"输家"在连通性和可达性方面不断出现。我们的指数使我们能够立即区分"赢家"和"输家"，并且可以跨时间段复制。

此外，根据表 7 - 1 和表 7 - 2 还可知，并不是所有的城市都有可达性和连通性综合指标的增长。根据计算指数的方程式，我们可以得知，指数反映了一个城市与其他城市的连通性—可达性的相对得分。因为一个城市在一个时间段内有很大的综合指标值，它的值在下一个时间段内可能会下降。一旦其他城市实施高速铁路基础设施建设，且目标城市同期未新建高速铁路项目，其价值将被其他城市追赶甚至超越。例如，表 7 - 2 中的温州市的数据就说明了这种情况。对温州来说，2007—2010 年的综合性指标值是第二和第三大城市中最大的。然而，温州的价值在每一个时期都在逐渐下降。这一结果进一步证实了高速铁路网络上城市连通性和可达性综合评价指标(即指标)能够反映一个城市获得高速铁路项目投资的地位(或能力)。它也反映了中国高速铁路基础设施和服务能力的演变过程。

为了生动地展示中国各城市在不同时期的综合连通性可达性值即综合性指标值 I 的变化，堆积条形图和时空等值线图分别如图 7 - 3 和图 7 - 4 所示。基于这些数据，研究结果总结如下：

① 图中不同时间段的最大值用红色标记，比较图 7 - 3 和图 7 - 4 可以看出，在每个时间段内，省级城市的价值并不比二、三级城市的价值大。根据图 7 - 3 的红色堆积条形图，杭州在第一时间段的价值最大，但重庆最终将在 2030 年夺冠。这说明，根据新的国家铁路网规划方案，未来中国将在

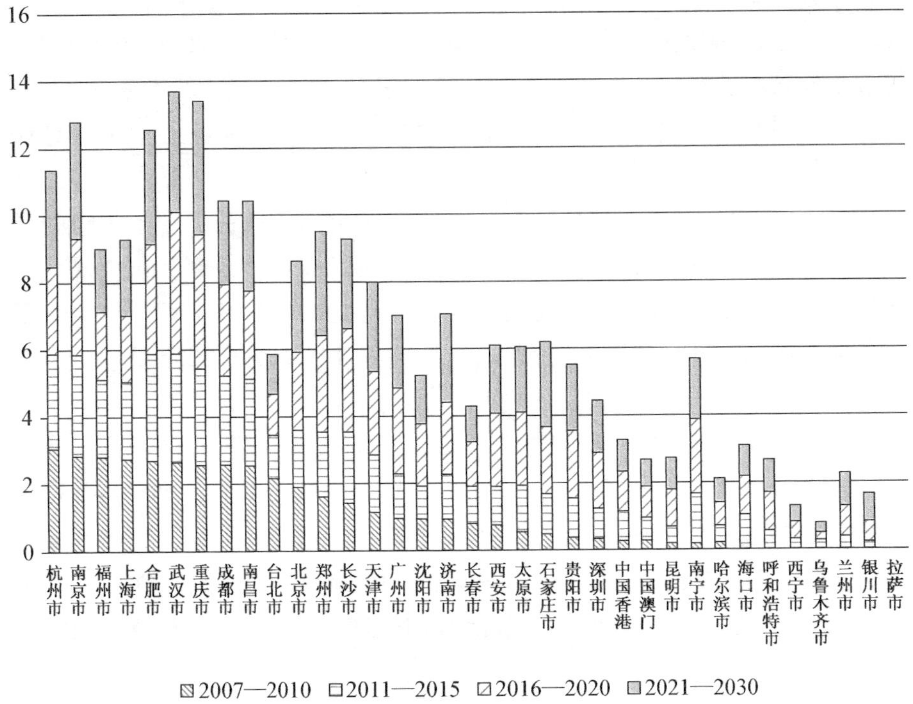

图 7－3　省会城市可达性—连通性综合指标的变化值

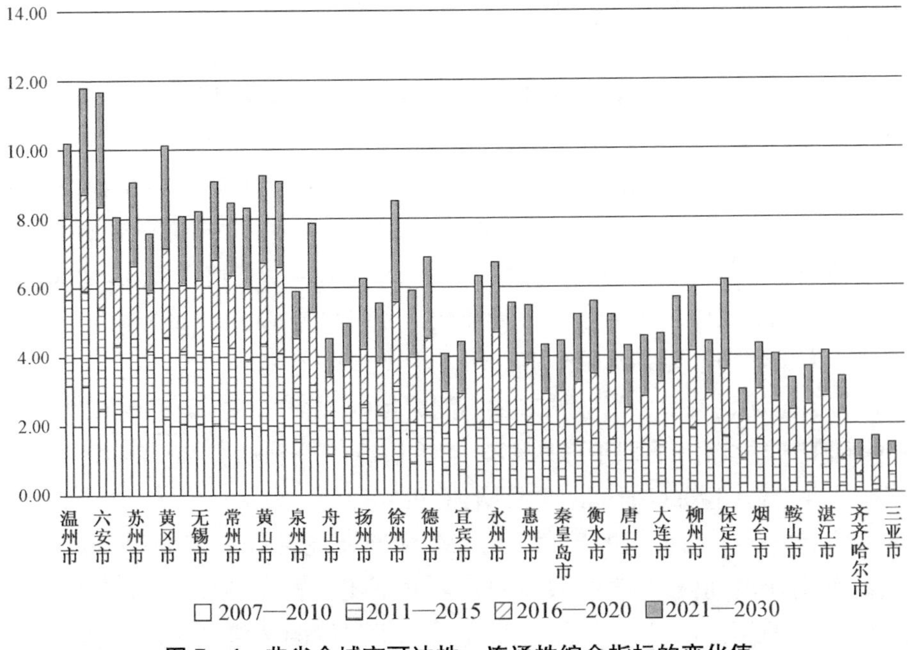

图 7－4　非省会城市可达性—连通性综合指标的变化值

中西部地区增加比东南沿海地区更多的高速铁路项目。不幸的是，2011—2016 年省会城市之间的价值差异将与前三个时间段的价值差异一样大。这表明，到 2030 年，各省之间高速铁路投资的不平衡仍将存在。

② 由图 7 - 4 可知，二、三级城市之间的偏离值将逐渐减小。预计到 2021—2030 年，地级以上第二、三城市高速铁路基础设施投资差额将有所缩小。

③ 随着时间的推移，中国高速铁路网络的覆盖范围不断扩大。如图 7 - 5 所示，2007—2010 年期间，指数等值线集中显示两条，即京津冀地区和长三角地区。然而，在图 7 - 6、图 7 - 7 和图 7 - 8 中，指数等值线的中心向中国中西部地区扩展。2021—2030 年，武汉、重庆等高线最密集。

④ 我国东西部地区高速铁路在连通性和通达性方面的差距将逐步缩小。然而，这种差距在下个十年无法完全消除。在图 7 - 5 中，中国东西部地区的综合性值差距很大。经过 2011—2015 年高速铁路基础设施的密集投资，高速铁路网络的连通性和可达性从南到北、从东到西同时得到改善。2016—2020 年，除西藏外，所有省份都将拥有高速铁路基础设施。

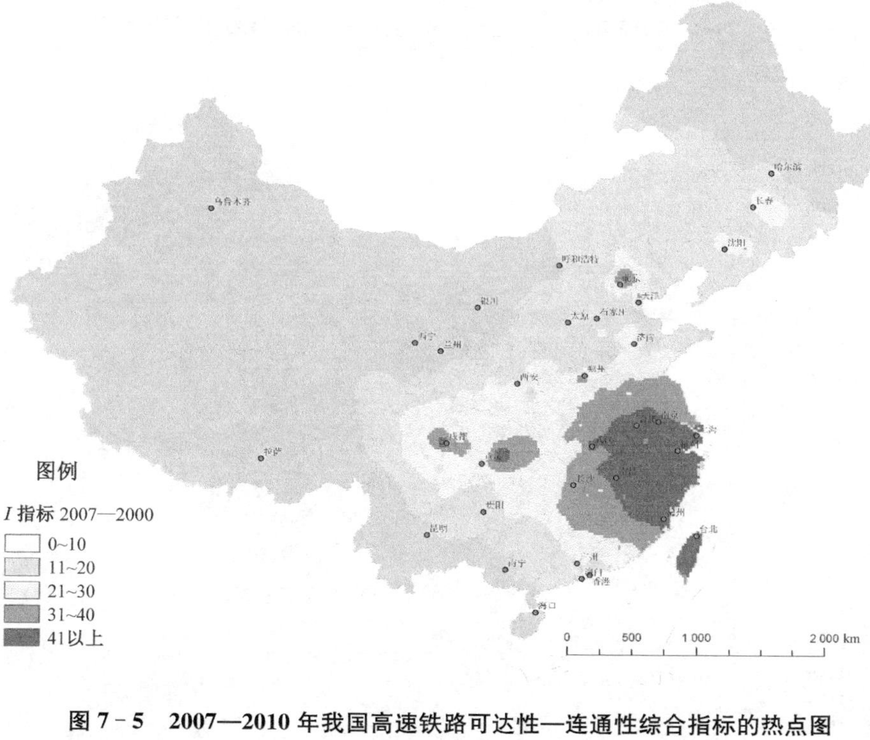

图 7 - 5　2007—2010 年我国高速铁路可达性—连通性综合指标的热点图

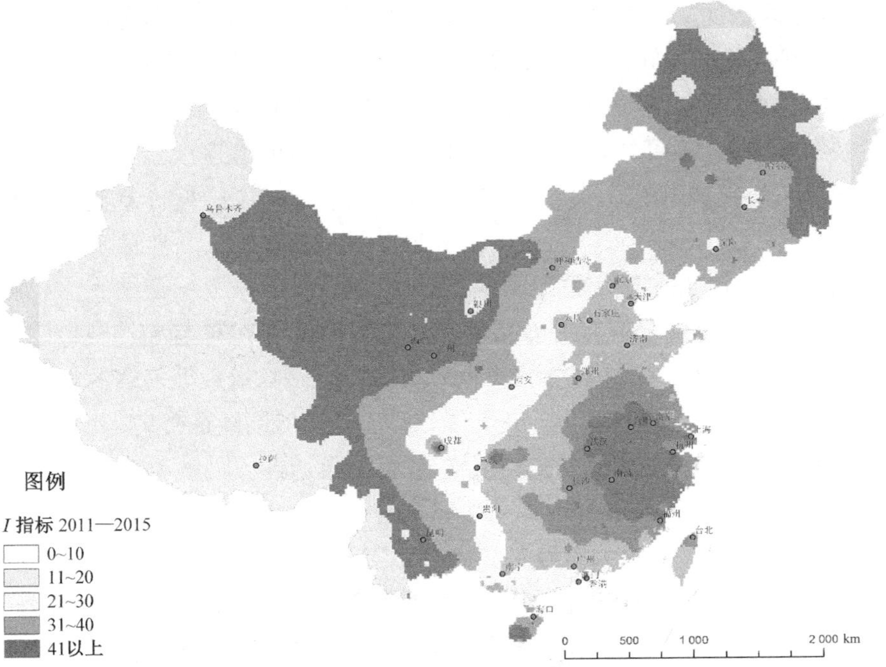

图 7 - 6　2011—2015 年我国高速铁路可达性—连通性综合指标的热点图

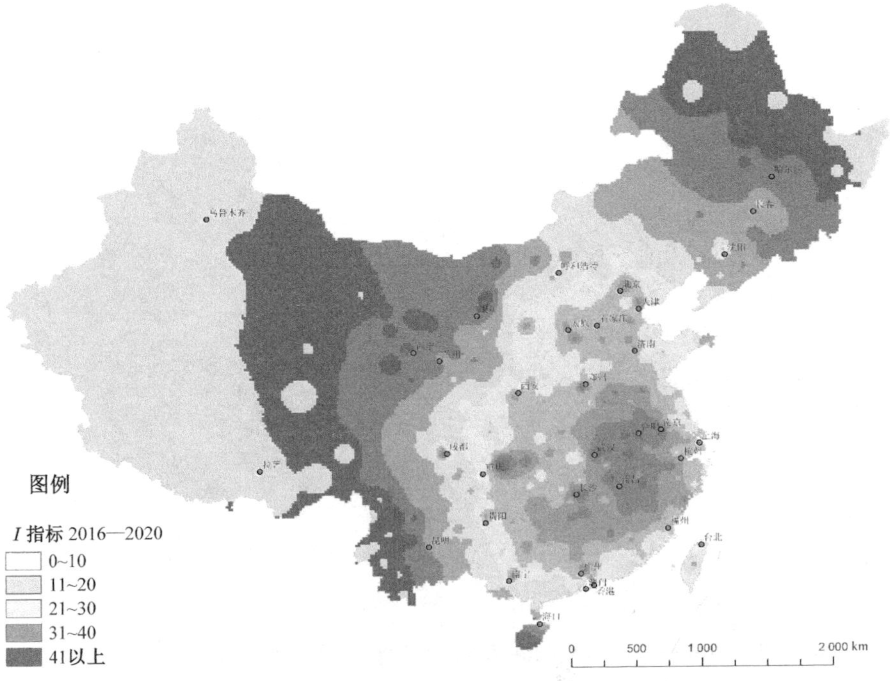

图 7 - 7　2016—2020 年我国高速铁路可达性—连通性综合指标的热点图

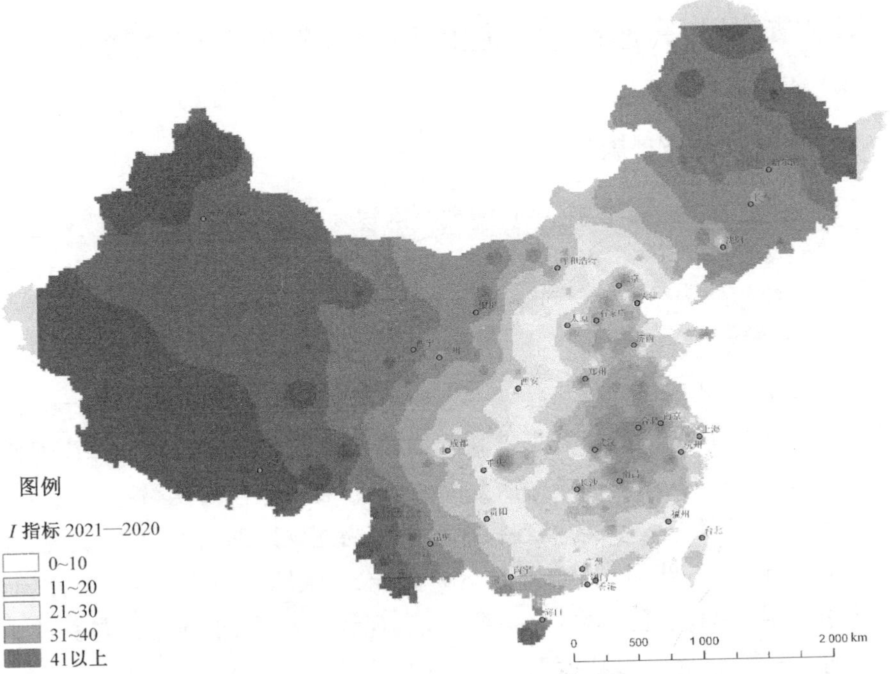

图 7－8　2020—2030 年我国高速铁路可达性—连通性综合指标的热点图

⑤ 京津冀地区和长三角地区一直是高速铁路基础设施连通性和可达性最高的两个重要地区(图 7－6)。几乎所有的高速铁路线路都从这两个地区出发或终止。因此,在一个区域内增加与这两个区域的连接将提高高速铁路系统的连通性和可达性。

⑥ 如何提高西藏地区高速铁路系统的连通性和可达性,尽管根据中国最新的国家铁路提案,没有新的高速铁路线路连接西藏地区,但仍应高度重视该类问题。根据图 7－7 和图 7－8,如果西藏地区有等高线,中国西部地区的价值时空图将更新,并可能出现其他场景。该问题显示出在建的川藏铁路的重要性。

事实证明,自 2012 年以来,中国拥有世界上里程最长的高速铁路网络。如何识别高速铁路对各个城市发展的影响,是决定一个城市未来能否获得相应的经济、地理和政治地位的关键。本书揭示,未来 15 年,我国将重点建设高速铁路新线路,实现东北、中部、西部地区城市的多点融合。这些信息反映了中国市场可能从东南部地区向中西部地区转移。因此,制定与之相适应的城市发展战略,有助于城市从国家投资中获得适度的资源。

第二节　线：高速铁路通道沿线与区域经济互动发展模式

一、高速铁路通道发展概况

2004 年，国务院批准了《中长期铁路网规划》，2008 年，国家发改委组织进行了修编调整，为了更好地服务和支撑国家重大战略，该规划于 2014 年底启动规划修编工作，并于 2016 年 7 月正式印发。

1. 既有高速铁路通道

我国建成的"四纵四横"高速铁路，客车速度目标值达到每小时 200 km 以上。四纵为京沪高速铁路、京港高速铁路、京哈高速铁路、杭福深高速铁路（东南沿海高速铁路）；四横为徐兰高速铁路（含徐连高速铁路）、沪昆高速铁路、青太高速铁路、沪汉蓉高速铁路。既有高速铁路通道如图 7－9 所示。

此次调整进一步实现繁忙干线客货分线、扩大路网规模、提高既有线能力，根据国家综合交通发展的总体要求，实现线网布局、枢纽建设与其他交通运输方式优化、衔接和协调发展，提高出行效率。

2. 规划高速铁路通道

2016 年 7 月，国家发展改革委员会、交通运输部、我国铁路总公司联合发布了《中长期铁路网规划》，勾画了新时期"八纵八横"高速铁路网的宏伟蓝图。

"八纵"通道包括沿海通道、京沪通道、京港（台）通道、京哈—京港澳通道、呼南通道、京昆通道、包（银）海通道、兰（西）广通道；"八横"通道包括绥满通道、京兰通道、青银通道、陆桥通道、沿江通道、沪昆通道、厦渝通道、广昆通道。规划高速铁路通道如图 7－10 所示。

新规划根据高速铁路网络化发展及市场化要求，提出了新的发展方向，除了进一步做好与其他交通运输方式的优化衔接外，还需构建和完善公共信息服务平台，实现客运换乘零距离，物流衔接无缝化，运输服务一体化，全面提升综合交通服务水平和运输效率，同时积极鼓励引导社会资本投入，创新市场化融资方式，以提高高速铁路可持续发展能力。

图 7－9 和图 7－10 中以数字代表通道数量，以"0"和"1"分别表示"横向（东西走向）"通道和"纵向（南北走向）"运输通道。例如"401"代表"四横"的第 1 条通道，"812"代表"八纵"的第 2 条通道。各代码具体代表通道如图 7－9 和图 7－10 所示。

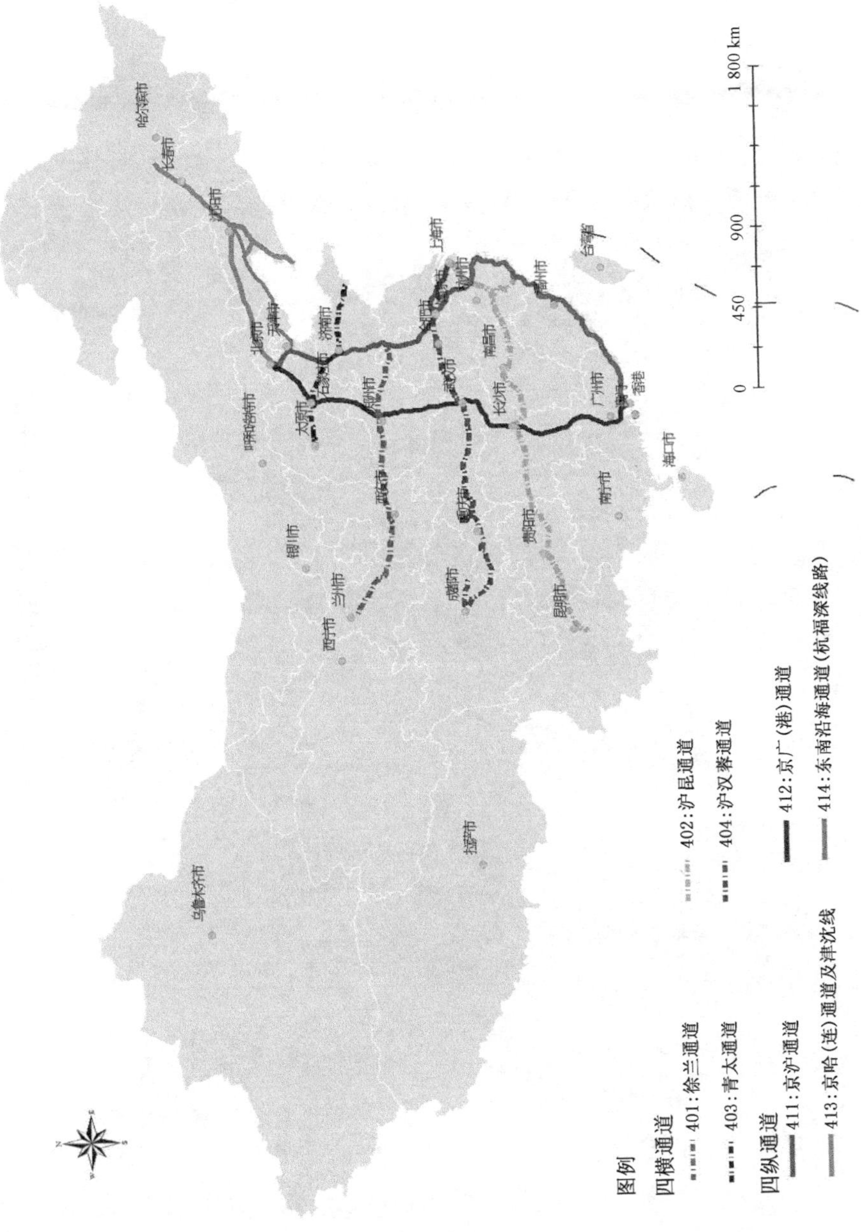

图 7-9　我国既有高速铁路通道编号图

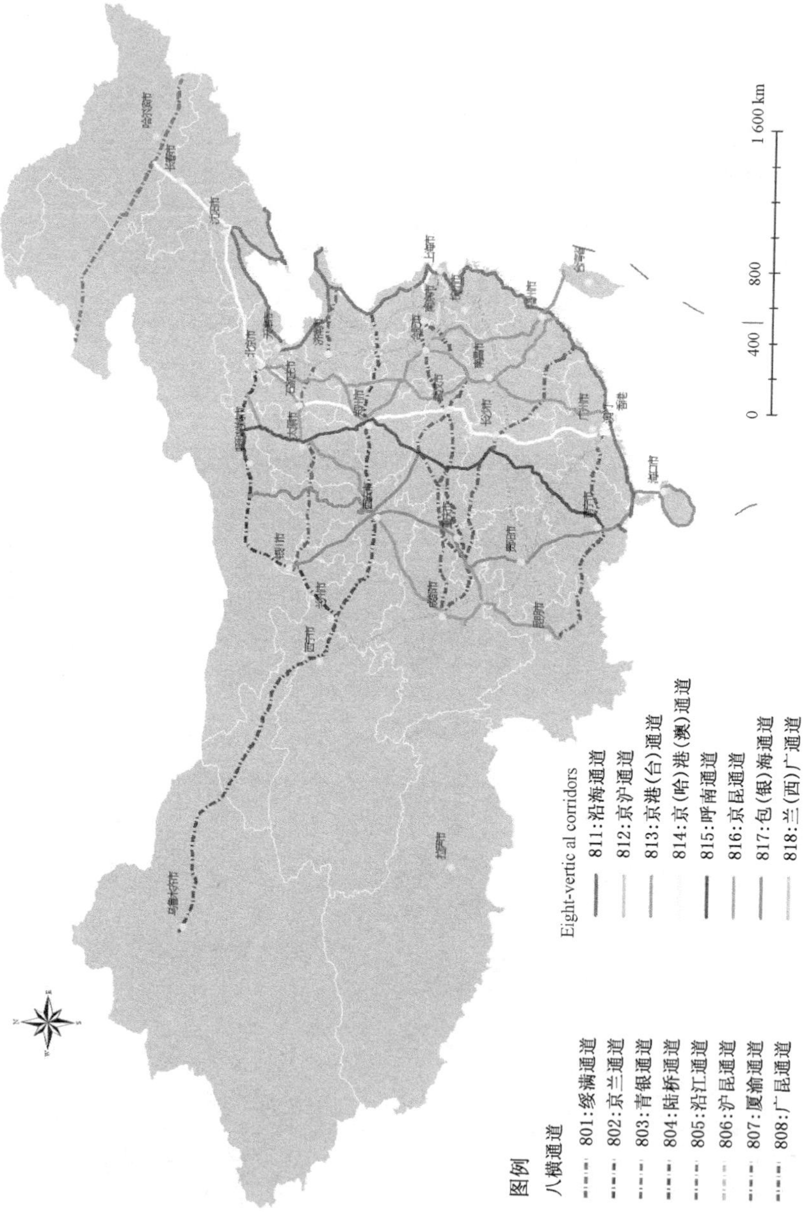

图 7 - 10　我国规划高速铁路通道编号图

二、我国高速铁路通道与其他运输方式协调研究

由于我国人口基数大、人均资源少、经济发展不平衡，高速铁路作为安全、快速、舒适以及绿色的一种出行方式，适合我国发展的基本国情。在高速铁路线网为骨干的基础上，实现与其他运输方式的协调发展，一来可以促进沿高速铁路站点的经济发展，二来各基础设施与高速铁路的连接覆盖，可以扩大高速铁路的影响范围，不但提升了居民出行的便利性，同时高速铁路对经济发展的推动作用也将在这样的协调优化中得到范围的延伸和影响的扩大。

本章研究了高速公路、国道、传统铁路和机场等基础设施与既有高速铁路通道连接或覆盖关系。我国疆域内机场、高速公路、国道三大区域交通运输基础设施分别如图 7－11、图 7－12、图 7－13 和表 7－3 所示。

1. 既有“四横四纵”通道

以 50 km 为影响带，各既有高速铁路运输通道影响范围内的区域交通运输设施分布如图 7－14 和图 7－15、表 7－3 所示。

表 7－3　既有“四横四纵”高速铁路通道区域交通设施分布指标

通道序号	通道里程/km	通道 50 km 影响带覆盖面积/km²	高速铁路车站数(含城际站)	影响区域内国道数量	影响区域内国道里程/km	影响区内高速公路数量	影响区域内高速里程/km	机场数量	枢纽机场数量
401	1311	58 221.07	42	18	2307.442	17	3976.533	9	2
402	1735	79 582.89	86	21	4872.979	19	7230.637	13	7
403	971	41 358.29	22	10	1252.475	17	2130.746	6	3
404	837	34 444.51	83	16	2766.787	18	5791.196	15	8
411	1271	54 307.7	112	29	13 034.1	17	15 855.16	23	3
412	1998	92 665.65	177	30	5782.388	19	13 438.91	17	7
413	1546	69 607.25	53	18	4507.056	16	5065.493	21	2
414	1595	73 587.39	77	9	1292.198	8	5349.15	17	4

根据表 7－3 可知，以通道 50 km 影响范围内的国道里程与通道里程的比值、国道里程与影响带面积的比值、高速里程与通道里程的比值、高速里程与影响带面积的比值、通道里程与机场数量的比值、通道里程与枢纽机场数量的比值、机场数量与影响带面积的比值、枢纽机场数量与影响带面积的比值、通道里程与高速铁路车站数的比值为评价指标。此外，拟定 $C_j = \sum_i \frac{\theta_{ji}}{\sum_j \theta_{ji}}$ 评估通道 50 km 影响范围内各种交通运输方式合作—竞争模式。其中，θ_{ji}表示第 j 条运输通道的评价指标值；C_j 为第 j 条通道的综合评价指标(下文称为 C 值)，具体结果如表 7－4 所示。

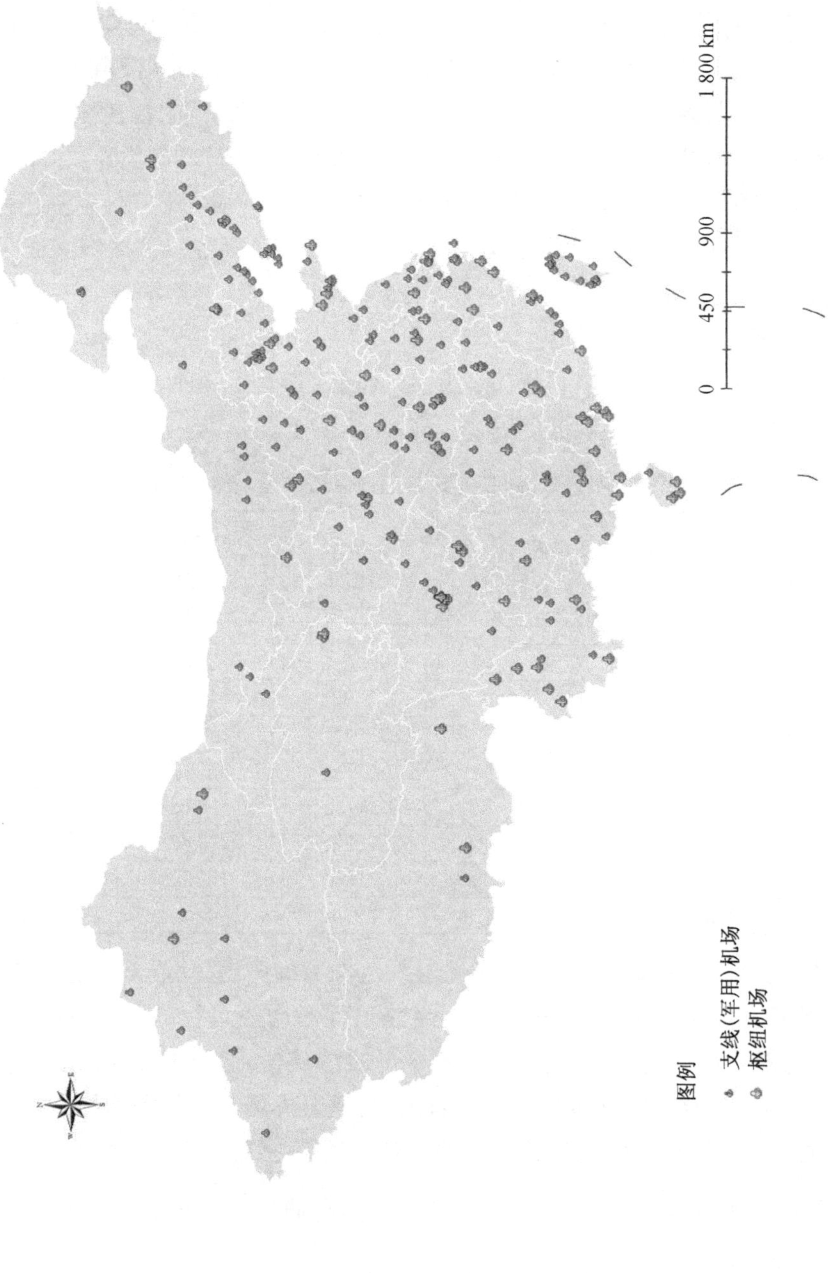

图 7－11　我国既有机场(军民用)分布图

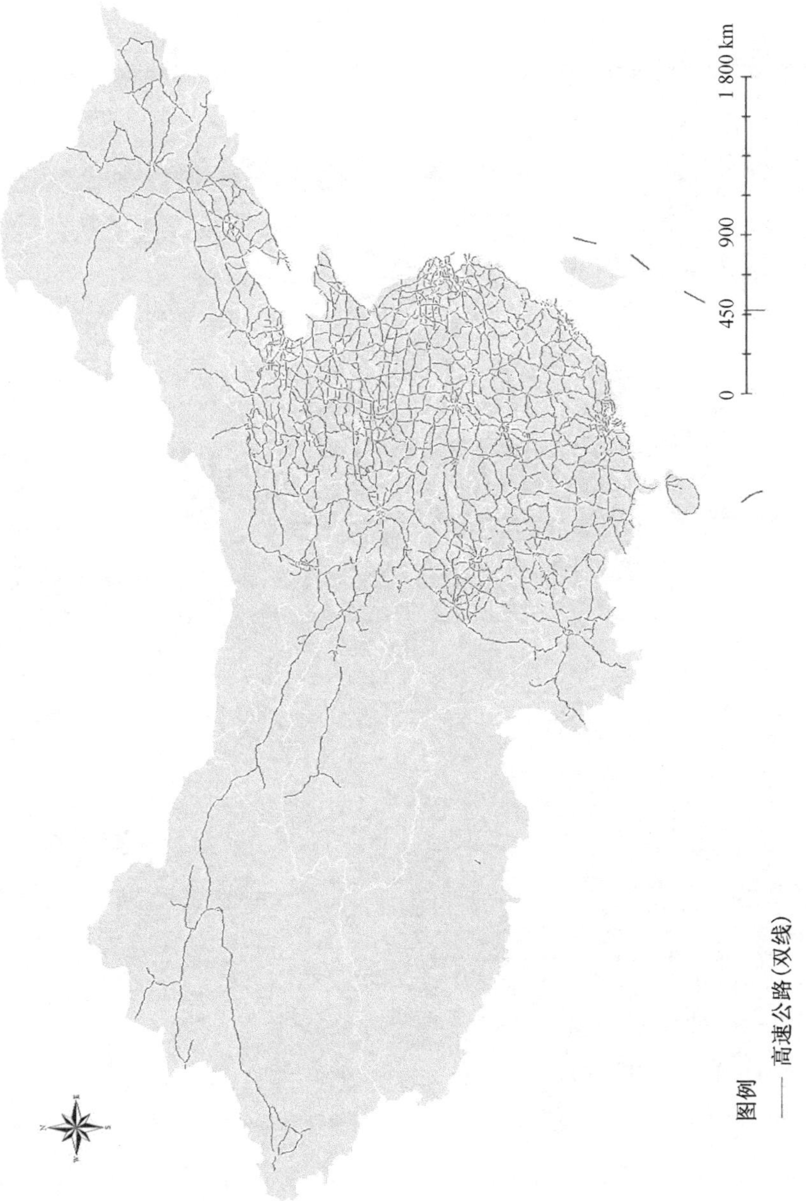

图 7－12　我国既有高速公路(双线)分布图

图 7－13　我国既有国道分布图

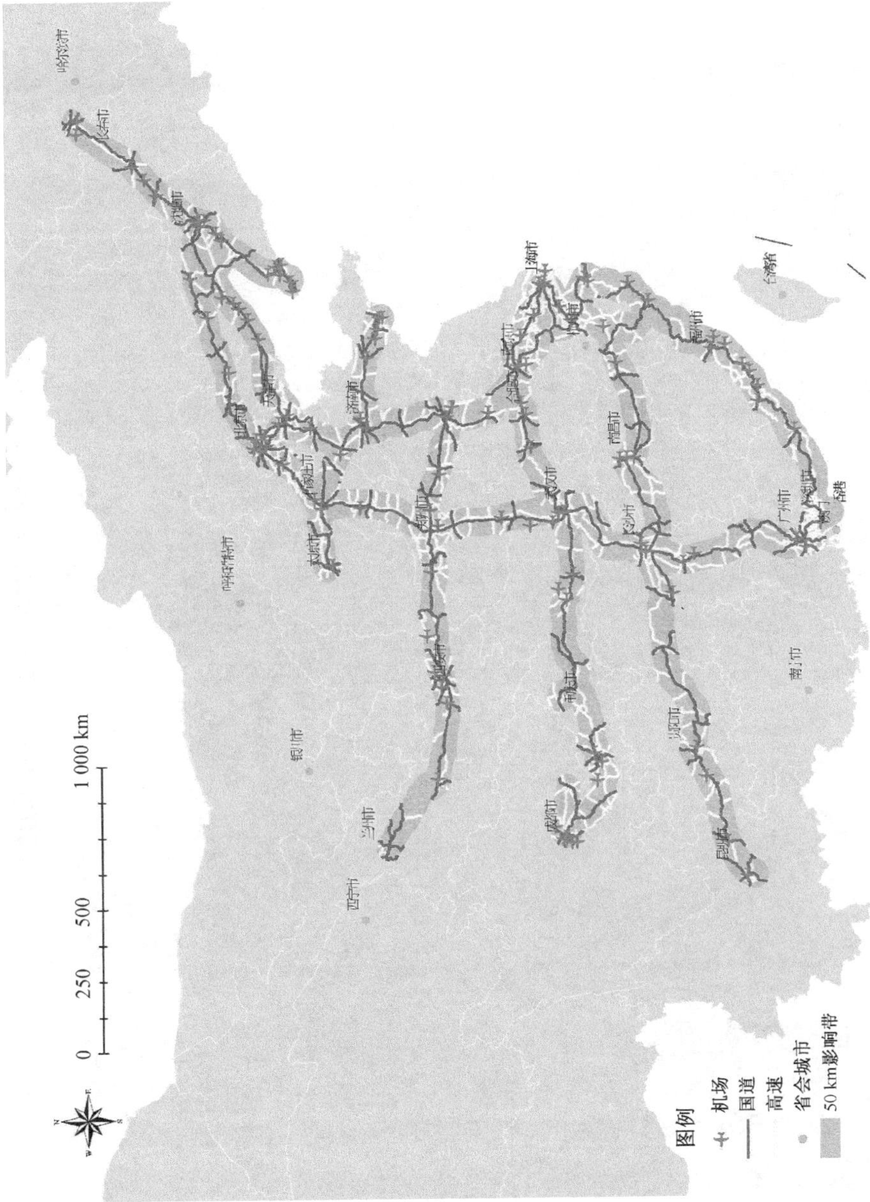

图 7－14　现有"四横四纵"高速铁路通道 50 km 影响带内主要设施分布

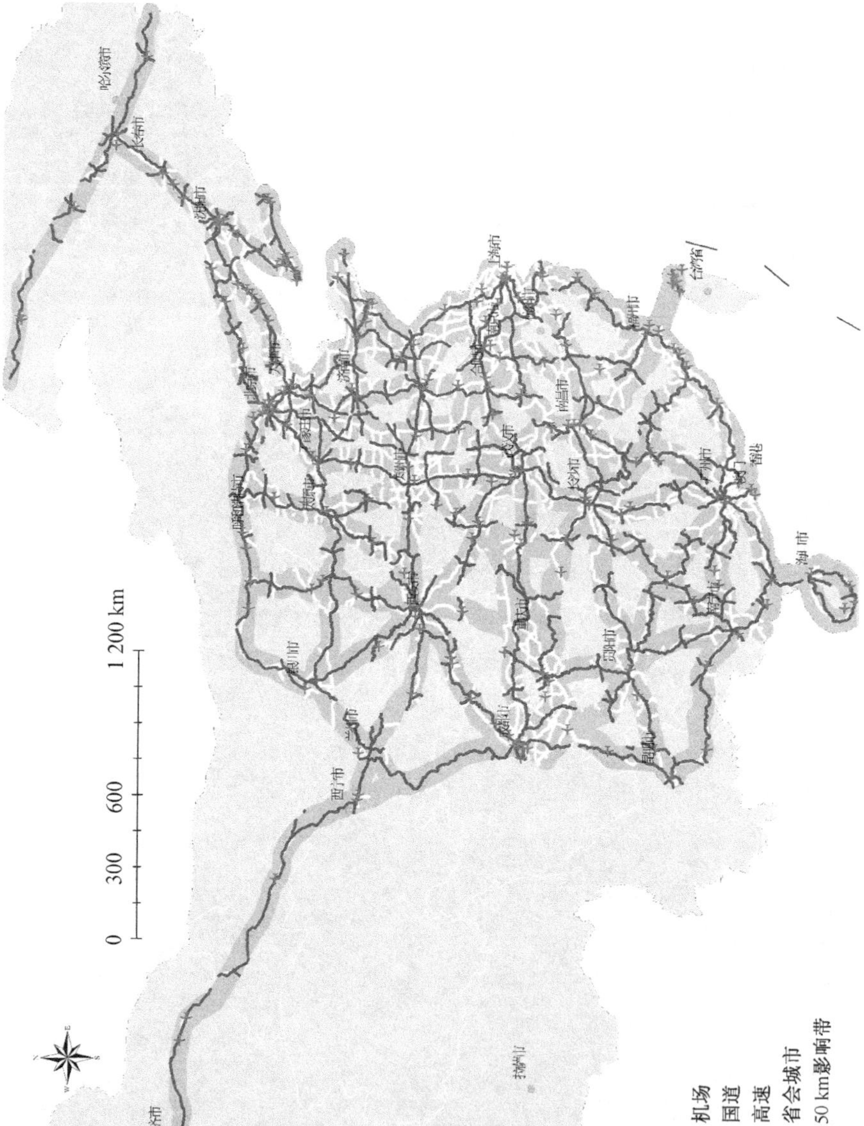

图 7－15　规划“八横八纵”高速铁路通道 50 km 影响带内主要设施分布

表 7－4　既有“四纵四横”高速铁路通道影响评价指标综合评价指标

通道序号	国道里程/通道里/km/km	国道里程/影响带面积/km/km²	高速里程/通道里程/km/km	高速里程/影响带面积/km/km²	通道里程/机场数量/km	通道里程/枢纽机场数量/km	影响带面积/机场数量/km²	影响带面积/覆盖面积枢纽机场数量/km²	通道里程/高速铁路车站数/km	影响带面积/高速铁路车站数/km²）	C_j
401	1.76	0.04	3.03	0.07	145.67	655.50	6469.01	29 110.54	31.21	1386.22	1.38
402	2.81	0.06	4.17	0.09	133.46	247.86	6121.76	11 368.98	20.17	925.38	1.12
403	1.29	0.03	2.19	0.05	161.83	323.67	6893.05	13 786.10	44.14	1879.92	1.27
404	3.31	0.08	6.92	0.17	55.80	104.63	2296.30	4305.56	10.08	414.99	0.90
411	10.25	0.24	12.47	0.29	55.26	423.67	2361.20	18 102.57	11.35	484.89	1.91
412	2.89	0.06	6.73	0.15	117.53	285.43	5450.92	13 237.95	11.29	523.53	1.12
413	2.92	0.06	3.28	0.07	73.62	773.00	3314.63	34 803.63	29.17	1313.34	1.37
414	0.81	0.02	3.35	0.07	93.82	398.75	4328.67	18 396.85	20.71	955.68	0.93

根据表 7－4 可知,C 值越大,则表明高速铁路运输通道内部各种区域交通运输方式协作的可能性越大,反之越小。本研究拟定阈值 $C=1.3$,则得到如下结论:既有高速铁路通道中,401(徐兰通道)、411(京沪通道)和 413(京哈通道)存在区域交通运输协同合作条件,其余高速铁路运输通道内,各种区域交通运输方式为竞争状态。

至于如何协同发展,以达到通道资源的优化配置利用,可参见各个详细指标,以国道为例,通道 414(东南沿海)通道内部国道指标最小,则在未来规划调整和运输产品布局中,应减少公路货运作业,更加依赖航空、铁路来运送短距离的巨量货流和客流。

2. 规划“八横八纵”通道

规划通道区域交通区域交通基础设施覆具体参数指标如表 7－5 所示。

表 7－5　规划“八横八纵”高速铁路通道区域交通设施分布指标

通道序号	通道里程/km	通道 50 km 影响带覆盖面积/km²	高速铁路车站数(含城际站)	影响区域内国道数量	影响区域内国道里程/km	影响区内高速公路数量	影响区域内高速里程/km	机场数量	枢纽机场数量
801	1851.11	37 204.37	23	12	4561.06	32	4504.05	6	1
802	1933.14	38 434.81	22	5	1520.33	54	7483.18	7	2
803	1963.53	42 901.61	59	19	8397.84	101	11 935.42	13	5
804	4255.94	91 158.35	91	32	15 397.65	152	15 474.12	19	5
805	4702.94	44 008.00	222	18	8889.40	278	24 778.03	31	14
806	2526.92	89 355.09	92	23	14 319.91	156	14 019.80	15	5
807	1668.76	37 770.35	32	12	2600.77	54	4991.01	8	3
808	1364.33	69 688.17	80	13	5195.29	90	5919.55	7	6
811	6055.92	54 793.35	137	15	1918.19	119	13 045.09	28	6
812	3464.45	146 789.02	62	13	3728.51	102	9007.85	10	3
813	5669.76	75 327.98	81	12	2208.19	63	8981.97	13	4
814	4343.14	80 364.86	122	22	3083.10	122	11 940.29	20	6
815	3026.87	44 111.30	32	10	925.25	46	5122.51	6	2
816	3476.14	51 672.70	34	6	658.70	41	5022.81	8	3
817	6033.82	64 381.96	64	15	2247.76	72	7266.38	10	5
818	1667.79	77 398.25	27	12	876.62	36	2985.74	6	2

对比表 7－4 和表 7－6,不难发现规划“八横八纵”高速铁路通道综合评价指标 C 值较小。这表明基于新建高速铁路通道,未来应该着重解决方式竞争问题。如何变“竞争”为“合作”将是下一阶段配套建设的核心任务。

表 7－6　规划“八纵八横”高速铁路通道影响评价指标综合评价指标

通道序号	国道里程/通道里/km/km	国道里程/影响带面积/km/km^2	高速里程/通道里程/km/km	高速里程/影响带面积/km/km^2	通道里程/机场数量/km	通道里程/枢纽机场数量/km	影响带面积/机场数量/km^2	影响带面积/覆盖面积枢纽机场数量/km^2	通道里程/高速铁路车站数/km	影响带面积/高速铁路车站数/km^2)	C_j
801	2.46	0.12	2.43	0.12	308.52	1851.11	6200.73	37 204.37	80.48	1617.58	0.74
802	0.79	0.04	3.87	0.19	276.16	966.57	5490.69	19 217.40	87.87	1747.04	0.55
803	4.28	0.20	6.08	0.28	151.04	392.71	3300.12	8580.32	33.28	727.15	0.69
804	3.62	0.17	3.64	0.17	224.00	851.19	4797.81	18 231.67	46.77	1001.74	0.67
805	1.89	0.20	5.27	0.56	151.71	335.92	1419.61	3143.43	21.18	198.23	0.65
806	5.67	0.16	5.55	0.16	168.46	505.38	5957.01	17 871.02	27.47	971.25	0.72
807	1.56	0.07	2.99	0.13	208.59	556.25	4721.29	12 590.12	52.15	1180.32	0.45
808	3.81	0.07	4.34	0.08	194.90	227.39	9955.45	11 614.69	17.05	871.10	0.53
811	0.32	0.04	2.15	0.24	216.28	1009.32	1956.91	9132.23	44.20	399.95	0.38
812	1.08	0.03	2.60	0.06	346.44	1154.82	14 678.90	48 929.67	55.88	2367.56	0.65
813	0.39	0.03	1.58	0.12	436.14	1417.44	5794.46	18 831.99	70.00	929.98	0.50
814	0.71	0.04	2.75	0.15	217.16	723.86	4018.24	13 394.14	35.60	658.73	0.39
815	0.31	0.02	1.69	0.12	504.48	1513.43	7351.88	22 055.65	94.59	1378.48	0.56
816	0.19	0.01	1.44	0.10	434.52	1158.71	6459.09	17 224.23	102.24	1519.79	0.48
817	0.37	0.03	1.20	0.11	603.38	1206.76	6438.20	12 876.39	94.28	1005.97	0.53
818	0.53	0.01	1.79	0.04	277.96	833.89	12 899.71	38 699.12	61.77	2866.60	0.51

三、高速铁路通道与服务区域经济关系研究

为了研究高速铁路通道与其服务区域经济发展的联动关系，构建高速铁路服务区经济评价指标，我们可以通过对现状“四横四纵”通道服务区经济发展进行评价，并预测规划中的“八横八纵”通道服务区经济发展。

1. 既有“四横四纵”通道服务区经济发展评价

如表 7-7 所示为十个经济发展指标评价高速铁路服务区（50 km 带宽覆盖的地级以上城市）2007—2015 年发展的动态变化过程。计算过程取五年为一次计算周期，即计算 2006 年、2010 年和 2015 年的指标值。

表 7-7　高速铁路服务区经济评价指标

指标序号	指标代码	指标名称
1	POP	人口
2	GDP	GDP
3	3rdIn_P	第三产业占比
4	InG	工业总产值
5	InEN	规模以上工业企业数量
6	UA	建成区面积
7	IFI	固定基础设施投资
8	PV	年客运量
9	BusN	公共电汽车数量
10	TaxiN	出租汽车数量

此外，设置经济发展综合评价指标值 $D_k^t=\sum_k \frac{\delta_{km}^t}{\overline{\delta}_m^t}, m=1,\cdots,10, t=2006,2010,2015$；其中，$D_k^t$ 表示服务区经济内第 k 个城市第 t 年的经济发展的综合评价指标值；δ_{km}^t 为表 7-8 所述的第 k 个城市第 t 年的第 m 个指标值；$\overline{\delta}_m^t$ 为全国所有地级市第 t 年第 m 个指标的平均值。下文中，高速铁路通道服务区经济发展综合评价指标值简称为 D 值。

以“四横四纵”的东南沿海通道（代码：414）为例，计算 2006 年东南沿海服务区城市的所有指标值。将服务区指标累计加总，即得到该年度通道的经济发展综合指标值。

依照以上示例，计算得到既有通道和规划通道的服务指标和经济发展综合评价指标值，如表 7-8 所示。

综合表 7-9 所示的 2007—2015 年五年周期内既有高速铁路通道服务区经济综合评价指标值，得到如图 7-16 所示的高速铁路通道辐射区经济综合指标值。

表 7－8　高速铁路通道综合指标值计算示例

通道代码及名称	服务区城市	2006POP	2006GDP	20063rdIn_P	2006InG	2006InEN	2006UA	2006IFI	2006PV	2006BusN	2006TaxiN	D_k^{2006}	D_{414}^{2006}
东南沿海通道（414）	上海	1368.08	10 366.37	50.73	18 573.13	14 404	860	3925.088	10 205	17 284	48 022	74.90726	271.26
	绍兴	435.5	1677.627	44.91	3910.869	4032	83	765.7451	15 448.9	794	820	13.39818	
	嘉兴	335.55	1346.648	40.41	2689.098	5389	66	800.2118	16 878.1	657	823	12.70042	
	宁波	560.45	2874.444	44.91	6187.913	9873	215	1502.769	29 146.39	2654	5001	25.93574	
	台州	564.66	1463.307	43.43	2228.804	4547	114	623.7376	17 303.58	357	1335	12.52484	
	温州	756.48	1837.504	44.87	2727.591	5757	153	645.5524	27 109.27	1697	3329	16.974	
	宁德	328.1	383.9988	55.31	263.8952	631	12	157.899	6479.65	130	447	4.436913	
	福州	622.73	1664.052	56.26	2230.451	2470	177	732.3412	11 841.64	1862	3745	13.65144	
	莆田	306.97	423.6808	29.61	482.7853	658	47	165.1845	7102.86	518	626	4.432599	
	泉州	670.4	1900.76	42.42	2674.423	4338	80	494.4874	10 329.23	642	1701	12.63248	
	厦门	160.38	1168.023	44.53	2367.862	1684	127	662.0984	5804.08	2575	3646	10.82874	
	漳州	459.14	716.9115	47.53	785.431	1392	45	239.4352	5956	193	909	6.15847	
	潮州	251.71	330.0161	47.33	365.7293	809	44	109.7358	778	103	535	3.785284	
	汕头	495.35	737.3823	41.44	886.6011	1809	170	176.767	2439.73	579	1586	7.207568	
	揭阳	623.95	486.75	41.55	391.6333	778	28	152.0606	3369.1	56	728	4.626513	
	汕尾	323.23	247.5548	35.26	146.2484	206	13	134.4014	4784	85	584	3.095678	
	深圳	196.83	5813.562	47.42	11 928.6	5129	720	1273.669	13 957.13	19 493	10 305	43.96868	

表 7－9　既有“四横四纵”通道影响区域结构指标及经济发展指标

通道名称	通道长度	地级市城市	省会城市	直辖市	县城	服务区高速铁路数量	服务区高速铁路车站数	D_k^{2006}	D_k^{2010}	D_k^{2015}
徐兰新通道 401	1745.50	14	3	0	112	16	23	108.34	110.39	108.85
沪昆通道 402	2791.05	24	5	1	341	37	68	247.54	280.00	214.85
青太通道 403	733.87	8	3	0	65	8	16	99.94	93.14	79.56
沪汉蓉通道 404	2257.30	21	3	2	280	61	155	311.88	301.32	279.24
京沪通道 411	1963.04	19	2	3	238	49	91	373.38	349.37	306.34
京广(港)通道 412	2683.19	27	5	3	309	47	108	347.40	343.85	330.01
京哈通道 413	2253.49	19	3	2	108	30	57	265.87	258.33	223.07
东南沿海通道 414	1671.69	17	1	1	228	32	80	271.26	249.00	228.87

基于图 7-16，得到以下结论：

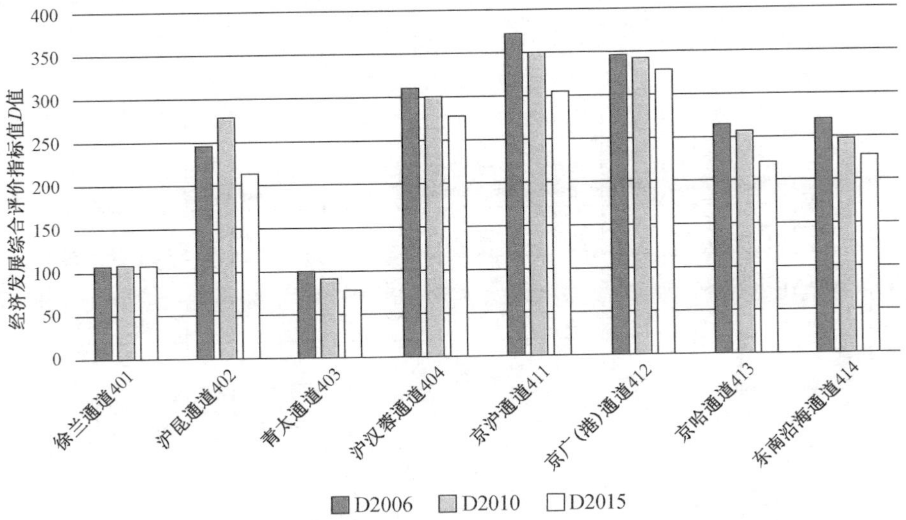

图 7-16　既有“四横四纵”高速铁路通道辐射区经济综合评价指标值

① 2006—2015 年，高速铁路通道服务区内经济发展综合评价指标最高两位为京沪、京广通道，沪汉蓉和沪昆通道分别位居第三、第四位；徐兰通道和青太通道位居最后两位。

② 2006—2015 年，高速铁路通道的综合评价指标值基本出现了从高到低的变化过程。这说明高速铁路平均了我国的经济地理分布，缓解了经济要素向某一区域集聚性的现象。

③ 2006—2015 年，高速铁路通道的综合评价指标值减少最大的三条通道是京沪、京哈和沪昆，这说明这三条通道对区域经济分布的集聚性影响最大。

2. 规划“八横八纵”通道服务区经济发展预测评价

根据全国 323 个地级以上城市 2006—2015 年的经济发展指标数据(相应指标如表 7-7)所示，采用时间步长趋势法进行预测，预测 2016—2025 年以 5 年为计算周期的高速铁路服务区城市经济指标值。并采用前述相同方法，计算各规划高速铁路通道的 D 值：$D_k^t = \sum_k \frac{\delta_{km}^t}{\overline{\delta}_m^t}, m = 1, \cdots, 10, t = 2016, 2020, 2025$。具体综合评价指标值如表 7-10 所示。

结合表 7-10，预测时期内规划“八横八纵”高速铁路综合评价指标值 D 值变化如图 7-17 所示。

表 7－10　规划“八横八纵”通道影响区域结构指标及经济发展指标

通道名称	通道长度	地级市城市	省会城市	直辖市	县城	服务区高速铁路数量	服务区高速铁路车站数	D_k^{2016}	D_k^{2020}	D_k^{2025}
801	1851.114	6	1	0	56	11	31	47.51774	44.29985	40.15843
802	1933.138	13	3	1	156	43	67	124.8935	119.858	105.5546
803	1963.525	13	4	0	338	57	98	131.5907	124.8424	104.9275
804	4255.941	24	5	0	444	78	123	142.4506	139.4358	138.765
805	4702.941	38	4	2	1270	206	369	424.1832	398.1191	383.5788
806	2526.915	24	4	1	735	104	148	247.5355	380.086	214.8532
807	1668.756	11	1	1	360	56	92	97.74441	98.67139	103.3264
808	1364.334	11	2	0	228	38	85	103.0434	98.5426	94.0965
811	6055.916	54	3	3	1238	187	355	640.2497	603.9988	553.0786
812	3464.447	30	3	3	1084	170	254	460.7114	442.1471	396.328
813	5669.761	38	4	3	1401	164	274	317.733	321.6913	317.9047
814	4343.135	39	7	2	1047	170	320	453.1192	449.6344	423.9883
815	3026.867	24	4	0	678	80	120	151.656	141.4885	139.1666
816	3476.139	23	5	2	530	114	222	265.4727	258.9538	240.0128
817	6033.815	24	4	1	520	92	163	158.6749	156.7212	159.7959
818	1667.788	21	5	1	414	83	154	153.7802	296.4512	148.3385

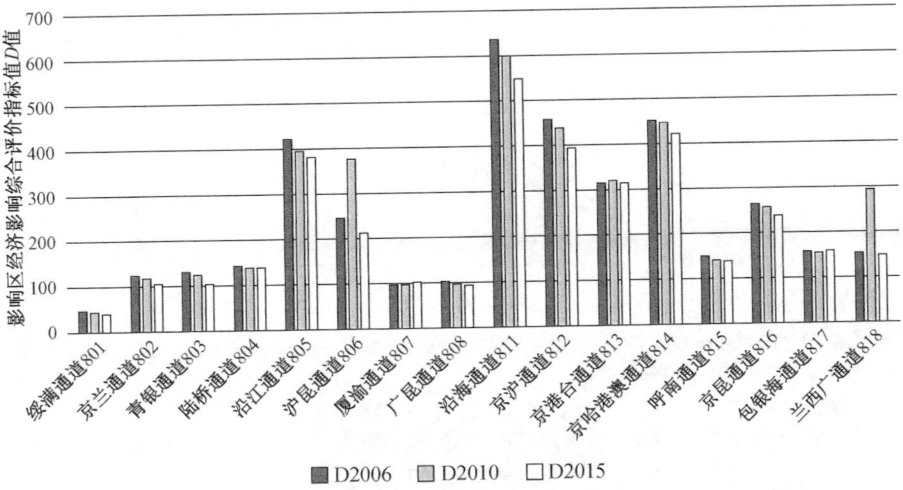

图 7-17　规划"八横八纵"高速铁路通道服务区预测经济综合评价指标值

从图 7-17 所示数据可得到以下结论：

① 2016—2025 年，影响区内经济发展综合评价指标值最高的前三位分别是：沿海通道 811、京沪通道 812 和京哈港澳通道 814；最低的三位分别是：绥满通道 801、厦渝通道 807 和广昆通道 808。

② 2016—2025 年，纵向通道的经济发展综合评价指标平均值高出横向通道较多，但横向通道中，沿江通道 805 和沪昆通道的综合指标值排名也相对较高。说明国家未来重心利用发展高速铁路，进一步促进中西南地区的经济发展联系。

③ 2016—2025 年，基本所有的规划高速铁路通道[除了沪昆、兰（西）广通道之外]综合评价指标都呈现先增大后减小的趋势，这说明各个通道将进一步缩小各个城市之间的经济发展不平衡。

④ 沪昆通道 806 和兰（西）广通道 818 将会首先加剧服务区经济发展的不均衡，通过快速的联系，然后，又迅速通过高速铁路通道的连接于 2025 年前后缓解这种不平衡。

为了说明通道指标值的变化情况，以 2016 年各规划高速铁路通道的指标值为参照，以确定 2020、2025 年各个通道指标值的变化情况，并给出通道建设时序的建议。具体结果如图 7-18 和图 7-19 所示。

基于图 7-19 得到以下结论：

① 图中，颜色越深，表示高速铁路通道服务区内 D 值差别越大，即经济发展越不平衡。从图 7-19 可知，到 2025 年，在现有经济走势下，沿海通道、京沪通道对区域经济发展不平衡的改变贡献最大，可以加大开行速度，

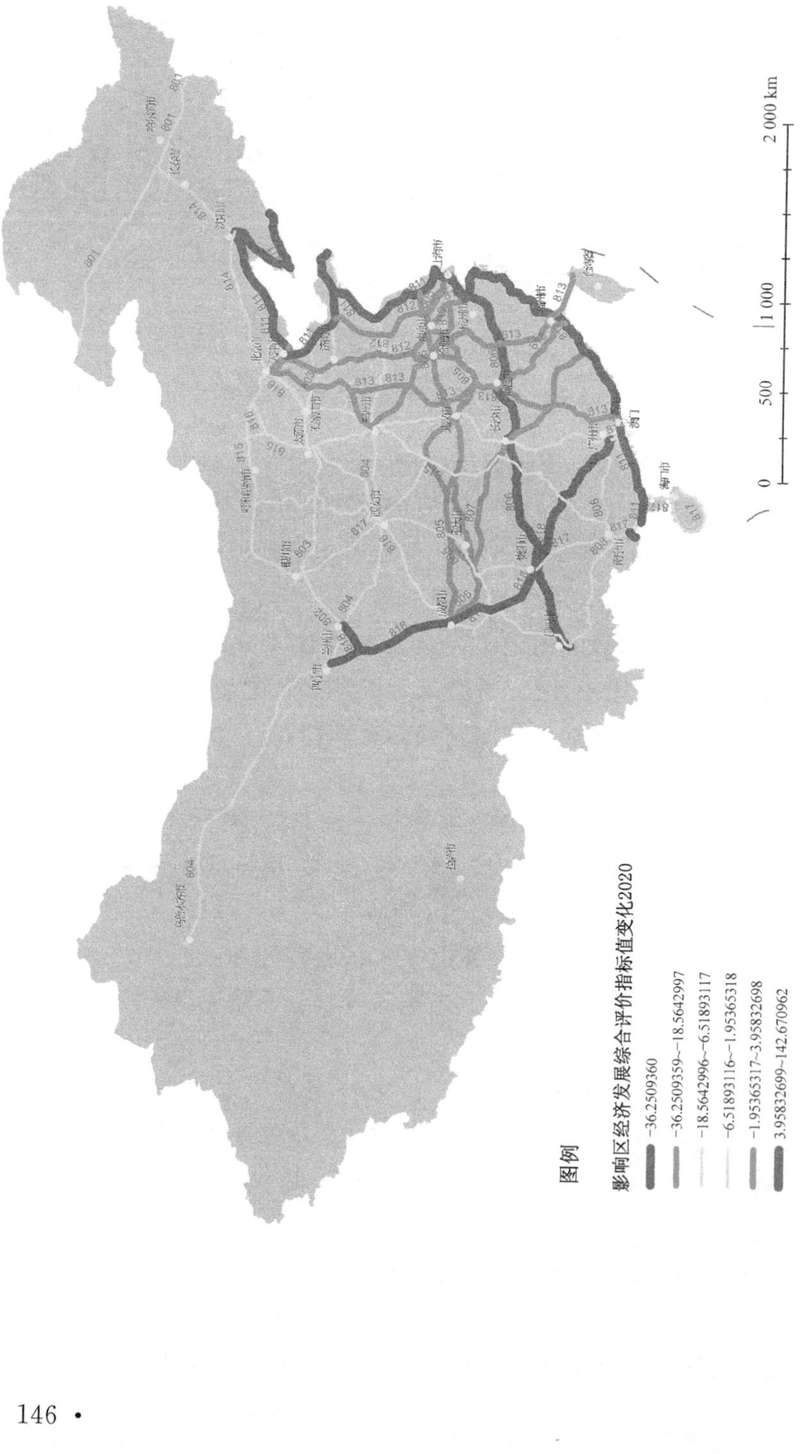

图 7-18 规划"八横八纵"高速铁路通道经济发展综合评价指标 *D* 值变化(2016—2020)

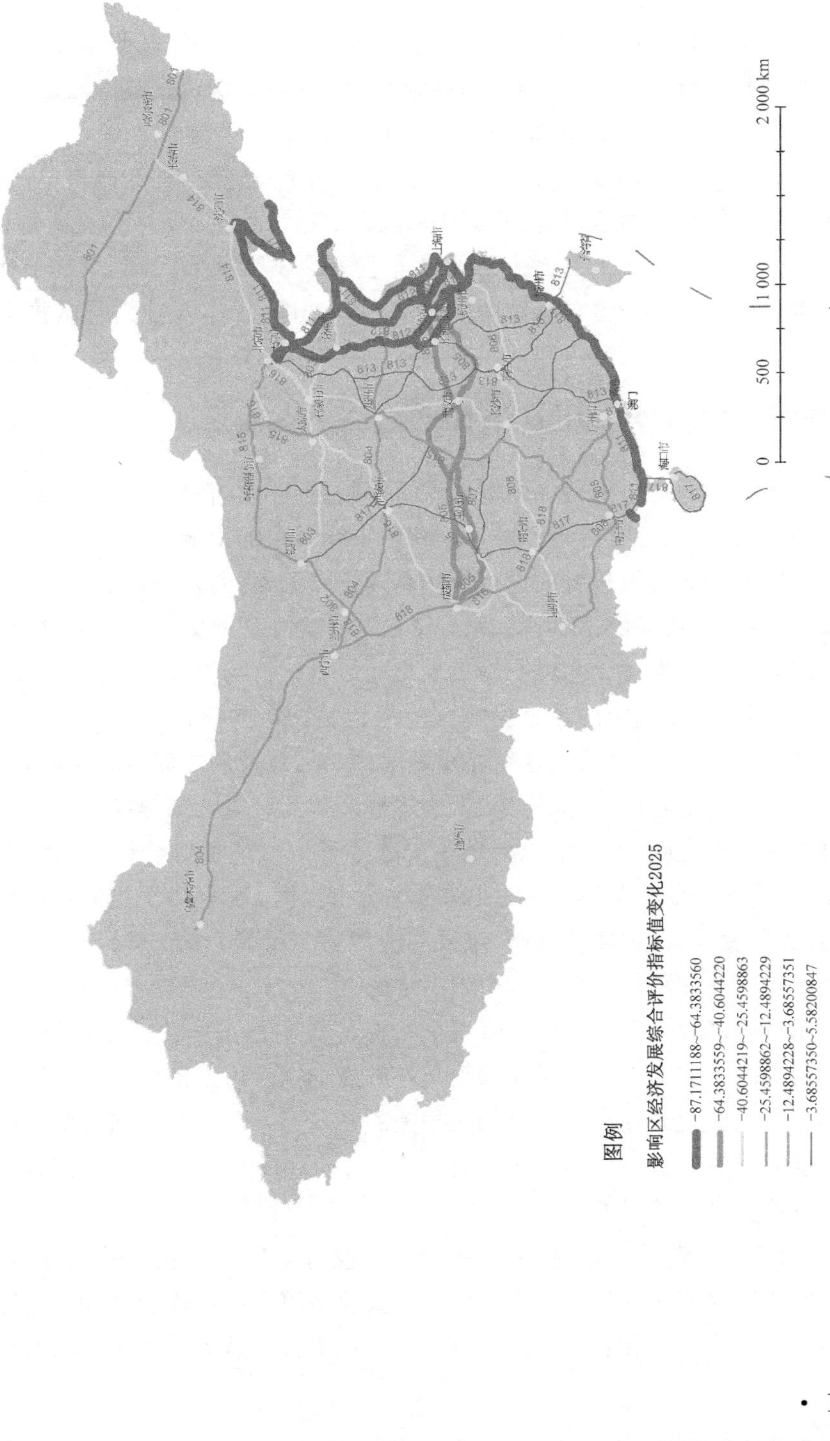

图 7-19　规划"八横八纵"高速铁路通道经济发展综合评价指标 *D* 值变换(2016—2025)

促进人流、物流的进一步快速疏散，以缓解这种不平衡；沪昆、兰(西)广通道服务区的经济不平衡扩大，这是东西差距大以及西北与东南之间还未连通的缘故。

② 到 2025 年，高速铁路对区域经济发展不平衡缓解的贡献完全体现，基本所有通道服务区城市的经济发展呈现平等化，东西差异、南北差异将逐步地消除，沪昆通道、兰(西)广通道的贡献最大，应该尽快建设兰广通道。

③ 基于以上，对高速铁路通道建设提出以下政策建议：2016—2025 年，需要首先建设兰广通道，其次，为包海、京兰通道；已经存在的通道中，进一步拓宽或延伸沿海通道、京沪通道和京港台通道。

④ 虽然绥满通道对区域经济发展不平衡的缓解贡献不大，但是基于其连接朝鲜、中国和俄罗斯，具有重要的国家地理战略意义，也建议尽快推进建设步伐。

四、高速铁路通道与设站城市区域经济发展互动关系研究

本节研究了通道影响范围内高速铁路车站及其与所在城市发展的协同匹配关系，研究包括已开通运营高速铁路给沿线城市的影响，从城市经济发展、空间结构、产业升级等方面进行评估高速铁路给不同行政等级的城市带来的影响差异，以便能够使高速铁路外部性的正面效应最大化，协调平衡沿线城市之间的综合发展。为鲜明地表现出通道可达性与沿线区域之间的相互联系，采用上节中确定的通道影响区范围设站城市的高速铁路网络连通度—可达性为指标，来进行高速铁路车站设站与经济发展之间的相互联系。为了研究城市经济发展、空间结构、交通运输产业升级等与高速铁路引入后连通性—可达性之间的关系，以上节中的连通性—可达性综合评价指标值 I 值为自变量，以第三节中经济发展综合评价指标值 D 值(以平均值归一化处理后)为因变量，做关联性分析，结果如图 7 - 20 和图 7 - 21 所示。

从图 7 - 20 和图 7 - 21 可得到如下结论：

① 图 7 - 20 表明，I 值和 D 值两个指标呈现明显正相关关系，说明了在不同时间段内省会城市在高速铁路车站的连通性和可达性与城市经济发展、空间结构、产业升级有着明显的正相关关系；这种现象表明，前一个周期的高速铁路建设已经初步实现了促进主要核心城市的经济发展、优化城市空间提升产业升级的目的。

② 图 7 - 21 表明，I 值和 D 值两个指标没有呈现明显相关关系分析，说明了在不同时间段内其他地市级城市在高速铁路车站的连通性和可达性与城市经济发展、空间结构、产业升级的关联性不强。这说明了未来高速铁

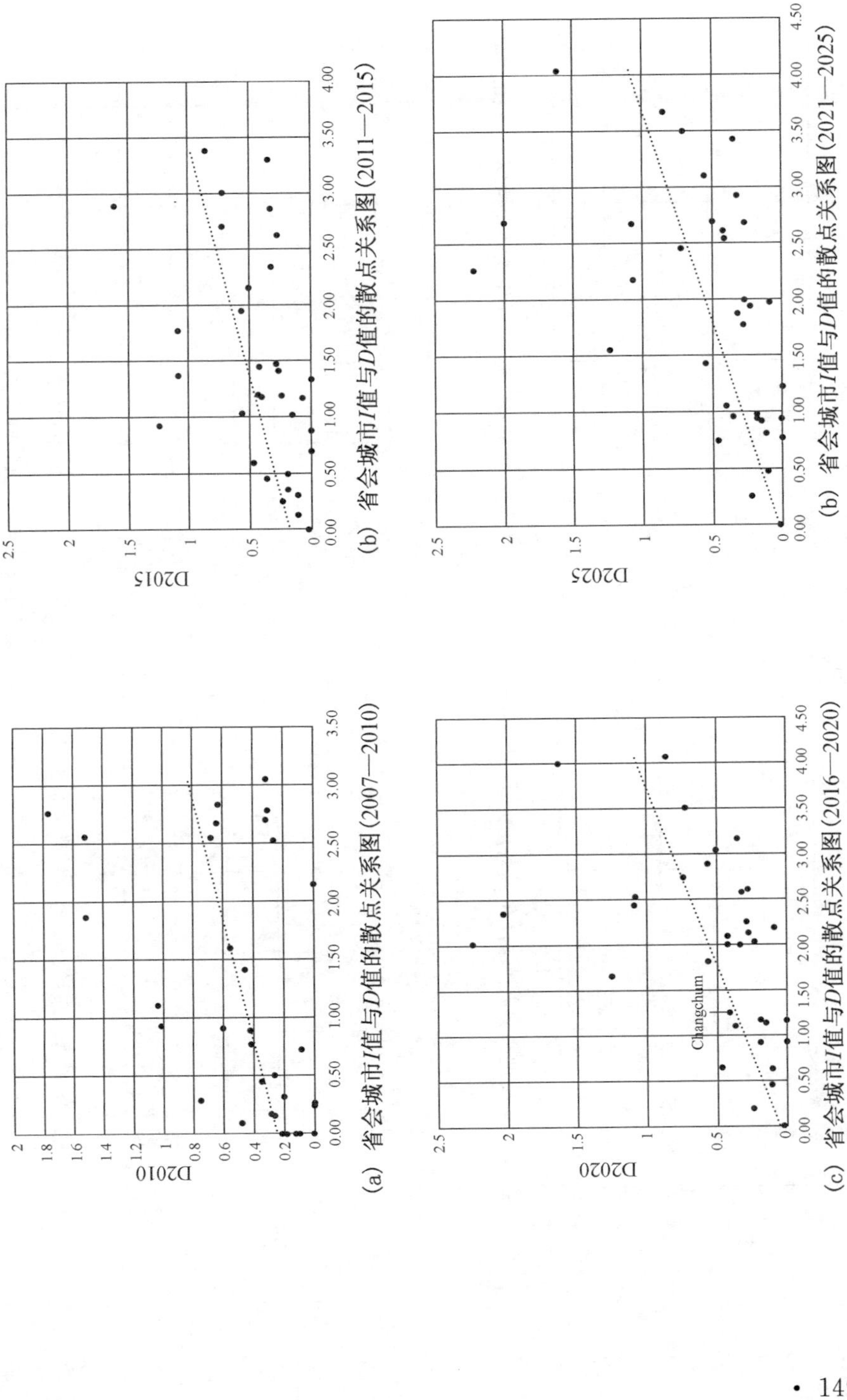

(a) 省会城市I值与D值的散点关系图(2007—2010)

(b) 省会城市I值与D值的散点关系图(2011—2015)

(c) 省会城市I值与D值的散点关系图(2016—2020)

(b) 省会城市I值与D值的散点关系图(2021—2025)

图 7-20　省会城市 I 值与 D 值的散点关系图

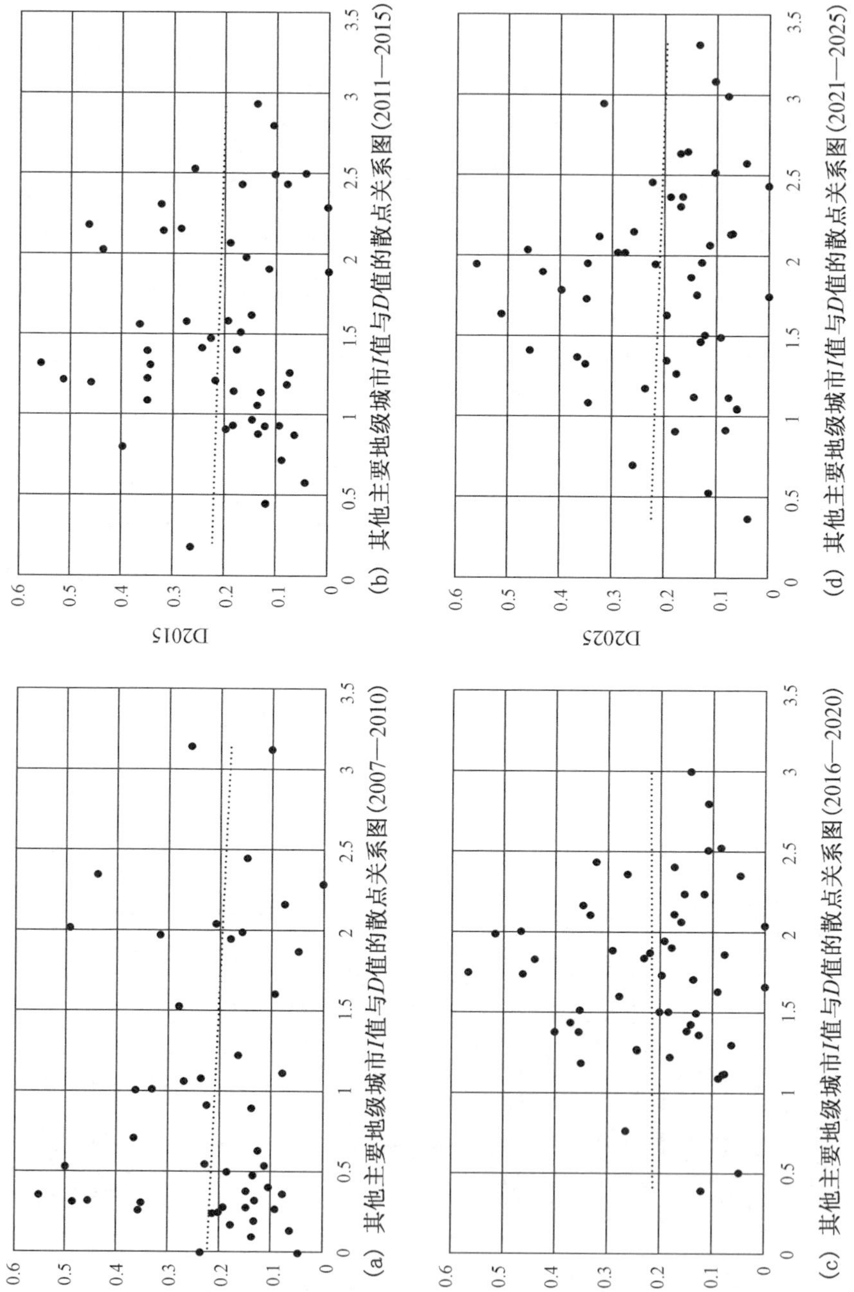

(a) 其他主要地级城市I值与D值的散点关系图(2007—2010)

(b) 其他主要地级城市I值与D值的散点关系图(2011—2015)

(c) 其他主要地级城市I值与D值的散点关系图(2016—2020)

(d) 其他主要地级城市I值与D值的散点关系图(2021—2025)

图 7-21　其他主要地级城市 *I* 值与 *D* 值的散点关系图

路建设的重点任务是在进一步促进产业和经济要素向核心省会城市聚集的同时，利用高速铁路设站连接来优化地市级的城市空间和经济发展路径，这是未来15年最艰巨的任务。

第三节　面：高速铁路对区域经济的影响评估

根据近十年来中国高速铁路建设的情况，以及中国最新的国家铁路网规划方案，本节研究2007—2030年不同时期中国城市经济发展与获得高速铁路基础设施投资机会的相关性。确定获得高速铁路基础设施投资的“赢家”和“输家”，并用地理加权回归(GWR)模型解释原因。根据研究结果，提出了我国高速铁路的时空发展战略。此外，还介绍了高速铁路对中国城市经济发展的影响。希望本书的研究成果能够为我国城市的经济发展和高速铁路基础设施建设提供相应的城市发展政策支持，同时也希望我国经济和高速铁路的快速发展能够为世界其他国家的城市发展提供借鉴。

本书采用前后结合的方法，对中国城市高速铁路建设与经济发展的关系进行研究。本书将从高速铁路发展的动力问题出发，建立一个时空模型，考察一个城市的GDP(国内生产总值)和居住人口对高速铁路发展的促进作用。此外，还根据城市经济发展水平确定中国未来高速铁路网络建设的方向。在我们的结论中，城市人口规模和城市GPD值越大，高速铁路基础设施建设的规模就越大。

一、高速铁路与区域经济的前期研究

自20世纪60年代以来，学者们对高速铁路的可行性进行了广泛的讨论(Garmendia，Ribalaygua & Urena，2012)。相关研究主要集中在高速铁路是否适合一个国家或城市的客运系统，特别是，一直在讨论高速铁路是否是美国不可或缺的客运工具(Button，2012；Chester&Ryerson，2014)。由于高速铁路线路的建设需要大量的资金投入，一般采用成本效益分析法(Delaplace&Dobruszkes，2015；Nash，2015)对高速铁路的可行性进行检验。与此同时，一些学者指出，有必要从环境影响的角度来研究高速铁路的可行性(Chester&Ryerson，2014)。一些研究人员坚持认为，高速铁路是一个重要的公共基础设施，因此，应将公众参与纳入该系统的审批流程(Crompton，2015；Harvey，Thorpe，Caygill，&Namdeo，2014)。相关报告称，当地居民支持京沈高速铁路项目，然而，这条高速铁路线路施工方法的

可行性遭到了公众的抗议。一些研究从运营的角度关注高速铁路的可行性(Wu,Nash 和 Wang,2014),讨论了修建新的高速铁路线路是否是解决有限铁路容量问题的最具成本效益的替代方案。他们表示,与高速铁路相比,新的常规线路通常是解决中国铁路运力问题的更好办法。然而,这一发现值得怀疑,与 Chen 等人(2014)的发现不一致。基于全球高速铁路经验,Perl&Goetz(2015)讨论了英国高速铁路的速度选择范围。Button(2012)在研究了成本效益平衡和商业潜力后指出,高速铁路对美国来说是不必要的,除非它能更有效地提高国民经济效率,否则不应投资高速铁路。然而,Perl(2012)指出,实施方面的政治冲突将成为美国高速铁路政策范式转变的一个制约因素,美国要发展必然需要高速铁路系统。

除了美国和欧洲国家外,印度、泰国等一些发展中国家也研究了高速铁路克服长途客运网络巨大拥堵问题的可行性(Cheng,2010;Raghuram & Udayakumar,2016)。

就现有高速铁路对区域经济发展的积极效果而言,有学者认为,高速铁路的引入可以带来以下好处:

① 提高区域运输网络的效率(Stanley,2015)。特别是,提高国家铁路网的可达性和运输能力(Bentlage, Lüthi & Thierstein, 2013; Cao, Liu, Wang & Li, 2013; Cheng, Bertolini, Clercq & Kapoen, 2013; Marr & Sutton,2007;Martínez Sánchez Mateos & Givoni,2012;Shaw,Fang,Lu & Tao,2014;Wang,Liu,Sun & Liu,2016)。

② 缩短服务区域的时空距离(Kim, 2000; Lao, Zhang, Shen & Skitmore,2016;Monzón,Ortega & López,2013;Spiekermann & Wegener,1994;Ureña 等,2009)。具体而言,Chandra&Vadali(2014)评估了拟议的美国 2050 高速铁路通道对阿巴拉契亚地区的可达性影响。他们发现,高速铁路的引入可以为美国西部城市的交通枢纽带来高可达性。

③ 促进综合交通网络节能(Krishnan,Kastrouni,Pirialakou,Gkritza & McCalley,2015;Lu,2016)。

④ 刺激消费增量增长,促进服务业地区经济发展(Chen,Xue,Rose & Haynes,2016;Cheng, Loo, & Vickerman, 2015; Circella, 2015; Zheng & Kahn,2013)。Stanley(2015)指出,高速铁路通过提高不同行业市场的区位可及性,帮助重塑了一个地区的经济。

⑤ 改变高速铁路服务的城市地区的房价(Chen & Haynes, 2015; Guerra,2014;Shen,Silva & Martinez,2014;Yin 等,2015)。

⑥ 加快其他行业的发展,如旅游业(Albate & Fageda,2016;Chen &

Haynes，2015）、机械制造业（Stanley，2015）和物流业（Boloukian & Siegmann，2016；Diziain，Taniguchi & Dablanc，2014）等。

然而，人们对高速铁路的质疑和批评从未停止过。相关研究指出了建设高速铁路的缺点：

① 大规模建设造成的环境破坏。

② 由于预算的主要部分被分配给高速铁路建设，而不是提高当地人民的生活水平，造成经济发展不平衡与不适当。

③ 运输网络容量不足问题未能得到有效解决。

④ 阻碍其他行业，特别是航空业的发展。

二、高速铁路间接经济影响量化评估模型与方法

为了确定高速铁路建设与城市经济发展之间的相关性，本书将使用地理加权回归模型（GWR）。如 Bivand（2015）所述，GWR 是一种探索性技术，用于指出地图上的非平稳性发生所在之处，在该处，局部加权回归系数偏离了它们的全局值。基于 GWR 的拟合可改善传统的全局回归模型的拟合系数值可能无法充分地表示数据中的详细局部变化的缺陷，在这种情况下，它遵循其他局部回归实现，GWR 总是为地理数据集中的每个特征构造一个单独的方程，其中包含每个目标特征带宽内的特征的因变量和解释变量。因此，综合可达性指标被用作确定城市高速铁路发展水平的解释变量。

1. 因变量

采用不同时期高速铁路网络上城市的综合可达性指标值 I_c^p 作为因变量，它如本章第一节中的变量构成一致，加入了时间维度 p 上标，由以下几部分构成：

① I_{1c}^p：时期 p 经过城市 c 的高速铁路线路数；

② I_{2c}^p：时期 p 城市 c 内的高速铁路车站数量；

③ I_{3c}^p：时期 p 城市 c 内出发乘坐高速铁路 500 km 范围内可到达的高速铁路车站数；

④ I_{4c}^p：时期 p 城市 c 内出发乘坐高速铁路 500 km 范围内可到达的地区级以上城市数；

⑤ I_{5c}^p：时期 p 城市 c 内出发乘坐高速铁路 500 km 范围内可到达的地区级以上城市人口总数；

⑥ I_c^p 计算公式如下：

$$I_c^p=\left(\frac{I_{1c}^p}{\max_{c'\in C}I_{1c}^p}+\cdots+\frac{I_{5c}^p}{\max_{c'\in C}I_{5c'}^p}\right) \tag{7-1}$$

为了方便起见，I_c^p 简写为 If；I_{kc}^p 简写为 $I_k(k=1,\cdots,5)$。

根据中国最新的行政区划办法，全国从上到下划分为 34 个省、283 个地级市、2853 个县。本书仅对各省地级市进行分析，以确定 GWR 模型解释点的样本量适中。另一方面，由于高速铁路的适宜旅行距离为 400～600 km(Stanley，2015)，因此，500 km 被用作从城市中心区域出发的高速铁路路线覆盖(服务)域的阈值距离。

2. 自变量(解释变量)

为了考察高速铁路对城市经济发展的影响，引入了表征城市经济发展程度的两个基本经济指标作为解释变量。这两个变量为：

① Pop_c^p：p 时期城市 c 的常驻人口数(单位：万人)；

② GDP_c^p：p 时期城市 c 的 GDP(万元)。

3. 回归模型

为了检验高速铁路发展与经济之间的空间相关性，采用了以下 GWR 方程：

$$I_c^p=\beta_{0c}^p+\beta_{1c}^p\cdot Pop_c^p+\beta_{2c}^p\cdot GDP_c^p+\varepsilon_c^p,\forall c\in C \tag{7-2}$$

其中，β_{0c}^p 为截距；β_{1c}^p 和 β_{2c}^p 分别为人口和 GDP 的系数；ε_c^p 为残差和为了方便，$\beta_{kc}^p(k=0,1,2)$ 简写为 $\beta_k(k=0,1,2)$。

由于时间框架分为 2007—2010 年、2011—2015 年、2016—2020 年和 2021—2030 年四个阶段，无法获得所有城市 2016—2020 年和 2021—2030 年的人口和 GDP 数据，因此，本书利用 2015 年的 GDP 和人口值，来检验未来高速铁路的发展是否与 2015 年的人口和 GDP 数据相一致。也就是说，模型从空间角度出发确定中国最新的铁路网规划方案是否根据不同城市目前的经济发展水平而制定。

三、结果分析

图 7－22 显示了中国各地级市不同时间段 GWR 模型(式 7－2)的 Std. *R*。在进行空间自相关检验后，发现 Std. *R* 呈随机分布，这意味着模型已经很好地拟合了。根据式(7－2)中的定义，Std. *R* 等于 GWR 模型的观测值和预测值之间的差，它反映了因变量的未解释部分；如果标准差 *R* 为零，则意味着一个城市投资的高速铁路基础设施(通过变量反映)与经济发展指数(即人口和 GDP)成正比。正、负 Std. *R* 意味着一个城市在一定时期内的高速铁路投资与经济发展指标不一致。

如图 7－23 所示，2007—2010 年高速铁路可达性最高的城市位于长三角地区(上海市及其邻近地区)。在这一地区，许多城市的 Std. *R* 值都与之

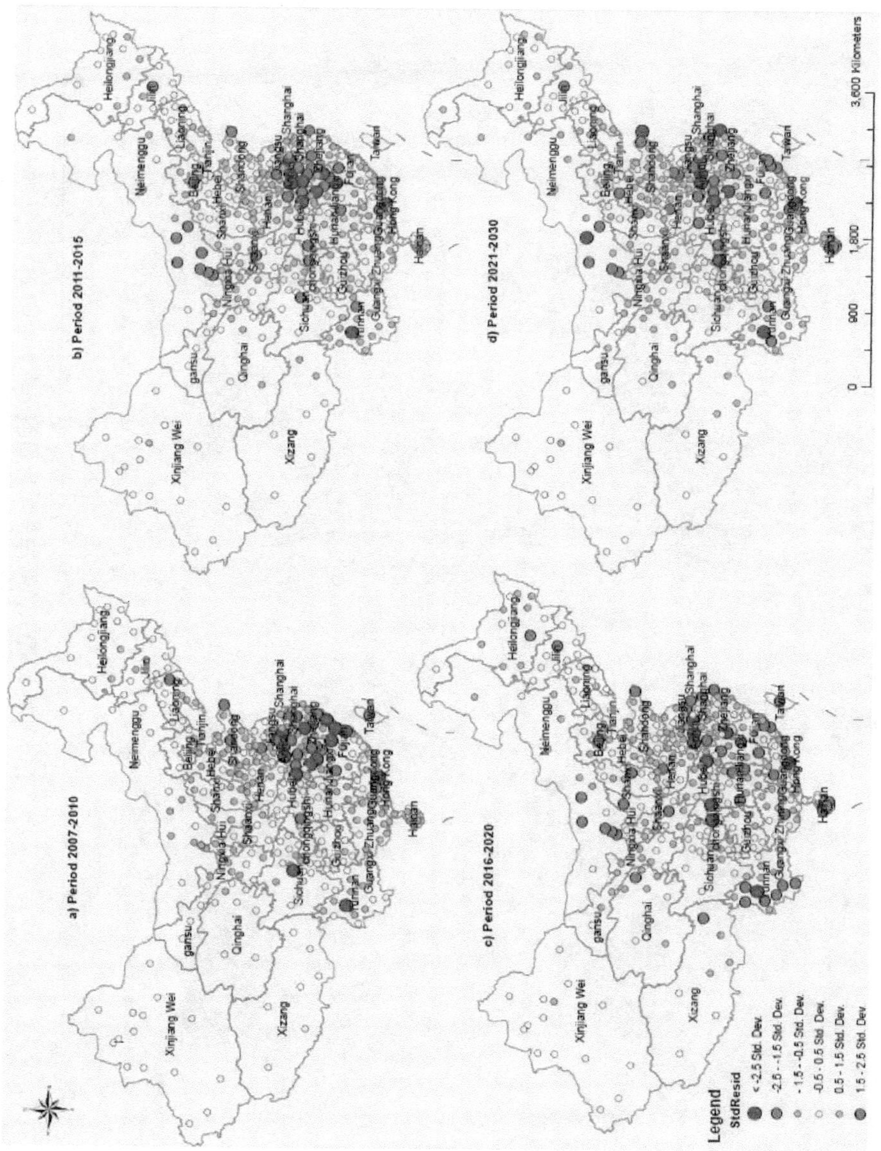

图 7－22　模型的残差值 Std. R

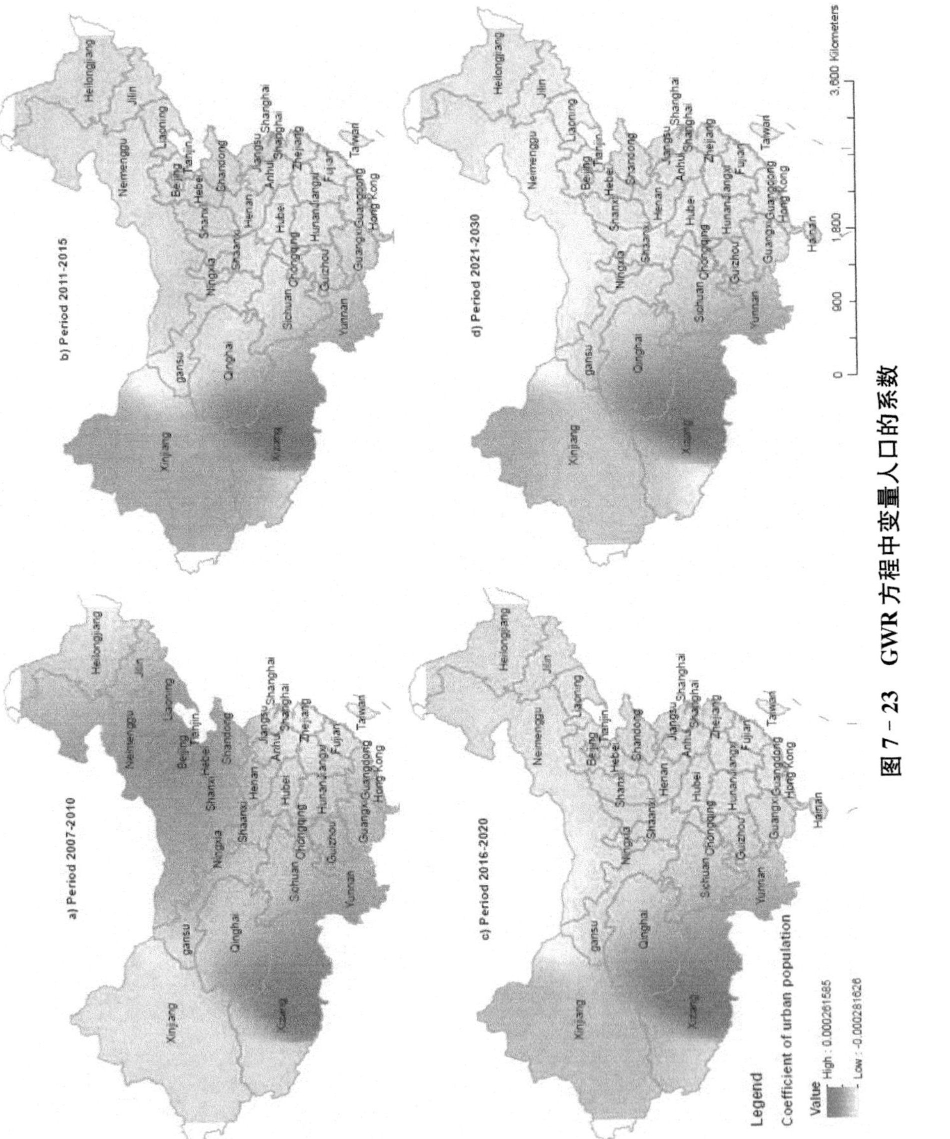

图 7－23　GWR 方程中变量人口的系数

有较大的正相关关系，显然，这一地区的城市是这一时期获得国家高速铁路基础设施投资的“赢家”。也就是说，该地区城市的观测 I 值大于用人口和 GDP 数据解释的预测 I 值。同时，这一结果表明，2007—2010 年长三角地区城市对高速铁路发展的重视程度大于对经济发展的重视程度。相反，深蓝色大点城市则是这一时期获得国家高速铁路基础设施投资的“输家”。也就是说，这些城市获得的高速铁路投资与其在中国的经济作用并不一致。例如，就图 7－22 中的广东省和山东省而言，它们在 2007—2010 年期间没有像长三角地区的城市那样拥有密集的高速铁路投资。然而，广东省和山东省在 2007—2010 年间是中国经济的两个领头羊。这一结果印证了这一时期高速铁路基础设施的发展与两地的经济发展并不一致。类似的情况也发生在北京。

如图 7－22 所示，2011—2015 年期间，拥有高铁新建站的城市数量有所减少。这意味着，2011—2015 年，中国高速铁路基础设施投资是根据城市经济发展水平逐步投入的。图 7－22 中，在 2016—2020 年和 2021—2030 年期间，高速铁路可达性高的城市数量将进一步减少。此外，高速铁路可达性高的城市将向中西部地区扩散。从图 7－22 可以看出，在未来 15 年内，中国将对这些地区加大投资力度，而且，每一个时间段，拥有高速铁路的城市逐渐增多，此外，高速铁路可达性低城市主要分布在广东、江苏、内蒙古、山东等省。未来十年，这些省份将是获得国家高速铁路投资的“亏损”地区。

它应能显示中国大陆京津冀地区、长三角地区（上海及其邻近城市）、珠三角地区（广州和深圳及其邻近城市）三个重要地区的 GWR 模型的 Std. R 演化过程。如图 7－22 所示，京津冀地区是前三个时期的“失败者”。然而，这种情况将在 2021—2030 年期间得到改变。由此可以推断，中国在最新的国家高速铁路规划方案中强调了北京经济作用的重要性。与京津冀地区相比，长三角地区的发展趋势正好相反。长三角地区在第一时间段是最大的“赢家”，但在最后三个时间段成为“输家”。这意味着，在我国高速铁路发展初期，长三角地区获得的高速铁路投资份额最大。然而，它将逐渐失去这一优势。如图 7－22 所示，就珠三角地区而言，它过去、现在和将来都是获得国家高速铁路投资的“输家”。这一发现表明，珠三角地区过去、现在和未来的高速铁路基础设施投资不能反映其在中国的经济地位。

另一方面，GWR 结果给出了影响解释变量（I 值）的所有解释变量（包括 GDP 和人口）的系数。如图 7－23 和图 7－24 所示，这些系数图表明 GDP（或人口）是解释变量的强弱指标，即城市的综合可达性指数（I 值）与高速铁路发展有关。在图 7－23 中，地图显示了人口对高速铁路发展的影响，取决于地点。从图 7 - 23 的四个面板可以看出，一个地区的高速铁路发展与人口没有正相关关系。从图 7 - 23 可以推断，中国在一个地区的高速铁路发展战略并不是根据全国的人口分布来制定的。与图 7 - 23 相比，图 7 - 24 显示了完全不同的图片。如图 7 - 24 所示，GDP 的颜色图明显比图 7 - 23 深。结果表明，在过去三个时间段内，中国高速铁路投资在空间维度上与 GDP 的一致性大于与人口的一致性。在图 7 - 24 中，对于中国东南沿海地区的上海、浙江等地，一个城市拥有的 GDP 越大，2007—2010 年 I 值越大。图 7 - 24 中中国北部和西部地区的颜色比其他面板的颜色要浅，这表明，中国希望在北部和西部地区修建高速铁路，这有助于促进这些地区 2011—2030 年的国内生产总值。据观察，2007—2010 年长江三角洲地区出现了最深的颜色(见图 7 - 24)。然而，在 2011—2015 年、2016—2020 年和 2021—2030 年期间，北部和西部地区的最暗颜色分别出现在图 7 - 24 所示区域。这一趋势也揭示了在中国北部和西部地区建设高速铁路基础设施的目标，以帮助在未来 15 年内提高这些地区的国内生产总值。

图 7 - 25 显示了不同时间段 GWR 模型预测系数的散射矩阵。如图 7 - 25 所示，GWR 估计系数的散点图用于诊断预测系数之间的关系。对于多元线性规划模型，当解释变量设置为零时，交集可以被视为预测模型值(即解释变量 I 值)。如图 7 - 25 所示，可以观察到两个预测系数都与交集呈负相关。图 7 - 25 中的红点表示具有协同 GDP 和人口效应的城市。可见，对于这些城市而言，其结果之间呈现出很强的正相关关系。因此，一个城市的人口和 GDP 都对高速铁路投资产生了有效的影响。显然，这些城市是 2007—2030 年全国高速铁路投资的重要城市。图 7 - 23 和图 7 - 24 的数据显示，这些城市 2007—2010 年位于长三角地区，但在过去的三个时期内，它们向中西部地区演化。这一结果进一步反映了我国高速铁路网空间布局的调整策略：从长三角地区开始，再向中部地区延伸，最后向西北地区分布。另一方面，每个面板中的红点数量随着时间的推移而减少。这意味着我国高速铁路的投资不再仅仅是基于促进城市经济发展考虑。

本节提出了一种利用地理加权回归模型检验经济发展对我国地级市高速铁路基础设施投资的影响的方法。根据模型结果发现：① 中国高速铁路网络的部署主要取决于一个城市的 GDP，而不是人口；② 中国高速铁路网络的第一个试点地区是长三角地区，然后，中西部地区将逐渐成为高速铁路建设的核心地区，因为中国政府希望高速铁路能在不久的将来促进这些地区的经济发展；③ 中国的首都北京和一些大城市如天津、上海、广州等不一定是获得国家高速铁路投资的“赢家”。相反，中部地区的一些城市，如湖北

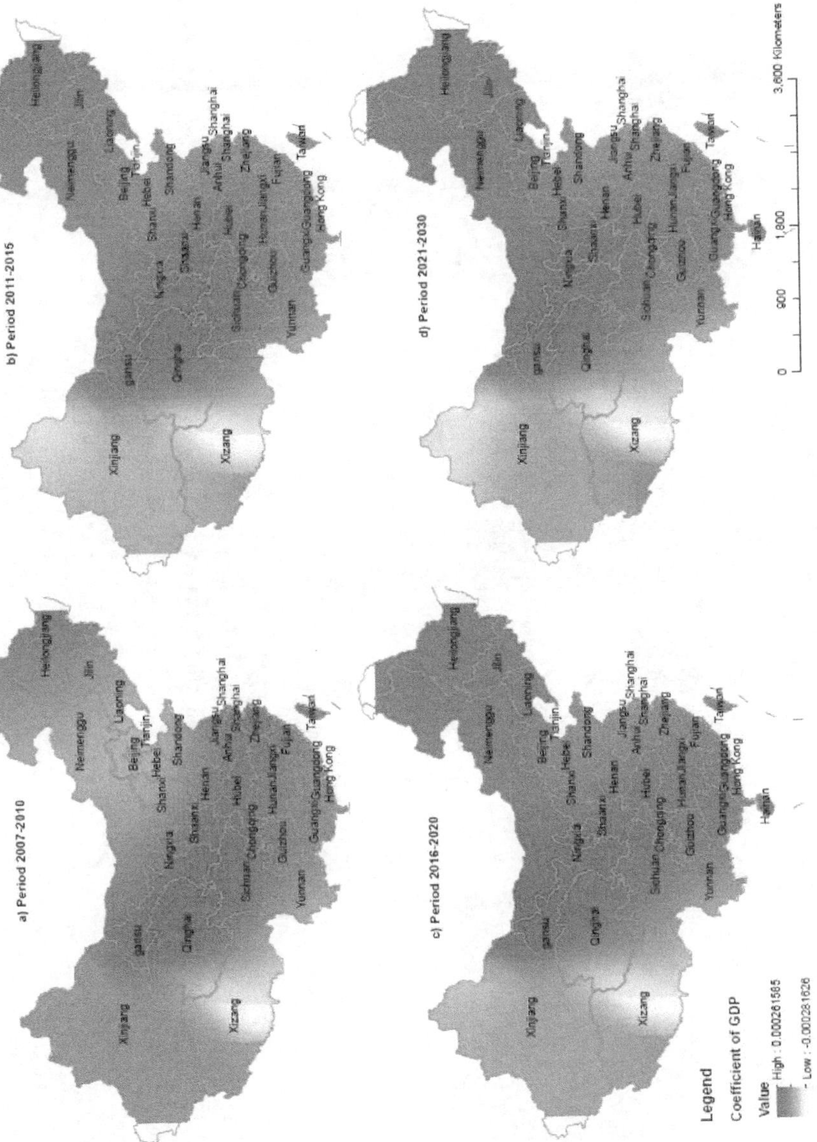

图 7－24　GWR 方程中变量 GDP 的系数

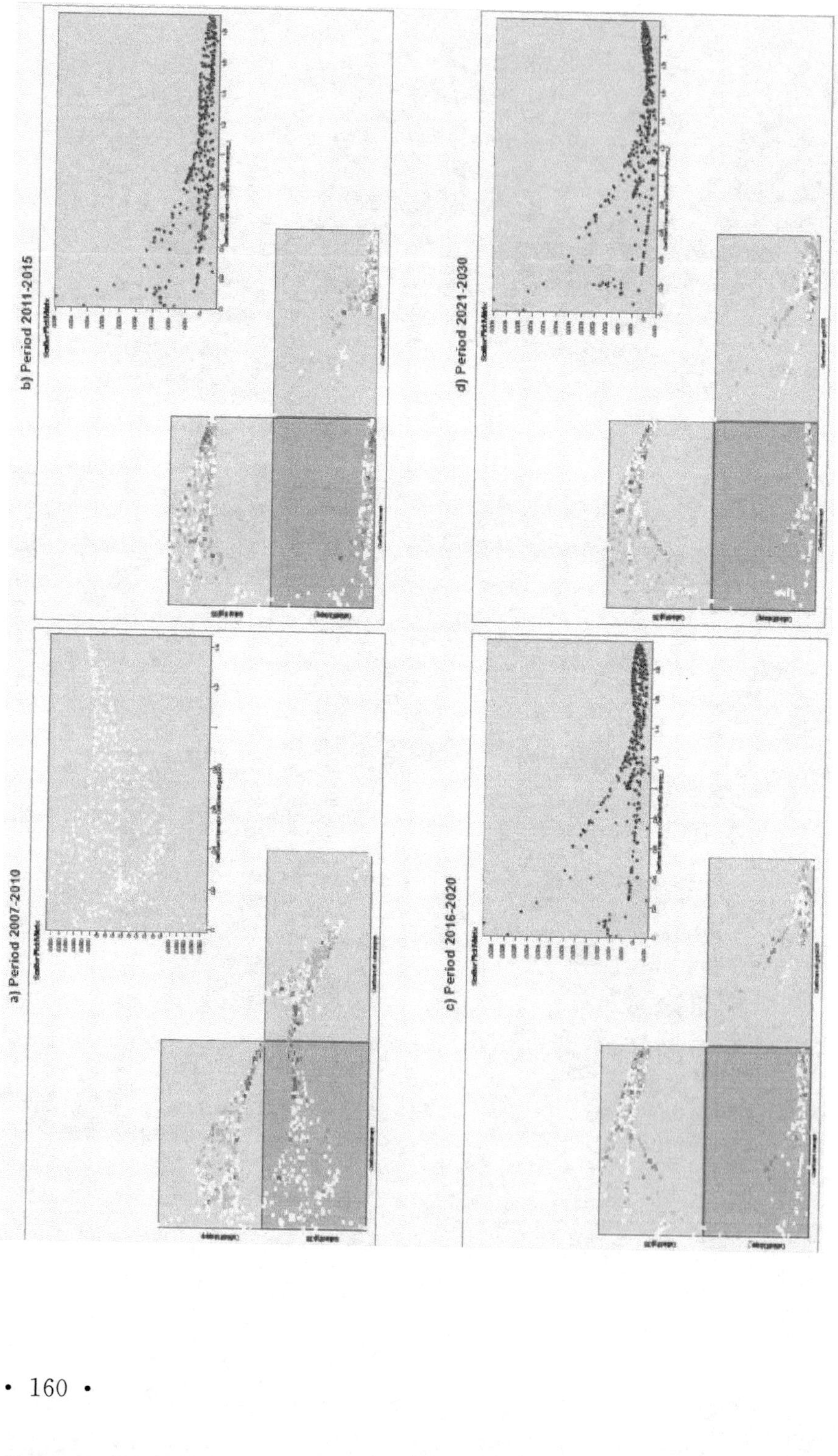

图 7-25　GWR 方程中变量 GDP 的系数和人口系数的比值散点图

武汉和湖南长沙，将获得比首都更多的高速铁路投资。

虽然近十年来，我国高速铁路基础设施规模不断飙升，但关于我国高速铁路发展的演变过程，尤其是与经济发展的关系，缺乏一个全面的审视。此外，了解中国正在如何建设和规划高速铁路网络，进而明确中国高速铁路系统的发展历程，无疑将对世界各国，尤其是发展中国家，有借鉴和指导意义，能够为发展中国家带来实实在在的利益，这些国家需要大规模的基础设施建设来刺激经济发展，长途运输大量旅客。

如相关文献所述，中国在高速铁路基础设施与城市发展之间的关系上有不同的看法。中国的高速铁路基础设施，如高速铁路火车站，是为了满足远距离地点之间的大运量旅行需求，并确保有效的流动性而设计的。相反，美国和欧洲的做法是针对一个不同的目标，即主要通过连接高速铁路来促进短途地点之间的经济发展。也就是说，他们倾向于把高速铁路作为区域经济的驱动力。根据本书的研究结果，GDP 对高速铁路发展的影响比人口的影响更为显著。因此，中国高速铁路建设只是用来运输大量客流的误解应该彻底改变。可以肯定的是，高速铁路在过去十年中重塑了中国的经济布局。此外，这对城市的影响将持续到未来 15 年。

显然，高速铁路如何重新绘制区域经济的时空图景，还值得深入研究。其次，只有最重要的经济发展指标（即 GDP 和人口）才能够被用来检验高速铁路的含义，工业生产、产出投资、零售支出等基本指标可以作为补充解释变量，检验高速铁路对区域发展的深刻影响。最后，需要对未来高速铁路车站的选址进行探索，以确保其能够有效地促进未来城市化地区的发展。

本章小结

本章基于高速铁路经济发展的依托对象，从点、线、面三个维度分析了高速铁路对我国区域区位和经济的量化影响，提出了简单明了的研究方法确定高速铁路发展与区位变化、区域经济变化的相关关系。

第八章 高速铁路运输资源优化配置与服务水平评价

第一节 高速铁路运输资源内涵

前面几章介绍了高速铁路作为基础设施对经济发展的作用机理和实证分析。需要指出的是，高速铁路在建设完成投产运营后依旧还是在交通运输资源的范畴之内，指的是与高速铁路运输生产活动有关的交通运输资源。这些资源是高速铁路运输投入生产运营活动的前提，既包括运输活动过程中的人力资源、土地资源、固定资产（载运设备、网络基础设施等）和开行方案、时刻表等内生资源，也包括企业主体类型和上下游产业服务等外生资源。与高速铁路运输直接或间接相关的权属部门是真正组织利用这类资源的经济实体，只有投入一定量的运输资源并加以合理配置，才能够产出高质量的高速铁路运输与服务。按运输资源的性质划分，高速铁路运输资源可以分为如下 6 类。

1. 网络基础设施资源

交通运输基础网络资源，又称为物理网设施资源，是各类运输生产活动的物质基础，是交通运输资源的先决条件。网络基础设施资源一般分为线段和场站。对于高速铁路网络基础设施资源，一般指的是高速铁路的车站和轨道线路路段。

高速铁路的轨道线路路段设施分为三种，一种是根据原有既有铁路轨道改造升级而成，同时进行客货混跑作业的轨道路段；第二种是根据既有铁路轨道路段升级改造而成的客运专线的轨道路段；第三种是新建的高速铁路客运专线轨道路段。第三种轨道路段建造水平和成本最高，但是目前我国此类的高速铁路轨道路段的比例最高，例如京津城际、京沪高速铁路、武广高速铁路的路段都属于此类的设施资源。

高速铁路的场站资源主要指设置在城市内（或周边地区），专门（或部分)用于高速铁路运输作业、运载工具保养等活动的场所以及相关设备的总称。根据国家铁路技术作业等级,高速铁路站点分五个等级,即特等、一等、二等、三等和四等;按行政区归属可分为省级、地级、县级、镇级和乡级五个等级的站点;按车站的功能类别又可分为客运、货运、编组、动检和会让五类站点,通常情况下,以客运站为主,只有极少数站点是专门为货运服务的。

基于高速铁路大多为客运专线的实际情况,交通运输部在《综合客运枢纽规范》中,把高速铁路主导的综合客运枢纽等级和功能做了相应规定。在城市里,高速铁路综合客运枢纽为高速铁路核心的场站资源,不仅发挥客货运的功能,在我国很多区域,还逐渐发挥了站区的城市功能。

2. 运载工具资源

高速铁路的载运工具资源为动车组。动车组是指"由若干带动力的车辆(动车)和不带动力的车辆(拖车)组成固定编组,以单元为单位进行设计的一组列车"。我国第一代的动车组为"和谐号"——CRH 系列动车组,CRH 是 China Railway High-speed(中国铁路高速)的英文缩写,第一代动车组有 CRH1～CRH5 几种型号。此类型号首先吸收从日本、德国、法国等国引进的先进技术,再进行国产化研制,成为"具有我国自主知识产权"的动车组产品系列。吸收改进国外技术,自主研发升级后的动车组在行驶速度、乘坐舒适程度、大量运输性能、车身重量和功率等方面都达到世界领先水平。2017 年 6 月 26 日,中国铁路总公司组织中国中车自主研发的复兴号 CR400AF 型电力动车组开始投入营运,标志着我国高速铁路运载工具资源已经达到了世界最高水平。该动车组为动力分散式、交流传动的铝合金空心型材车体列车,最高营运速度为每小时 350 km。

3. 土地资源

高速铁路用地属于《中华人民共和国土地管理法》规定的"建设用地";在《城乡用地分类与规划建设用地标准》(GB 50137—2011),属于"建设用地(H)""区域交通设施用地(H2)"所属的中类"铁路用地(H21)",一般指铁路干线、城市轻轨、车站广场的用地,包括设计的路堤、桥梁、地沟及绿化等用地在内。中国铁路总公司所指定的《铁路用地管理办法》也对公司所属的铁路用地有明确定义,即铁路用地指总公司或所属单位依照合法途径获取了使用权的土地,包括运输生产用地(如铁路线路用地、站场用地、运输安全预留用地等)、辅助生产(如铁路行车公寓用地)和生活用地(如职工住房用地、商业网点等)及其他用地。

多种定义标准明确了铁路用地的界定,均认为铁路用地是运输生产的关键基础,是运输安全的重要保障,也是铁路生产运营、改革发展的资本。

对于高速铁路用地，由于高速铁路的特性，相比于其他制式的铁路用地拥有更宽的敷设空间。相关的管理办法也对高速铁路用地资源进行了规定。

4. 人力资源

本研究中的人力资源与通常意义下的人力资源有所差异，特指与高速铁路运输生产活动直接相关的工作人员，如动车组驾驶员、乘务员以及参与信号、调度和货运场站装卸等工作的人员。同时，广义的高速铁路人力资源也包括高速铁路建设到维护、运营管理等全生命周期的所有管理、研究人员和相关行业从业人员。

5. 开行方案与时刻表资源

高速铁路开行方案主要包括列车编组计划、列车交路计划和列车的停站计划方案。由于不同谱系动车组的编组固定，在高速铁路开行方案中，很多时候侧重交路计划和停站计划。付慧伶(2010)等指出高速铁路列车的开行方案的目标是以有限的运输资源最大限度地满足客运和货运需求，并建立良好的客户关系管理体系，通过分析客流量的特点来确定列车的始发站、运行路径和中途停站以及列车类别、编组和服务频率等。开行方案的确定是一项错综复杂的系统工程，需要全面考虑多方面的因素。

高速铁路时刻表和普通列车一样，以运行图为图解，明确规定了每个车次列车的占用区间，即列车的出发、通过和到站时刻以及运行时间和车站停留时间，同时也规定各次列车按一定的时刻在区间内运行及在车站到达出发和通过。一般地，高速铁路列车在运行图上的等级高于非高速铁路列车，即占有优先资源的优势。

6. 资金资源

资金资源一般指高速铁路系统建设、运作、维护管理所需的资金。截至2020年1月，随着京沪高速铁路的上市，高速铁路系统的资金来源不再是单一渠道，而是面向社会资源拓展，因此，高速铁路的资金和资本资源在未来发展模式中，必将呈现多样化特征，而这也是我国高速铁路发展深化改革的体现。

第二节　高速铁路列车运输资源优化配置

资源配置是分配资源的一种机制，或者是一种社会规则。由于有效的资源配置涉及资源配置社会福利最大化的问题，而且经济学界还没找到能够准确衡量资源配置与社会福利之间关系的指标体系，因此很难给予资源配置具体的定义。

知名经济学家厉以宁在《市场经济学大辞典》中撰文认为，在经济学的概念中，资源配置指的是各类资源（如人力、物资、资金）在不同的使用途径之间的分配利用。资源具有稀缺性、可开发性和价值性。随着社会的不断发展，资源的消耗量日益增加，各类资源出现不同程度的短缺，人们对资源配置也越来越重视。

一、高速铁路列车运输资源配置的原则

在高速铁路发展的初期研究阶段，中华人民共和国铁道部（2013 年因改革撤销）针对新时期铁路发展提出了“以人为本，服务运输，强本减末，系统优化，着眼发展”的“二十字方针”，这也可作为当前高速铁路运输资源配置的基本参照原则。

1. 以人为本

配置便捷的客运服务设施资源。增加客运站数量，扩大其规模，新建配套设施与旅客服务系统，以为旅客提供更加方便、快捷、安全的服务。

合理规划布局铁路生产力，为系统内部各环节提供良好的服务、管理条件。

保证城市交通有良好的换乘条件。保证设备方面包括换乘站技术设施如进出站、售检票、乘降等方面为旅客提供便捷换乘条件，客流和车流通道物理隔离。管理方面包括根据旅客出行需求，为乘客提供完善的售、检票及引导系统。

减少对城市的干扰。高速铁路及相关设施满足高质量旅客运输需要的同时，较好地协调与城市的关系，减少对城市生活的影响。

2. 服务运输

站、线技术标准协调。枢纽内车站、干线与相关线路的技术标准、通过能力协调，满足有关设施资源的布局和规模的能力需要。根据技术进步和生产力发展方向，实现主要技术设备达到“高可靠，少维修”，优化生产过程，提升安全保障水平。

方便运营服务。根据客运（如旅客出行方式、数量）特征和运营实际需要，完善技术设备、服务管理、生产组织、经营管理等方面的各项技术设施。

3. 强本减末

高速铁路的建设必然带动沿线的发展，形成新的城市人居、经济带。因此，区域内的车站、线路特别是主要车站、干线的技术标准如站场规模、线间

距、桥隧等固定设施的技术标准要因地制宜，一般情况下避免套用设计规范规定的技术标准下限，条件许可情况下应尽量采用设计规范上限；对规划期内与其他设施密切相关、再次施工对相邻设施运营、安全有较大影响的重要设施，要做好工程预留，其他可以规划预留。

强化有关车站间、车站与干线、干线间的联络线，确保站、线能力满足设计年度运输需求和保证必要的能力储备，避免频繁改扩建影响铁路运营和城市生活。枢纽一般位于重要城市的核心区，土地资源十分紧缺，改扩建越来越困难。为充分发挥高速铁路服务区域内主要车站、干线能力，枢纽内有关车站间、车站与干线、干线间要有便捷的联络线，或做好工程（规划）预留。

此外，城市配套基础设施，如城市公共交通场站、地铁系统、旅客服务设施等，要统筹规划与建设，协调运用，满足客、货运营需要。对于满足基本运输生产、旅客服务需求且无须占用土地资源，随着社会发展和技术进步可能进一步改善的技术设施、设备，则要根据实际情况适当简化，以节约投资。

4. 系统优化

包括高速铁路资源、各种交通方式间、铁路系统内部各项技术设施间的优化，以及包括技术、管理、服务条件及其与枢纽交通运输设施间的优化、协调。

另外还有高速铁路与城市配套设施的优化。按照以人为本的理念，枢纽内客运中心站与城市公共交通系统设备（设施）配套，运输组织协调，方便旅客换乘。

5. 着眼发展

高速铁路资源配置需要符合城市和铁路的可持续发展需要，合理利用资源、保护生态环境，关注生存空间的环境质量。要更加强调降低能耗、减少污染、保护生态、不断增进人与自然和社会环境的和谐发展，积极推动高铁资源配置，向环保型、生态型、人文型发展。

二、运输资源优化配置的目标

1. 实现不可再生资源使用最省的目标

对于土地、水域等国土空间资源，高速铁路运输资源优化配置的过程需要实现最节省、少破坏的目标。

2. 实现资源质量优劣搭配优化，实现运输资源利用效果最佳的目标

对于某一条线路、某一区域，高速铁路运输资源配置过程中，有些资源的质量（比如资金来源）参差不齐，但是，在运输资源配置过程中，必须实现运输资源质量优劣的协调搭配，并采用全局优化的方法，实现全局最优的目的。

3. 实现资源利用的竞争性与合作性平衡的目标

在资源配置过程中，需要兼顾与其他交通运输方式，如公路、航空的合作竞争关系，根据“以人为本”的原则，在预测区域所有类型客运需求的状况下，落实合理供给，使得所有出行距离、出行目的的旅客满意度达到最大，实现资源利用中竞争性与合作性的统一。

4. 实现资源配置“降本增效”的目标

高速铁路资源配置过程中，还需要考虑实现依托上下游企业（运输代理），实现效率的最大化和成本的最小化。通过“客运代理”“资产管理”等资源经营方式，实现资源组合的优化以降低运输成本。

三、高速铁路运输资源优化配置的方法

1. 配置重要基础设施资源，带动社会经济发展

高速铁路资源配置的先决条件是需要遵循国家重要战略资源的配置，比如对于“一带一路”“交通强国”“扶贫攻坚”等国家战略关于高速铁路基础设施资源和运营资源的规划和发展政策，应服务于国家发展战略。

同时，高速铁路基础设施资源配置的方案，需要强调符合区域经济空间结构形成和演变的重要条件。符合“全国 123 出行交通圈”区域出行要求，基础设施资源配置有利于实现都市区一小时通勤，城市群两小时通达，全国主要城市三小时覆盖。以网络基础设施为依托，经济客体空间积聚程度和形态的变化，实现“点—轴—带”的经济布局格局。

此外，高速铁路的基础布局要从有利于扩大区域经济活动空间、增强辐射能力、引导城市空间布局改变的模式上进行实现。

2. 通过运力资源布局实现运力资源的效能最大

高速铁路运输资源配置，还需要根据区域的客运需求，实现运力资源配置的均衡配置，主要是开行方案和时刻表的优化协同。长期以来，我国铁路的运输资源都是以计划为主、市场调节为辅的配置方式。国家通盘考虑各个区域各个季节的客货运需求的动态变化，制定符合这些变化需求的开行方案和运行图。这种方式，强调国家宏观调控的主导作用。在深化改革的背景下，高速铁路运力资源的配置，将会越来越强调市场在国家宏观调控下对资源配置的基础性作用，通过价格杠杆和竞争机制的功能，实现各区域运力资源的优化配置。例如，对于客运需求随季节性变化比较大的分公司所在的区域，根据市场和地区客运需求，在运力资源配置过程中，需要制订符合区域实际的运力资源，例如兰新高速铁路的开行班次可随季节变化推出“共享预约定制化”的运力配置产品、东北地区可以推出“冬季直达东北”专

列等。

此外,运力资源配置需要与基础设施或者区域的经济资源实现整合协同,根据地区未来土地、能源、资金、人力、技术发展的规划或者需要,制订出符合地方特色的运输产品。在经历新型冠状病毒疫情影响后,在高速铁路运输系统内强调紧急事件下内部专属运输资源的平衡配置显得尤为重要,即在紧急事件或时期对线网、场站枢纽、载运工具、管理上的运力和人力资源可以随时调配,并可以响应不同等级的防控事件运力配置的要求。

3. 注重相关行业"共同繁荣"的资源配置效果

从运输经济学讲,不同运输方式之间资源配置的定义为"研究资本、劳动和技术等社会资源及其总和在铁路、公路、航空、水运和管道五种不同运输方式之间的配置与倾斜配置,以及运输资源在不同地区运输系统之间的配置与倾斜配置"。所谓的"资源倾斜配置"是"产业之间在资源投入增速上的差别",用以反映长期发展过程中资源(劳动力、资本和技术等)配置格局变动的动态变化过程。由于资源的稀缺及分布不均,将导致经济社会发展过程中,为尽可能满足社会需求,各种资源在不同使用方向上的合理分配问题。资源的稀缺和分布不均会导致产业结构的变化,产业结构变化进而引发区域经济结构、生产结构、产品结构变化,导致的驱动力促进相关工业布局变化,并反馈不同运输方式之间资源配置及运输业的结构。

基于以上运输资源配置与产业结构和资源投入的互馈关系,高速铁路的资源配置,需要考虑其引起运输行业和其他上下游产业结构(投入和产出结构)的变动,以达到与相关行业相互联系、相互促进的目的。在运输对象和运输产品上,需要多投入附加值高,涉及新兴行业多、高科技比重增大的运输产品,结合当前"新基建"(包括:5G 基站建设、特高压、城际高速铁路和城市轨道交通、新能源汽车充电桩、大数据中心、人工智能、工业互联网七大领域)的建设热潮,结合新一代"复兴号"动车组,提升高速铁路运输产品的智能化水平,在下一步增加"5G 专列""无人驾驶专列""人工智能体验专列"等产品,引领相关产业的发展。

第三节 区域高速铁路网络系统服务水平定义与评价

区域高速铁路网络系统服务水平是一个综合性决策问题,涉及从综合铁道运输发展政策、技术设施到服务水平等一系列因素。区域高速铁路网络系统为区域内的大多数出行者提供快速的交通出行方式,为出行者提供高服务质量，舒适、可靠、安全的出行体验。

有关于交通运输系统的服务水平研究比较深入，量化指标比较成熟地应用在道路运输领域。美国《公路通行能力手册》中把道路服务水平分了六个等级，由高到低排列为：A、B、C、D、E、F。我国则分了四个等级，其中一级与美国的A、B级相对应；二级对应C级；三级对应D级；四级对应E、F级。

对于服务水平，上述有多种定义，但区域高速铁路网络系统与上述不同，需要在宏观基础设施资源上，从线网服务区间、结构配置、网络分布、场站功能，全面系统地量化高速铁路系统的总体服务水平；运力资源上，从开行方案与时刻表和区域需求与资源分布的协同上进行量化评估，微观上考虑协调性、顺畅性、直捷性、方便性及舒适性等特性，同时兼顾实用性及可比性来反映评价方法的定量化程度，通过对评价结果的分析，针对性改善区域高速铁路网络设置、枢纽布局、换乘衔接、运营组织、产业协同的设计等方面的问题。

一、服务水平评价方法综述

区域高速铁路网络系统服务水平评价的影响因素多、涉及范围广，学者们一直致力于研究设计出一套合理且完善的评价体系，采取科学的评价方法优选规划方案，提高科学决策能力。现有的评价方法有层次分析法、功效评分法、主成分分析法、模糊综合评价法、综合指数法等方法。层次分析法适用于目标结构复杂且数据缺乏的情况，其模型具有层次结构，能够帮助决策者将经验判断给予量化，广泛应用于社会、经济各个领域；功效评分法能把主观经验定量化，其根据各评价指标的好坏程度具体地给出指标的功效分数，结果较为直观；主成分分析法模型能用少数无关的主成分来代表原来众多相关的指标变量，且能从中提取权向量，是理论上比较成熟，且普遍受到人们所重视的一种方法；模糊综合评价法模型能联系所有影响对象的独立因素，结合等级隶属函数方法，对模糊对象进行综合评分并给出具体量数据，判断出对象等级的优劣性；综合指数法在一般情况下与指标的统计口径一致，在社会经济统计中受到广泛应用。

存在诸多因素影响综合评价指标参照系方法的可靠性和准确性。通常，适用范围、理论成熟性、易于理解和掌握的程度是选择综合评价方法时需要考虑的因素。一般情况下，普遍适用的综合评价方法并不存在。区域高速铁路网络系统服务水平评价的指标参照系具有庞大、多层次、多因素等特点，且存在只能根据经验判断、部分指标无法量化的情况，因此，难以找到一种全面的评价方法。

复杂对象的多指标综合评价法，涉及多方面的因素，且各因素的量纲也不尽相同，甚至有的因素无法进行量化分析，只能通过半定量或者定性分析。对此，诸多学者从不同的评价角度研究出了许多分析方法，比较有代表性的是：广义函数法、层次分析法、模糊综合评价法、DEA（数据包络分析）法、灰色关联分析法、单纯矩阵评价法、加权相对偏差距离最小法、集合分析法、主成分分析法和因子分析法。现对各方法分析如下：

1. 广义函数法

构造一个广义价值（或效用）函数 V，每项评价指标有不同的权重，然后计算该函数中的各个指标的指数（即价值），再加权求和得到总指数。该方法概念清晰、计算简便，但是无法准确地得出各指标的权重大小。

2. 层次分析法

20 世纪 70 年代，美国匹兹堡大学提出一种系统分析方法，即层次分析法。层次分析法（AHP）是确定评价指标的权重的一种简单而有效的方法。它能够将定性分析与定量分析相结合来分析多目标、多准则的复杂系统。

3. 模糊综合评价法

模糊综合评价法（Fuzzy 综合评判）的模型有单层和多层评价模型两种，该评价方法的关键是确定单因素评价矩阵和计算模糊评判子集。它综合考虑了各评价因素之间错综复杂的关系和价值系统的模糊性，但也有一定的缺陷，如各指标权重大小不易确定，人为因素的干扰会模糊隶属函数的确定及在指标参数的模糊化过程中丢失部分信息。

4. 数据包络分析法

在 1978 年，查恩斯（Charnes）、库拍（Cooper）和罗兹（Rhodes）最早提出了数据包络分析法，一般用于评价不同部门之间的相对有效性。从生产函数的概念出发，它通过线性规划或其对偶的途经有效地估计得出生产前沿面。

5. 灰色关联分析法

灰色关联分析法在灰色理论研究体系中有着重要的地位，它通过对比分析各个方案指标和相对方案指标的相似度来得出最佳方案，该方法适用于最优方案评价指标需要定量分析计算的系统。

6. 加权相对偏差距离最小法

加权相对偏差距离最小法是根据已得出的权重大小和指标数据值来构造“虚拟最佳曲线”，再通过比较每个样本实际值与“虚拟最佳曲线”的加权相对偏差的距离值来确定每个预测点的优劣程度。

7. 集合分析法

集合分析法也是在得出各权重大小和指标矩阵之后，根据排序矩阵和指数矩阵得出城市的排列顺序。

8. 主成分分析法和因子分析法

主成分分析法和因子分析法前文已经有介绍，这里不再赘述。

9. 深度学习、话题模型、文本分析

当前评价手段发展的趋势是从大量的数据中，抽取对评价方法有用的输入。通过深度学习或者话题模型等手段，对评价的"黑箱"模型进行训练，即学习的过程。将训练好的模型用以对未来需求为输入的发展目标的评价和预测。这种方法目前应用非常广，适合于数据冗余且现有主观模型不稳健的情况。

二、指标体系构建流程和主要指标构成

指标的选取、指标之间结构关系的确定是构建评价指标体系的重要组成部分。选取区域高速铁路网络系统的指标，以及确定指标关系，需要深度掌握高速铁路客运系统及其专业领域所包含的相关知识和系统评价理论，而且还要求具备一定的理论研究和实践应用相关的经验。由于区域高速铁路网络系统的服务水平的影响因素众多，因而在建立评价指标体系过程中，应从评价的原则和目的出发，指标的选取要尽可能地全面、稳定，有一定的针对性且尽可能地相互独立，同时还要充分结合定量分析和定性分析。定量研究是通过一系列的检验来选取指标及确定指标关系，由定量研究得到的评价指标体系往往更加科学、合理。因此，可以通过指标的初选过程和指标完善的过程两个阶段来构造指标体系。

1. 指标体系的初选

由于区域高速铁路网络系统服务水平的评价具有内容多、涉及广、影响因素多的特点。因此，在进行指标体系初选时，可以在分析高速铁路客运网络的整体结构的前提下，首先收集资料建立目标指标集，通过层次分析法建立起树状关系结构，然后使用目标层次分类展开法把目标指标依照逻辑分类原则展开成若干个分项目指标，再接着逐级向下展开，直至该目标指标层可直接进行研究分析(定量或定性)为止。

需要明确的是，由整体到局部、由局部到整体的有机结合过程是建立指标体系时所必须要考虑的。由整体到局部的做法可以是，从高速铁路客运系统的整体出发，根据区域高速铁路网络系统服务水平的特点，找出影响性综合指标，由上往下依次分解；同时考虑由局部到整体的需要，下级指标的

再分解和细化需要考虑与上级指标的切合度，自下而上逐级完善。

2. 指标体系的完善

初步筛选得到的评价指标体系由于缺乏系统、全面的分析，可能会存在不同程度的缺陷，进而影响后续的评价结果，需要优化区域高速铁路网络系统服务水平评价指标体系。对此，可以通过邀请多位不同专业研究领域、不同地域的资深专家筛选与之相关的指标，并对初选的指标体系进行科学性测验来完善，常见的有单体测验和整体测验。

(1) 单体测验

单体测验主要是检测各指标的可行性以及正确性。可行性指的是从经济、量化程度等方面来判断获取指标数据的难易程度；正确性指的是指标的计算方法准确性及范围和内容的全面综合性。

(2) 整体测验

整体测验主要是对整个指标体系的综合检测，即指标体系的完整性和全面性，检验是否有遗漏指标或者重复评价的指标等。

基于以上分析，区域高速铁路网络系统服务水平评价指标体系的建立必须按一定的程序来逐步实现，建立评价指标体系的一般流程如图 8-1 所示。

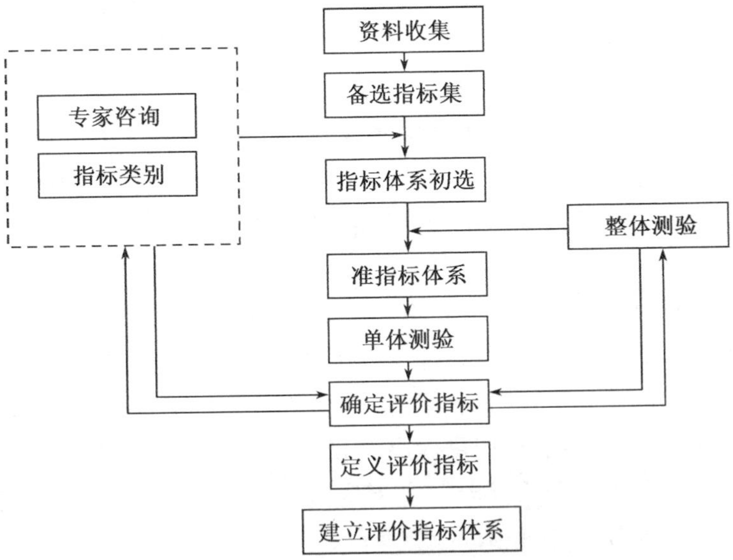

图 8-1　运输服务水平评价指标体系建立一般流程

对区域高速铁路网络系统的服务水平进行评价，在宏观上要能从布局、结构配置、功能和运营等各方面，全面系统地说明设计区域高速铁路网络系统的总体服务水平；微观上通过协调考虑实用性、直捷性、协调性、顺畅性、方便性、舒适性、可比性等方面，反映评价方法的定量化程度，通过对评价结果的分析，可对时刻表周期、网络覆盖、枢纽换乘衔接、旅客服务的设计等方面存在的问题进行有针对性的改善。

区域高速铁路网络系统服务水平的目标根据前文所述的运输资源配置的原则和目标，可以归类为设施发展目标、运力资源发展目标、与城市相协调目标、产业促进目标等。兼顾考虑评价主体多方利益，本着整体完备性、客观性、科学性、实用性的原则，建立起城市快速客运系统评价递阶层次结构，具体通过目标层次分类法及专家咨询相结合的方法，包含准则层、准则层 2、评价指标层等三个层次，如表 8－1 所示。

表 8－1 区域高速铁路网络系统服务水平评价指标体系

准则层 1	准则层 2	指标	单位	说明
设施服务水平 A	线网水平 A1	A11 高速铁路线路数	条	无
		A12 高速铁路线路服务城市数量	个	无
		A13 线路里程	km	无
		A14 高速铁路线路网络密度	km/km^2	无
		A15 人均拥有线路里程数量	km/人	无
		A16 非直线系数	—	无
		A17 平均百 km 出行时耗	min/km	无
	车站水平 A2	A21 车站个数	个	无
		A22 高速铁路主导型综合客运枢纽个数	个	无
		A23 车站直达服务人口数量	万人	车站 5 km 辐射范围常住人口之和
		A24 可换乘车站数	个	无
		A25 车站服务的建成区面积	km^2	车站 5 km 辐射范围覆盖的建成区面积之和
		A26 平均换乘距离	m	无
	设备水平 A3	A31 动车组代数	—	取 1 为和谐号、2 为二者都有、3 为完全复兴号
		A32 动车组平均编组数	车/列	无

（续表）

准则层 1	准则层 2	指标	单位	说明
		A33 动货线路数	条	无
		A34 开行复兴号线路比例	%	无
		A35 动车组平均服役时间	月	无
		A36 5G 覆盖线路比例	%	无
		A37 动车组 Wifi 覆盖比例	%	无
		A38 配备无纸化检票系统车站比例	%	无
		A39 专业化动车场个数	个	客货运专业动车场之和
运营服务水平 B	安全 B1	B11 安全运营里程	km	无
		B12 年事故数	次/年	无
		B13 年运营事故死亡人数	人/年	无
		B14 年运营事故损失	万元	无
		B15 运营故障次数	次/年	无
	快速 B2	B21 最高运行速度	km/h	无
		B22 评估区域平均运营速度	km/h	无
		B23 运营速度 300 km/h 及以上线路数	条	无
		B24 任意两城市平均运行时间	min	无
	准点 B3	B31 晚点发生率	次/(天·年)	无
		B32 平均晚点时间	min	无
		B33 平均行车准点率	%	无
	便捷 B4	B41 各方式换乘系数	—	是指在一次换乘中总乘客数与直达乘客数的比值，用来衡量乘客直达程度和服务水平
		B42 与其他方式平均换乘时间	min	无

（续表）

准则层 1	准则层 2	指标	单位	说明
		B43 平均停站时间	min	无
		B44 线路任意车站平均候车时间	min	无
		B45 乘客信息系统装备完善率	%	装备系统的车站和列车数/总车站数与列车数
		B46 可达性设施完备率	%	装备系统的车站和列车数/总车站数与列车数
		B47 无纸化设备完备率	%	装备系统的车站和列车数/总车站数与列车数
		B48 县级单位行政中心距最近高速铁路车站里程	km	无
	舒适 B5	B51 平均高峰满载率	%	无
		B52 平峰时期满载率	%	无
		B53 座位宽度	m	无
		B54 座位自动化水平	%	装备系统的座位数/总座位数
		B55 楼梯自动化水平	%	装备系统的车站/总车站数
	经济性B6	B56 旅客单位时间价值	元	无
		B57 单位里程票价	元	无
运输服务水平 C	运输能力水平 C1	C11 年客(货)运量	万人(t)/年	无
		C12 年客(货)运周转量	万人(t)·km/年	无
		C13 线路日客(货)运能力	万人(t)/日	无
		C14 年平均单位百公里客(货)运量	万人(t)/(km·年)	无
		C15 车站最大日客(货)量	万人(t)/日	无
		C16 车站日客(货)运能力	万人(t)/日	无
		C17 全网年年客(货)运量	万人(t)/日	无
		C18 全网年日客(货)能力	万人(t)/日	无

（续表）

准则层 1	准则层 2	指标	单位	说明
	运输成本水平 C2	C21 年营运收入	万元/年	无
		C22 年净利润	万元/年	无
		C23 单位里程造价	万元	无
		C24 单位人km 成本	元/(人·km)	无
		C25 单位人km 利润	元/(人·km)	无
		C26 单位车km 成本	元/(车·km)	无
		C27 单位车km 利润	元/(车·km)	无
		C28 线路负债	万元	无
		C29 线路最新年利润	万元	无
		C210 线路融资模式	—	0 拨款;1 拨款+社会资本;3 社会资本
		C211 动车组人车比	人/列	
		C212 里程利用率	人/km	每km 运送人数
		C213 单位周转里程成本	万元/(人·km)	
		C214 平均单km 票价	元/km	
		C215 票价	元	无
	运输效益水平 C3	C31 促进地方 GDP 增加值	万元	无
		C32 促进地方人口增加值	万人	无
		C33 铁路交通分担率影响系数	%	以铁路交通承担的客运量比例为计算依据
		C34 平均百公里出行时间减少值	min	无
		C35 第二产业增加值	万元	无
		C36 第三产业增加值	万元	无
		C37 高速铁路地产收入增加值	万元	无
		C38 高速铁路旅游收入	万元	无
		C39 贫困消除贡献值	万元	无
		C310 地区收入增加值	万元	无

（续表）

准则层1	准则层2	指标	单位	说明
与城市发展协调水平D	土地利用D1	D11 高速铁路用地面积	km^2	无
		D12 高速铁路用地综合开发率	%	综合开发用地面积/总高速铁路用地面积
		D13 高速铁路用地其他用途开发年收入	万元/年	无
		D14高速铁路车站500 m范围居住用地建筑面积	m^2	无
		D15高速铁路车站500 m范围行政办公用地建筑面积	m^2	无
	区域协调D2	D21 区域内无高速铁路城市数	个	无
		D22 区域规划5年内建设高速铁路线路数	条	无
科技含量E	科技贡献E1	E11 高速铁路相关科研立项数	项	无
		E12 高速铁路相关研发投入	万元	无
		E13 高速铁路相关专利数	个	无
		E14 设备科技水平评价值	万元	无
	科技应用E2	E21 动车组新一代移动通信技术覆盖率	%	以5 G、互联网装备的动车组比例
		E22 车站新一代移动通信技术覆盖率	%	以5 G、互联网装备的车站比例

三、评价指标的等级划分与评价方法选择

根据系统评价的相关经验和文献的推荐值，可将评价指标划分为不同的指标等级，如高、较高、中、低等。评价等级的划分，一般是专家咨询法和数值分析法相结合。

定义好了指标评价体系，就可采用适合评价方法对某区域或者某线路的高速铁路进行服务水平的评估。由此可见，指标的完整性是高速铁路服务水平评价的关键与核心。

区域高速铁路网络系统服务水平指标是一个复杂的系统，受诸多不确定因素的影响。此外，评价指标种类繁多，性质各异。现有的相关评价方法大多是模糊综合评价，但由于模糊数学中的取大取小算法会导致大量有用的中值信息丢失，而根据分类标准得到的隶属度不能反映两者的区别极点水平（最高和最低）和最大隶属度原则往往不适用于有序评价集的辨识，因此，采用模糊综合评价方法，往往存在分类不清、结论与实际情况不一致等问题。属性模糊综合评价法能很好地解决这一问题。属性模糊综合评价模型在评价有序集方面具有优势，高速铁路运输服务水平的评价只是对有序集即服务水平的识别。因此，采用属性模糊综合评价法，可以更准确地判别高速铁路运输的服务水平，使评价结果更加真实、客观、科学。

属性数学的立足点是属性集与属性测度，关于属性集运算、属性测度的详细介绍可参见参考文献。

服务水平的属性模糊综合评价系统的输入方为 m 个指标的测量值，即服务水平评价指标的实际测量值；系统的输出方为评价类，即对该区域高速铁路网络系统服务水平的服务等级进行预测和评判。为科学、合理、有效地评价城市高速铁路运输服务水平的服务水平，将每个评价指标分为高、较高、中、低四级，建立评价集为：

$$\{C_1, C_2, C_3, C_4\}=\{\text{高},\text{较高},\text{中},\text{低}\}$$

指标的分级标准由指标实际值的国家标准、国内城市现状平均水平作为参考值进行确定。以区域高速铁路网络系统的第一个准则层为例，具体分级标准见表 8-2。

根据属性模糊数学识别模型，将区域高速铁路网络系统服务水平的属性模糊综合评价系统分为以下三个子系统分别进行讨论。

1. 单指标属性测度分析子系统

子系统内，属性测度函数依据指标值的大小和评价类的关系确定而来，各单指标属性测度可由测量值大小计算得出。

考虑准则层 I_i 的第 j 个指标 I_{ij}，其测量值为 x_{ij}，$x_{ij} \in C_k$ 表示 x_{ij} 属于第 k 类评价等级 $C_k(k=1,2,3,4)$，其属性测度 $\mu_{ijk}=\mu(x_{ij} \in C_k)$ 表示 x_{ij} 属于 C_k 的程度。用 a_{ijk} 表示指标 I_{ij} 在第 k 类评价等级的界定标准值，对效益型指标（指标值越大越好的指标），$a_{ij1}>a_{ij2}>a_{ij3}>a_{ij4}$；对成本型指标（指标值越小越好的指标），$a_{ij1}<a_{ij2}<a_{ij3}<a_{ij4}$。则单指标的属性测度函数如下，测度函数图如图 8-2 所示。

$$\mu_{ij1}(x_{ij})=\begin{cases}1 & x_{ij}\leqslant a_{ij1}\\ \dfrac{|x_{ij}-a_{ij2}|}{|a_{ij1}-a_{ij2}|} & a_{ij1}<x_{ij}<a_{ij2}\\ 0 & x_{ij}\geqslant a_{ij2}\end{cases},\mu_{ij2}(x_{ij})=\begin{cases}0 & x_{ij}\leqslant a_{ij1}\\ \dfrac{|x_{ij}-a_{ij1}|}{|a_{ij1}-a_{ij2}|} & a_{ij1}<x_{ij}<a_{ij2}\\ \dfrac{|x_{ij}-a_{ij3}|}{|a_{ij2}-a_{ij3}|} & a_{ij2}\leqslant x_{ij}<a_{ij3}\\ 0 & x_{ij}\geqslant a_{ij3}\end{cases}$$

$$\mu_{ij3}(x_{ij})=\begin{cases}0 & x_{ij}\leqslant a_{ij2}\\ \dfrac{|x_{ij}-a_{ij2}|}{|a_{ij2}-a_{ij3}|} & a_{ij2}<x_{ij}<a_{ij3}\\ \dfrac{|x_{ij}-a_{ij4}|}{|a_{ij3}-a_{ij4}|} & a_{ij3}\leqslant x_{ij}<a_{ij4}\\ 0 & x_{ij}\geqslant a_{ij4}\end{cases},\mu_{ij4}(x_{ij})=\begin{cases}0 & x_{ij}\leqslant a_{ij3}\\ \dfrac{|x_{ij}-a_{ij3}|}{|a_{ij3}-a_{ij4}|} & a_{ij3}<x_{ij}<a_{ij4}\\ 1 & x_{ij}\geqslant a_{ij4}\end{cases}\tag{8-1}$$

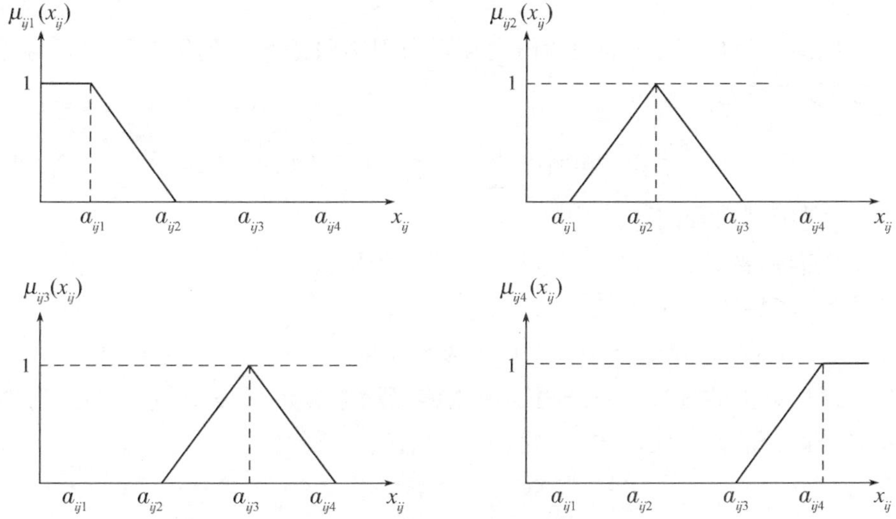

图 8－2　单指标的属性测度函数

显然，μ_{ijk}满足属性测度的性质：

$$\mu_{ijk}\geqslant 0,\sum_{k=1}^{4}\mu_{ijk}=1\tag{8-2}$$

需要注意的是，以上的测度函数是针对 $a_{ij1}<a_{ij2}<a_{ij3}<a_{ij4}$ 的情况；对于 $a_{ij1}>a_{ij2}>a_{ij3}>a_{ij4}$ 的情形，则需要根据图 8－2 逆序地选择隶属函数。

2. 多指标综合性能函数分析子系统

在评价过程中，每个指标所起的作用可能是不同的。因此，在该子系统中，对指标的属性测度进行加权求和综合得到准则层的属性测度。

考虑准则层 I_i，其测量值为 x_i，$x_i \in C_k$ 表示 x_i 属于第 k 类评价等级 C_k（$k=1,2,3,4$），其属性测度则为：

$$\mu_{ik} = \mu(x_i \in C_k) = \sum_{j=1}^{J} \omega_{ij} \cdot \mu(x_{ij} \in C_k) \tag{8-3}$$

其中，J 为准则层 I_i 的指标总个数，$i=1,2,3,4$；ω_{ij} 为准则层 I_i 的第 j 个指标的权重，$\omega_{ij} \geqslant 0$，$\sum_{j=1}^{J} \omega_{ij} = 1$。

用同样的方法，对准则层进行加权求和，可以得到总指标的属性测度 μ_k。

3. 属性识别分析子系统

在该子系统中，根据第二个子系统的输出结果及结合识别准则来判别客运系统的服务水平所属的评价类。

常用的判别准则有最小代价准则和置信度准则两种。由于本书建立的高速铁路运输服务水平的服务水平评价集是属性空间的一个强序分割类，$C_1 > C_2 > C_3 > C_4$，因此采用置信度准则来识别服务水平的等级。设 λ 为置信度，则当满足：

$$k_0 = \min\left\{k: \sum_{k=1}^{4} \mu_k \geqslant \lambda, 1 \leqslant k \leqslant 4\right\} \tag{8-4}$$

就认为服务水平属于 C_{k_0} 级。

该准则要求认为越“强”越好，“强”的级别占相当大的比例。置信度 λ 的取值范围一般为 $0.6 < \lambda \leqslant 0.7$。

4. 属性数学识别评价模型评价操作步骤

通过以上的分析可总结出高速铁路运输服务水平，对服务水平进行属性综合评价的具体实施步骤如图 8－3 所示。

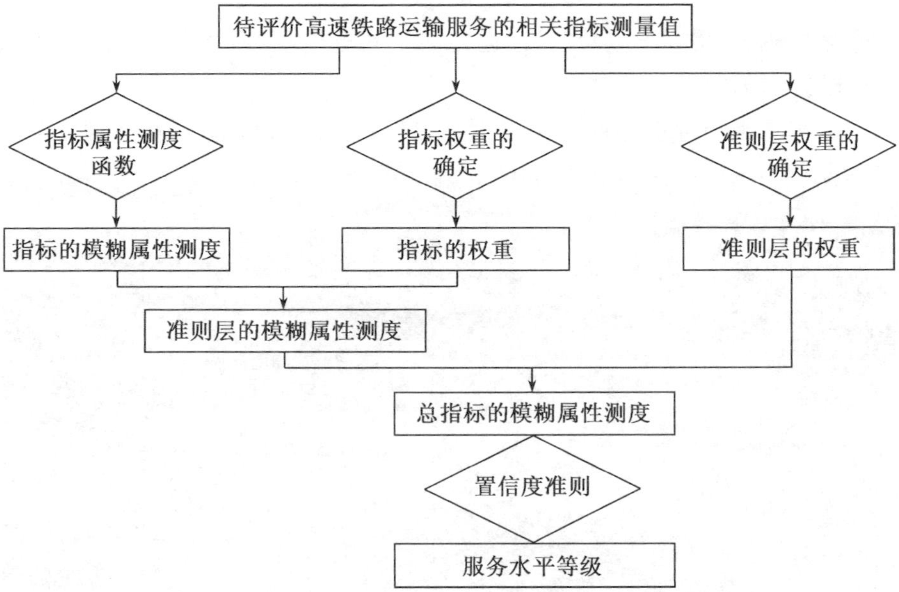

图 8－3　区域高速铁路网络系统的属性模糊综合评价流程图

四、案例分析

1. 案例背景与基础数据

本节以珠三角地区高速铁路网络(国家高速铁路和城际高速铁路)为案例进行评价分析。

珠三角地区为"八横八纵"高速铁路重要的枢纽地区，截至 2020 年 1 月，珠三角地区高速铁路运营里程已达到 2000 km，已经形成了"五纵五横"高速铁路骨干网络，东部地区连接海峡西岸，接通长三角地区；西部通向桂黔地区，形成大西南辐射网络；北部深入湘赣，直达中原。高速铁路实现市市通达，并与周边陆路相邻省份通达连接。

此外，根据国家发改委网站上公布的《珠三角城际铁路网规划》报批文件介绍："该地区将依靠珠三角城际高速铁路打造便捷区域内交通圈，使之成为深化粤港澳大湾区城市间互动的硬件基础。珠江三角洲地区的城市群优先考虑高铁和普铁实现城际通行的同时，不断推进周边城镇发展，增强城际客运的服务通勤能力，加快建设有效连接大城市与周边中心城镇的城际铁路客运网络。珠三角城际铁路系统连接的地级市和特别行政区有广州、深圳、珠海、东莞、佛山、中山、江门、惠州、肇庆、清远、香港和澳门，该系统全部由广东省铁路建设投资集团有限公司和中国铁路总公司下属的广州铁路

（集团）公司负责投资建设和管理经营，属于国家铁路，能和既有线国家铁路网兼容互通，采用标准重轨铺设、运营国铁动车组，购票和乘车方式与搭乘其他国铁列车的完全一致。”

本例的评价对象是2018年1月和2020年1月该地区的高速铁路网络服务水平，两阶段的网络分别如图8－4和图8－5所示。

图8－4　2018年1月珠三角地区高速铁路网络图

图8－5　2020年1月珠三角地区高速铁路网络图

从图 8－4 和图 8－5 可知，2018 年 1 月到 2020 年 1 月之间新增（包括当前在建）高速铁路线路有广清、广佛莞深惠城际、广珠江城际、江湛铁路、赣深高速铁路、深港城际等线路。为了合理科学评价该区域的高速铁路网络服务水平，经过相关数据调研和专家咨询，制订各个评价指标的属性等级。由于评价指标过多，因此仅列第一个准则（设施水平）的线网水平 A1、车站水平 A2 和设备水平 A3 的属性等级划分为示例，具体如表 8－2 所示。

表 8－2　案例地区高速铁路网络指标属性等级划分

准则层 2	指标	单位	等级（a_{ijk}）			
			高	较高	中	低
线网水平 A1	A11 高速铁路线路数	条	20	15	10	5
	A12 高速铁路线路服务城市数量	个	10	8	6	3
	A13 线路里程	km	2000	1500	1000	500
	A14 高速铁路线路网络密度	km/km^2	0.05	0.04	0.02	0.01
	A15 人均拥有线路里程数量	km/人	0.35	0.26	0.17	0.09
	A16 非直线系数	—	1	1.2	1.5	1.6
	A17 平均百公里出行时耗	min/km	5	10	15	20
车站水平 A2	A21 车站个数	个	80	60	40	20
	A22 高速铁路主导型综合客运枢纽个数	个	15	10	5	2
	A23 车站直达服务人口数量	万人	1000	800	500	200
	A24 可换乘车站数	个	20	15	10	5
	A25 车站服务的建成区面积	km^2	500	400	250	100
	A26 平均换乘距离	m	75	125	200	250
设备水平 A3	A31 动车组代数	—	3	2	1	1
	A32 动车组平均编组数	车/列	16	16	8	8
	A33 动货线路数	条	10	8	6	2
	A34 开行复兴号线路比例	%	30	20	10	0
	A35 动车组平均服役时间	月	12	60	100	180
	A36 5G 覆盖线路比例	%	10	8	5	0
	A37 动车组 Wifi 覆盖比例	%	100	80	50	10
	A38 配备无纸化检票系统车站比例	%	100	80	60	50
	A39 专业化动车场个数	个	20	15	10	5

此外，根据两个时间点调研得到的相关数据，计算得到相应的属性指标值如表 8－3 所示。

表 8－3　相关指标实际取值案例

指标	A11	A12	A13	A14	A15	A16	A17	A21	A22	A23	A24
2018 年	10	5	1156	0.036	0.18	1.35	8.2	58	5	560	21
2020 年	21	8	1950	0.041	0.25	1.52	8.4	74	12	896	32
指标	A25	A26	A31	A32	A33	A34	A35	A36	A37	A38	A39
2018 年	220.25	253	1	16	1	2	121.1	0	60.3	86	18
2020 年	265.1	280	3	16	3	4	104.3	5	81.2	95	23

2. 权重系数的确定

采用变异系数法来确定该地区高速铁路网络系统服务水平评价指标的权重系数，得到的权重随评价指标分级标准取值的不同而变化。这样能充分利用实际的数据，区别对待不同地区的高速铁路网络系统，使评价结果更加客观。计算方法过程略，可参见机关文献，这里作简要说明。

（1）利用评价指标分级标准建立分级标准矩阵 $A=(a_{ijk})_{22\times4}$，即表 8－2 中的评价指标分级标准示例，通过对各评价指标统一属性，得到无量纲化分级标准矩阵 $B=(b_{ijk})_{22\times4}$。

对于指标值越大越好的指标，包括 A11、A12、A13、A14、A15、A21、A22、A23、A24、A25、A31、A32、A33、A34、A36、A37、A38、A39：

$$b_{ijk}=\frac{a_{ijk}}{\max\limits_{k=1}^{4}\{a_{ijk}\}} \tag{8-5}$$

对于指标值越小越好的指标，包括 A16、A17、A26、A35：

$$b_{ijk}=\frac{\min\limits_{k=1}^{4}\{a_{ijk}\}}{a_{ijk}} \tag{8-6}$$

（2）计算矩阵各行向量的均值与标准差：

$$u_{ij}=\frac{1}{4}\sum_{k=1}^{4}b_{ijk} \tag{8-7}$$

$$s_{ij}=\sqrt{\frac{1}{3}\sum_{k=1}^{4}(b_{ijk}-u_{ij})^2} \tag{8-8}$$

（3）计算变异系数

$$\omega_{ij}=\frac{s_{ij}}{u_{ij}} \tag{8-9}$$

(4) 将变异系数归一化后即得到指标层各指标以及准则层的权重。

按照以上步骤计算案例指标体系中指标层各指标及准则层的权重，计算结果如表 8－4 所示。

表 8－4　指标层各指标与准则层的权重

<table>
<tr><th colspan="2">准则层 2</th><th>准则层 2 权重</th><th>权重</th></tr>
<tr><td rowspan="3">准则层1（设施水平 A）</td><td>线网水平 A1</td><td>ω111,ω112,ω113,ω114,ω115,ω116,ω117</td><td>0.149,0.128,0.149,0.176,0.149,0.063,0.186</td></tr>
<tr><td>车站水平 A2</td><td>ω121,ω122,ω123,ω124,ω125,ω126</td><td>0.151,0.209,0.164,0.151,0.164,0.162</td></tr>
<tr><td>设备水平 A3</td><td>ω131,ω132,ω133,ω134,ω135,ω136,ω137,ω138,ω139</td><td>0.083,0.066,0.090,0.148,0.229,0.130,0.112,0.053,0.089</td></tr>
<tr><td colspan="2">准则层 1</td><td>ω11,ω12,ω13</td><td>0.273,0.269,0.458</td></tr>
</table>

注：其中准则层 1 的权重指标为各线网指标变异系数值除以全部指标变异值再准则层 2 各分枝进行加总，例如 $\omega 11=\dfrac{\sum_{r=0}^{7}\omega 11r}{\sum_{n,m}\omega 1mn}$。

3. 计算属性测度

利用公式(8－2)分别计算 2018 年与 2020 年珠三角地区高速铁路网络的指标层属性测度值，其中，实际测量值 x_{ij} 的取值见表 8－3，指标分级标准 a_{ijk} 的取值见表 8－2。计算结果如表 8－5 和表 8－6 所示。

利用公式(8－3)、公式(8－4)分别计算 2005 年与 2007 年该区域的准则层 A 指标属性测度值，其中权重 ω_{ij}、ω_i 的取值见表 8－4，指标层属性测度值 μ_{ijk} 的取值见表 8－5 和表 8－6，计算结果如表 8－7 和表 8－8 所示。

表 8-5　2018 年的指标层属性测度值

指标	A11	A12	A13	A14	A15	A16	A17	A21	A22	A23	A24	A25	A26	A31	A32	A33	A34	A35	A36	A37	A38	A39
高	0.00	0.00	0.00	0.00	0.00	0.00	0.36	0.00	0.00	0.00	1.00	0.00	0.00	0.00	1.00	0.00	0.00	0.00	0.00	0.00	0.30	0.60
较高	0.00	0.00	0.31	0.80	0.11	0.50	0.64	0.90	0.00	0.20	0.00	0.00	0.00	0.00	0.00	0.00	0.00	0.00	0.00	0.34	0.70	0.40
中	1.00	0.67	0.69	0.20	0.89	0.50	0.00	0.10	1.00	0.80	0.00	0.80	0.00	1.00	0.00	0.00	0.20	0.74	0.00	0.66	0.00	0.00
低	0.00	0.33	0.00	0.00	0.00	0.00	0.00	0.00	0.00	0.00	0.00	0.20	1.00	0.00	0.00	1.00	0.80	0.26	1.00	0.00	0.00	0.00

表 8-6　2020 年的指标层属性测度值

指标	A11	A12	A13	A14	A15	A16	A17	A21	A22	A23	A24	A25	A26	A31	A32	A33	A34	A35	A36	A37	A38	A39
高	1.00	0.00	0.90	0.10	0.00	0.00	0.32	0.70	0.40	0.48	1.00	0.00	0.00	1.00	1.00	0.00	0.00	0.00	0.00	0.06	0.75	1.00
较高	0.00	1.00	0.10	0.90	0.89	0.00	0.68	0.30	0.60	0.52	0.00	0.10	0.00	0.00	0.00	0.00	0.00	0.00	0.00	0.94	0.25	0.00
中	0.00	0.00	0.00	0.00	0.11	0.80	0.00	0.00	0.00	0.00	0.00	0.90	0.00	0.00	0.00	0.25	0.40	0.95	1.00	0.00	0.00	0.00
低	0.00	0.00	0.00	0.00	0.00	0.20	0.00	0.00	0.00	0.00	0.00	0.00	1.00	0.00	0.00	0.75	0.60	0.05	0.00	0.00	0.00	0.00

注：表中 A16、A17、A26、A35 为成本型指标。

表 8－7　2018 年准则层和总指标属性测度值

指标		A1	A2	A3	A
等级	高	0.067	0.151	0.135	0.121
	较高	0.354	0.169	0.111	0.193
	中	0.536	0.486	0.355	0.440
	低	0.043	0.194	0.399	0.247
评价结果		中	中	低	中

表 8－8　2020 年准则层和总指标属性测度值

指标		A1	A2	A3	A
等级	高	0.360	0.419	0.284	0.341
	较高	0.560	0.272	0.119	0.280
	中	0.067	0.147	0.428	0.254
	低	0.013	0.162	0.169	0.124
评价结果		中	较高	较高	中

4. 属性识别分析

取 λ 为 0.6，根据置信度准则可知，珠三角区域 2018 年高速铁路网络系统服务水平为“中”；2020 年高速铁路网络系统中“车站水平”为“较高”。

因此，与 2018 年相比，珠三角地区高速铁路网络经过两年的快速发展，车站设施的服务水平有了提高。

依据上述“线网水平”的评价方法，可得到其他四个子肢的权重指标和评估结果，具体结果如表 8－9 所示。

表 8－9　指标层各指标与准则层的权重评价结果

准则层 1		准则层 1 权重	权重	评价结果	
				2018	2020
服务水平	设施服务水平 A	$\omega_{11},\omega_{12},\omega_{13}$	0.273，0.269，0.458	中	较高
	运营服务水平 B	$\omega_{21},\omega_{22},\omega_{23},\omega_{24},\omega_{25}$	0.3294，0.1236，0.2786，0.0794，0.1890	中	中
	运输服务水平 C	$\omega_{31},\omega_{32},\omega_{33}$	0.3441，0.2240，0.4319	中	高
	与城市协调水平 D	ω_{41},ω_{42}	0.7408，0.2592	中	中

(续表)

准则层 1		准则层 1 权重	权重	评价结果	
				2018	2020
	科技含量水平 E	ω_{51}, ω_{52}	0.6524,0.3476	低	中
准则层		$\omega_1, \omega_2, \omega_3, \omega_4, \omega_5$	0.3215,0.1314,0.3613,0.1235,0.0623	中	较高

结合上述结果，可得到这样一个结论，即对于珠三角区域，高速铁路网络系统的整体服务水平在 2020 年比 2018 年来说有了一个较大的飞跃。对于评价指标这么多的情况下，能提升一个服务水平评价等级，说明该系统在短时间内进行了大量的升级和建设，这也和近两年来该区域高速铁路建设成就相吻合。

就方法而言，从评价过程可知，我们提出的服务水平评价方法，既可以用系统某一“子项”（如本例中的“线网水平”“设备水平”等）的服务水平评价，又可以结合各个“子项”的结果来分析整个系统综合服务水平的高低。所以所采用的方法具有比较好的适应性和可替代性，有利于其他区域高速铁路网络系统服务水平的评估。

本章小结

本章在提出高速铁路运输资源概念的基础上，结合高速铁路运输资源优化配置的决策过程，构建了较为系统的区域高速铁路网络服务水平评价指标体系，将属性数学应用于交通领域，建立了二层属性数学识别模型，提出了一种高速铁路出行效率综合评价的方法，对评价结果的识别准则进行了修正。实例评价了珠三角区域 2018 年和 2020 年之间高速铁路网络系统的整体服务水平，用变异系数法确定其评价指标的权重，计算简单，容易理解，计算结果证明了评价模型建立的科学性与有效性。应当指出的是，在实际应用中，为使所建立的模型更贴近实际，应根据实际情况选择评价指标，并对分级标准进行修正；另外，改进属性测度函数与权重的计算方法等也可作为后续高速铁路资源配置和服务评价的研究参考方案。

第九章 未来我国高速铁路运输服务水平提升路径

经过十几年的艰苦奋斗，我国高速铁路已经从当初的“跟跑者”变成了现在的“领跑者”。如何继续保持当前的优势，继续保持服务和科技创新，是未来摆在我国高速铁路从业者和政府之前的一大难题。本章结合近年来高速铁路的发展趋势和发展环境，提出未来我国高速铁路运输服务水平提升的路径，希望可供相关部门以决策参考。

第一节 运输服务水平提升路径

一、持续增长网络基础设施投入，做到补短板，为全面消除区域贫困贡献力量

未来五到十年内，交通基础设施“补短板”是深化交通运输供给侧结构性改革的重点任务。推动交通运输结构优化调整需要加大交通基础设施领域补短板的力度，以提升交通运输供给水平和支撑保障能力，形成供需互促共进的良性循环。2018 年国务院办公厅发布了《国务院办公厅关于保持基础设施领域补短板力度的指导意见》（国办发〔2018〕101 号），提出了未来几年铁路领域基础设施的主要建设任务是“铁路领域需要以中西部为重点，加快推进高速铁路‘八纵八横’主通道项目，拓展区域铁路连接线，进一步完善铁路骨干网络。加快推动一批战略性、标志性重大铁路项目开工建设。推进京津冀、长三角、粤港澳大湾区等地区城际铁路规划建设。加快国土开发性铁路建设。实施一批集疏港铁路、铁路专用线建设和枢纽改造工程。”

由此可见，未来我国高速铁路服务水平的提升，首先需要“聚焦短板”，为补齐交通短板积极响应国家京津冀协同发展、长江经济带发展、粤港澳大湾区建设等重大战略实施，支持“一带一路”建设，协同打好精准脱贫、污染

防治攻坚战，加快高速铁路基础设施投资和建设。

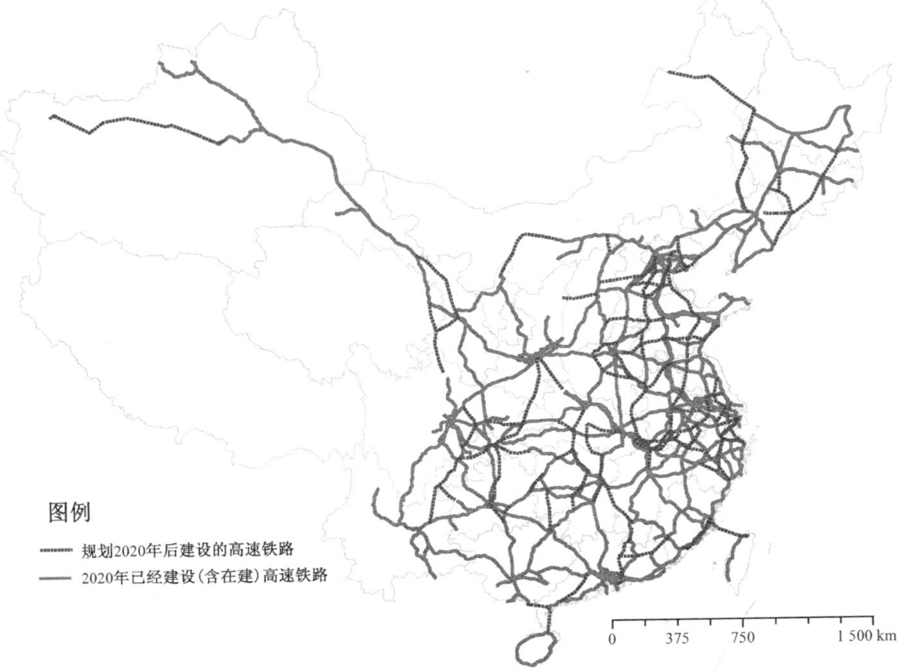

图 9-1　截至 2020 年 3 月我国已经建设(含在建)和规划待建的高速铁路网络图

对比《中长期铁路网规划(2016 年修订)》，截至 2020 年 3 月已经建成(包含建设基本完成未通车)的高速铁路线路图如 9-1 所示(川藏铁路准确线位未体现在图中)。由图 9-1 可知，虽然目前已经建成了 3 万多km 的高速铁路，对比规划，依然存在着非常大的发展空间，具体表现在以下几个方面：

① 京津冀地区往东北地区的快速高速铁路通道还未完善；

② 长江三角洲以北沿海地区对接山东城市群及京津冀城市群的高速网络架构尚存不足；

③ 东北、西北几个重要的对外口岸尚未进行快速客货通道的建设；

④ 西部重点地区如绵阳经遂宁至重庆高速铁路迟迟未动工，西北往西南和东部的连接通道数量不足。

所以，未来五年高速铁路的补短板任务还非常重，特别的，山东、四川、江苏北部、内蒙古、宁夏、青海、中国台湾等地区的高速铁路里程比较低，发展空间比较大。

针对基础设施建设的任务，国家铁路局和中国国家铁路集团有限公司也制定了通过补短板提升整个网络基础设施服务水平的计划。2020 年 2 月 24 日，中国国家铁路集团有限公司提出将加大川藏铁路、成渝中线高速铁路等重大项目前期工作力度，并规划了 2021 年将会开工建设的铁路线路。根据最新的建设规划和部署，未来 5 年高速铁路基础设施建设的投资将继续维持在 8000 亿元以上，这为我国全域铁路网络快速化升级奠定了基础。估计到 2025 年，我国的高速铁路网络将达到 5 万千米以上，并呈现"所有线路运营速度更快、干线通道服务区间更广、单线开行时间跨度更长、地市全部通高速铁路"的画面。

高速铁路基础设施通过补短板提升服务水平，必须坚持以下原则：

1. 坚持党的领导，坚持服务国家战略需求

紧紧围绕支撑国家重大战略实施，与相关产业联动发展补齐交通基础设施短板，优先推进国家"十三五"规划纲要中重大工程交通项目落地。统筹推进交通基础设施补短板与运输装备、绿色交通、平安交通、智慧交通等各领域补短板，确保利当前、惠长远。

2. 稳定投资，防控风险

坚持以促进国家经济社会大局稳定为出发点，防止高速铁路投资和建设标准的"大起大落"。探索多样化的投资和融资方式，合理安排工程项目建设，提高建设标准，响应人民需求。

3. 优先发展重点区域重要项目

根据国家战略，未来重点建设京津冀区域综合交通网络，打造轨道上的京津冀、推动雄安新区逐步构建成熟完善的高速铁路网，完善长江经济带综合交通网络，加大长江三角洲以北高速铁路网络密度，加快川藏铁路和成渝中线、渝昆铁路重庆至宜宾段、成万铁路等项目节点控制线路的建设等。

4. 强化高速铁路建设在脱贫攻坚方面的作用

下一步有条件推动资源枯竭、产业衰退地区，以及边疆地区、民族地区、革命老区的高速铁路的连接和发展，以高速铁路建设联通形成新的产业和人口流动，促进这些地区产业升级，形成新的经济增长点。在 2025 年高速铁路网络规划中，对这些地区建设高速铁路的情况进行评估和实施计划，争取十年之内原来"老、少、边、贫"地区的人民也可以通过相关方式，或者依靠现有高速铁路网络，不仅能够方便地乘坐高速铁路出行，还可以通过高速铁路运送物资。

二、配套设施科技含量增大，体现“新基建”发展要求

2020年3月，中共中央政治局常务委员会会议指出，加快5G网络、数据中心等新型基础设施建设进度，引发各界高度关注。传统基建是指铁路、公路、桥梁、水利工程等大型的基础设施，也就是人们常说的“铁公基”。而“新基建”则是指着眼于科技端的基础设施建设，涵盖七大领域：5G基站建设、特高压、城际高速铁路和城市轨道交通、新能源汽车充电桩、大数据中心、人工智能、工业互联网。显然，“新基建”立足于提升生产和制造的效能，更能体现数字经济特征，必将成为下一阶段推动中国经济增长和推动中国经济转型升级的核心关键。

特别地，作为我国高速铁路的重要组成部分——城际高铁城际轨道交通被定义为了“新基建”的典型。“城际高铁、全称城际高速铁路，是指在人口稠密的都市圈或城市群中修建的高速铁路客运专线运输系统，属于高速铁路的一种类型。城际高速铁路的主要特点是线路距离较短、列车班次公交化以及轨道系统所能允许的列车最大运行时速不高于200 km。城际高速铁路作为我国新兴的轨道交通类别，兼有城际铁路和高速铁路的特征（《城际铁路设计规范 TB 10623—2014》）。”此外，我国目前城际和区域高速铁路运行方式的创新体现在系统的智能化和自动化上。随着我国自主开发的智能列车自动驾驶系统顺利完成测试，填补了我国时速300～350 km的自动驾驶技术，并实现了自动发车、自动运行、自动减速停车、车门自动防护等。而在沿线的高速铁路站内将配备智能机器人，不仅能帮助拖运行李，还具备自助导航等服务。

城际高速铁路之所以能成为一种“新基建”，是因为城际高速铁路的科技含量与其他的铁路相比显得更高——它的动力装置，比如储能、实时供电、充电的模式，还有轮轨的新材料应用，都有很多的技术创新。另外列车自动的运行和控制系统，利用了新一代信息技术，如5G等。我国典型的城际高速铁路如京津冀城际轨道网络、珠三角城际高速铁路网络分别如图9-2和图9-3所示。

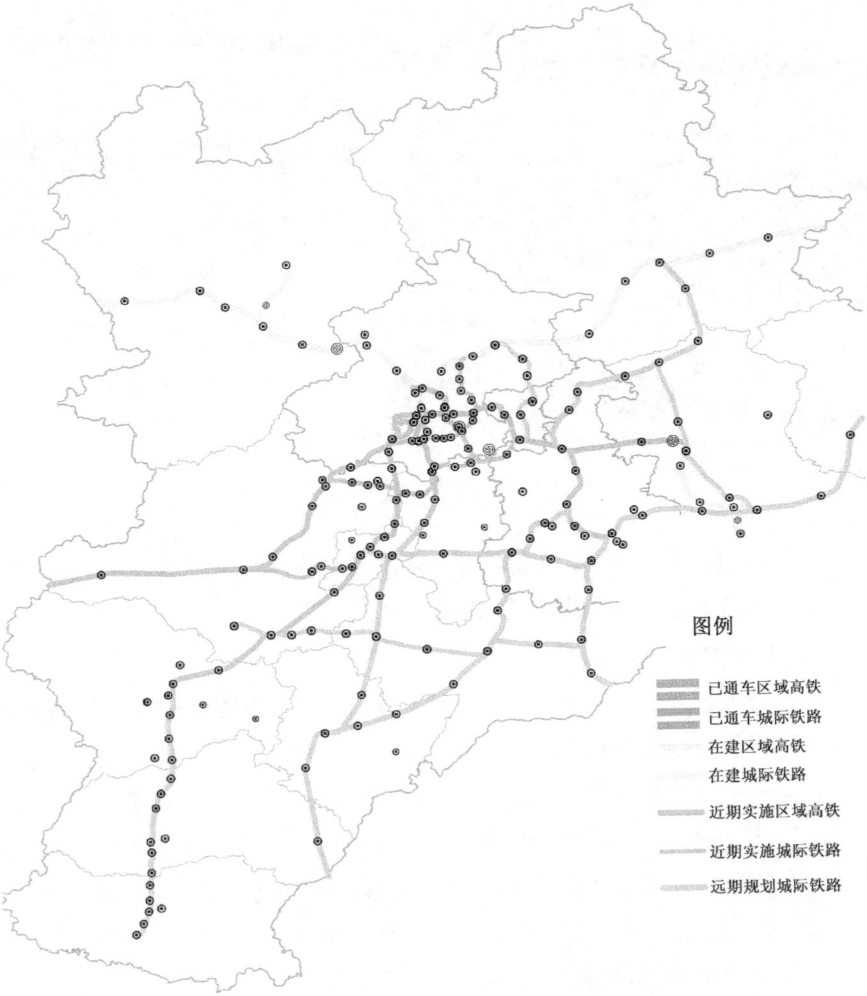

图 9－2　京津冀城际铁路规划图

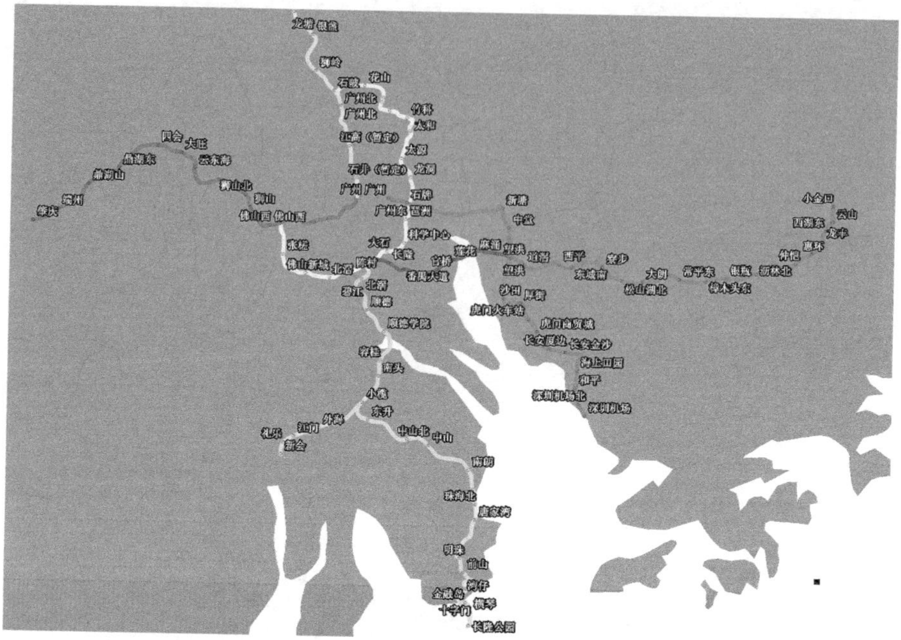

图 9-3 珠三角地区城际网络规划图

以“新基建”为契机，本书总结未来我国高速铁路在增加科技含量、发展体制创新来提升服务水平的路径措施如下：

（1）坚持面向需求

针对高速铁路安全可靠性、使用寿命延长、重大难题依然亟待解决等切实需求，提高高速铁路交通运输服务的快速安全保障技术，解决轮对、车轴等核心部件的高水平国产化问题。车载服务科技提升方面，促进与5G、互联网、新一代移动通信技术的结合，提升科技含量水平；运营服务方面，促进交通运输与金融大数据发展融合，攻克绿色低碳循环交通发展关键核心技术。

（2）坚持对外开放，通过不断学习提升高速铁路全系统核心科技水平

响应交通强国、科技强国发展战略，坚持技术创新改革，扩大开放。瞄准学习世界高速铁路基础设施与运营管理的发展前沿，利用全球优秀咨询，推动我国关键技术突破，特别需要结合国外新一代通信技术、高端芯片、新能源、新材料、新一体化装备、机器人等新技术，引进这些科技成果并改进创新，应用到高速铁路行业，掌握全球顶尖的核心技术。

同时，高速铁路控制与信息化方向，结合“新基建”热潮，通过学习国外物联网、大数据、云计算、自动驾驶、移动通信等技术，促进新一代高速铁路的信息化和智能化发展；也要坚持“引进来”和“走出去”相结合，结合“一带

一路”倡议，加大开放交流与国际合作，推广我国高速铁路工程建设、动车组技术、标准规范等成熟技术，提高我国高速铁路相关产品的国际竞争力。

（3）面向未来

结合此次新型冠状病毒防控过程中铁路运输起到的作用与不足，认真研究未来我国经济社会发展、人民生活水平提高与现实间矛盾、国土空间开发、国家安全与紧急时间对高速铁路工程建设、养护技术、运输组织现代化、应急保障提升的新需要，把握全球科技创新发展新趋势，在上述领域寻求突破，形成优势，促进质变。

三、创新丰富制式，长大干线实现磁悬浮、城际铁路实现中低速磁浮运行

2019 年 5 月 23 日，时速 600 km 的高速磁浮样车在青岛上线，这是代表我国在高速磁浮列车技术领域实现重大突破的标志性事件，我国高速磁浮列车技术实现了运营速度、安全可靠性世界领先。作为一种不算新的高速交通模式，磁浮高速具有速度高、安全可靠、噪音低、震动小、载客量大、耐候准点、维护量少等优点。介于目前我国高速铁路可达到的最高运营时速为 380 km，民航客机巡航时平均时速为 800～900 km，时速为 600 km 的高速磁浮铁路可以填补目前一般高速铁路和航空运输之间的速度间隙，对于完善我国多速度区间高速客运交通网具有重大的技术和经济意义。

磁悬浮轨道交通在发达国家并不少见，例如日本拥有 42.8 km 的山梨磁悬浮试验线，运营速度每小时 430 km 的上海国际首条商业运营高速磁浮线，是德国在我国建成的。但我国尚缺乏时速 600 km 的高速磁浮系统及工程化应用。此外，随着中国城市化加速发展，城市圈的交通需求量大大提升。中速磁悬浮的时速为 200 km，便捷高效、绿色环保，未来将会在我国高容量市郊和高通勤密度的大城市群落中发挥中坚力量。2016 年 5 月 6 日，长沙磁浮快线载客试运营，这条中低速磁浮商业运营线拥有完全的自有知识产权，也是我国首例。这意味着我国磁悬浮技术已经实现了从理论创新到技术应用创新的全面突破，标志着我国在该项技术上开始跻身于世界先进国家行列。关键地，我国自主研发的中低速磁浮每 km 造价为 1.5 亿至 2.5 亿元，前期建设投入及后期运营维护成本和国外系统相比低得多。因此理论上，如果可以克服换乘难度大、建设成本比普通高速铁路高、维护技术不成熟等缺陷，中低速磁悬浮铁路在城际之间将存在大规模应用的发展空间。

基于我国目前高速铁路制式上的持续创新，建议可采取以下手段实现未来高速铁路系统服务水平的提升：

① 建设运营一至两条运营时速 600 km 的高速磁浮铁路，例如新京沪高速铁路、新京港高速铁路可考虑进行研究建设；

② 城际圈内，建设运营中低速磁浮，可尝试实现和普通城际高速铁路的接驳和连接。

当然，不同制式高速铁路的形成，会给现有的系统带来挑战和难题，比如成本效益比过大、方式之间无法直接连接转换、乘客换乘难度大、维护保养专业分工差异大等。但是，多制式的运营，有利于进一步提升我国高速铁路的科技含量，提升民族自信心，增强我国高速铁路品牌价值和国际的影响力。更多地，对于外部效应，以高速磁浮为代表的新制式高速铁路，建设的必要性比较大。

四、学习国外航空公司运营模式，制定好常旅客服务规则

常旅客计划在航空业、零售业、酒店业、金融业等诸多领域有广泛应用，这类计划在关系营销中的重要性已经成了学界和业界的共识，在高速铁路运营中引入常旅客计划也被社会各界持续呼吁。为了进一步优化铁路客运服务的有效供给，并为广大旅客的铁路出行提供更加个性化和多样化的服务，中国国家铁路集团有限公司于 2017 年 12 月推出了“铁路畅行”常旅客会员服务。通过常旅客会员服务，你将拥有多种渠道获得铁路积分，享受更多会员权益，并可为本人及指定受让人兑换车票及铁路持续推出的积分奖励服务。2018 年 8 月，中国铁路总公司发布“客运提质计划”将“构建常旅客服务体系，提升营销服务能力”列为未来三年的重点任务。

从铁路运输供需双方的角度来看，铁路常旅客计划在惠及人民群众的同时，也可以通过差异化服务，让铁路获取超额利润。但如果不能丰富常旅客计划项目来满足顾客期望，则乘客并不会保持对高速铁路的忠诚度，进而甚至会导致常旅客计划的失败。航空公司对常旅客提供“积分升舱”服务是一种成熟的商业行为，陈明等提出在合适的条件下，列车席位“升舱”可以成为常旅客计划的重点内容，这实际上是一种票价折扣的差异化运价策略，但当前还没有研究对类似铁路“升座”的实施环境和策略进行探讨。

“常旅客”计划对于未来我国高速铁路系统服务水平的提升非常重要，一方面，有助于高速铁路服务水平的发展向高端航空公司看齐，高端常旅客有助于提升铁路的竞争力，通过常旅客积分可设计不同商业模式并实现运营，提升高速铁路的品牌和高端商务模式相联系的核心竞争力；对于“中低端”常旅客，它们是高速铁路客源的最重要组成部分，通过对这些类别常旅客进行服务和优惠，可以稳定高速铁路的客运需求，相关积分、礼品可以作

为福利回赠，可以体现高速铁路为人民服务的初心和使命价值。另一方面，常旅客服务体系的引入，可以与其他商业和产业活动联合，达到带动其他产业经营服务范围的目的。例如，通过常旅客积分，可以与百度地图、美团出行、交通信用等关联，通过积分升座、明星旅客广告、根据流量对其他产业收入提取分成等形式，提升高速铁路客票的商业使用价值。

总之，打造中国特色的常旅客高速铁路服务模式，是下阶段高速铁路出行市场发展的要求，也是未来我国高速铁路系统服务水平提升的关键任务之一。

五、继续开拓高速铁路资金融资渠道，以京沪高速铁路为参考打造高速铁路主板品牌

2010年1月16日，京沪高速铁路股份有限公司正式在上海证券交易所挂牌上市，以每股4.88元的单价合计发行了62.86亿股，“京沪高速铁路”也是主板上市的高速铁路“第一股”。

2017年初，国家铁路集团有限公司董事长陆东福首次提及开展混合所有制改革以及探索股权投资多元化的混改新模式。同时十三五规划也强调推进东部地区资金充裕的优质高速铁路企业的资产证券化和上市等相关工作。京沪高速铁路作为第一条上市高速铁路，给后续的铁路资产优化配置、融资来源模式探索、经营主体多元化等，提供更多宝贵的经验和借鉴。肯定地说，京沪高速铁路的成功上市正是符合国家的发展战略大局和“交通强国、铁路先行”的发展目标要求。京沪高速铁路无论是从技术研究、运营水平、客流水平，还是从经济效益上看，都代表中国高速铁路在世界的最高实力。

京沪高速铁路的“上市账本”简要数据如表9-1所示。

京沪高速铁路成功上市，给后续高速铁路企业的启示是：首先，通过上市可以筹集资金归还贷款，为中国国家铁路集团有限公司降低负债率做贡献；其次，通过上市可以增加企业透明度，得到各方监督，提升高速铁路公司治理能力，从而为更多的优质铁路证券化作参考；最后，京沪高速铁路的上市，为未来我国高速铁路和城际铁路实现完全的市场化定价奠定了现实和理论基础，为我国高速铁路票务和其他相关产品的定价完全市场化提供了可能——基于剩余索偿权的股权融资的企业运营模式将具有长期的生命力，并可以通过纳税实现转移支付。

当然，并不代表着我国其他的高速铁路线路都可以通过上市融资来提升相关的服务水平，但是可以确定的是，京沪高速铁路模式已经创造了我国基础设施融资模式的历史，也为未来我国高速铁路改革和运输服务水平提升打开了一扇窗。

表 9-1 京沪高速铁路的"上市账本"简要数据

（数据来源："巨无霸 IPO""高速铁路第一股"）

（1）报告期内公司业务收入构成情况

业务类型	2019 年 1～9 月		2018 年		2017 年		2016 年	
	收入/万元	比例/%	收入/万元	比例/%	收入/万元	比例/%	收入/万元	比例/%
旅客运输	1 204 204.99	48.16	1 579 069.55	50.68	1 556 737.53	52.67	1 418 926.44	54.04
提公路网服务	1 274 005.83	50.96	1 510 182.69	48.47	1 381 221.67	46.73	1 191 454.26	45.38
其他	21 980.83	0.88	26 589.91	0.85	17 581.74	0.59	15 381.01	0.59
合计	2 500 191.65	100.00	3 115 842.16	100.00	2 955 540.94	100.00	2 625 761.72	100.00

（2）报告期内旅客运输情况

业务类型	2019 年 1～9 月		2018 年		2017 年		2016 年	
	全线	本线	全线	本线	全线	本线	全线	本线
列车列次/列	139 031	26 904	172 518	39 270	165 366	39 634	144 154	40 031
发送人/万人次	16 039.28	4041.59	19 197.06	5397.94	17 715.35	5299.57	1 505 097.00	509 771.00
周转量/亿人千米	730.22	258.59	885.86	344.57	828.49	342.36	723.41	318.25
客座率	77.52%	79.71%	78.34%	81.64%	75.80%	80.18%	72.50%	73.38%

注：全线业务数据为本线列车与跨线列车的合计运营数据。

（3）京沪高速铁路成本结构

业务类型	2019年1～9月		2018年		2017年		2016年	
	金额/元	比例/%	金额/元	比例/%	金额/元	比例/%	金额/元	比例/%
委托运输管理费	24.62	20.77	84.28	51.71	85.29	53.53	83.12	54.89
动车组使用费	36.11	30.46	0.00					
折扣支出	22.71	19.15	30.76	18.87	30.49	19.13	32.76	21.63
能源支出	21.99	18.55	27.34	16.77	29.03	18.22	30.56	20.18
高速铁路运输能力保障费	9.66	8.15	12.38	7.60	6.11	3.83		
维管费	1.33	1.12	1.91	1.17	2.13	1.34	1.80	1.19
商务旅客服务费	1.03	0.87	1.39	0.86	1.35	0.85	1.18	0.78
路网服务费	0.20	0.17	0.29	0.18	0.34	0.22	0.37	0.25
其他	0.91	0.77	4.64	2.85	4.61	2.89	1.64	1.08
合计	118.56	100	162.99	100	159.35	100	151.44	100

注：2016—2018年，动车组使用费包含在委托运输管理费中；自2019年起，动车组使用费单独核算，不再包含在委托运输管理费中。

六、鼓励上下游产业做好配套创新，实现餐饮、保险、旅游、共享租赁形成 Maas 产品

“出行即服务”(英文为 mobility as a service，Maas)，即使用统一数字接口来掌握和管理与交通相关的服务，从而满足每一位消费者的出行需求。具体来说，在将多种交通方式(工具)整合为统一的服务平台的基础上，以数据共享服务为原则，利用大数据技术进行资源优化配置和决策，建立以旅客为中心的无缝交通系统，采用新的移动方式支付提供更加灵活的交通系统，满足旅客的需求的高效、经济的旅行服务。通过将离散交通子系统转化为综合交通系统，使旅客从拥有车辆向拥有交通服务转变，实现从私人交通向共享交通的转变，创造一个比自有车辆更方便、更可靠、更经济的交通服务环境的共享运输。第一，交通服务。首先，强调旅游地管理局应重视提供交通服务，而不是车辆的所有权；旅客不仅是交通服务的受益者，也是交通数据的提供者和共享者，通过数据的挖掘和分析能够优化整个旅游服务。第二，整合。根据时间成本、经济成本等重要影响因素，将多种交通方式进行高度整合，从而动态推荐最优出行方案并完成支付系统的集成。第三，人文精神。倡导以人为本的服务理念，强调为人民服务，而不是为汽车服务。其主要目标是为人们提供更高效、更优质、更安全的旅行服务，以及提供无缝连接和其他旅行体验。第四，绿色。Maas 更加鼓励公共交通出行方式，提高绿色交通的出行比例，降低私人机动化出行，节约能源，减少碳排放。Maas 对绿色旅游的驱动力体现在它在为旅行者、服务提供商、数据提供商和运输运营商创造新价值的同时，提高效率和降低成本。对于旅行者来说，Maas 可以根据用户的成本和偏好，综合多种出行方式的优势，为用户提供更加经济、合理、便捷、舒适的出行计划，从而降低出行费用，实现一键支付，提高用户的出行效率和出行质量。对于服务的提供者来说，Maas 能够通过提供有效的出行资源和出行管理工具来满足用户对出行的相关需求，并实行奖励机制来引导用户选择可持续的出行方式，从而支持交通政策目标的实现。对于数据提供者来说，Maas 可以通过为运输运营商提供数据的交换机会，来提升数据的服务价值，满足市场新用户对数据分析的服务需求。对于运输运营商来说，Maas 可以通过分析成本和其他因素，有效地将乘客转移到最有效的运输方式；通过网络技术减少用户整体旅行时间，以便更好地监测、管理和制定运输服务；减轻交通拥挤，降低对交通的环境带来的不利影响，通过扩大服务提供商的规模和可及性来降低运输成本；通过增加新的收入项目或拓展市场规模，提高旅行服务提供商的利润，并改善当地居民对

旅行服务的演变和新形式服务出现的看法。Maas 可以提高公共交通和私人交通服务的协调能力，交通运营商可以服务和满足更多人的出行，数据提供商可以提高数据采集和分析能力，通过三方合作提供更高附加值的综合出行服务，从而实现自身更大的经济效益，使旅客获得灵活、个性化的"门到门"便捷服务，减少私家车的使用，使政府部门提高交通基础设施利用效率，减少因拥堵造成的污染排放和安全事故，利用 Maas 数据支持城市精细规划，可以更好地促进城市可持续发展。

Maas 的目的是优化不同运输方式的基础设施布局和协调线路运行。在旅客出行过程中，应特别重视换乘环节，优化线路、车站等不同运输方式的设施设备布局协调，缩短物理距离，从硬件上提高旅客换乘的便利性和舒适性。

未来的发展模式中，可以围绕高速铁路构建多模式的共享出行方案，提高线路、车站等基础设施的使用效率，在时间安排上实现客运"无缝衔接"和"跟踪跟进"。这种模式最初起源于 30 年前的航空、铁路运输服务，当时的目的是实现"全程管家"服务，但是由于信息技术的缺陷使得这些相关技术遥不可及。目前，随着大数据、云传输等互联网技术的普及，前景逐渐明朗。但"全程管家"服务的普及仍将受到旅游者收入、消费水平和旅游习惯的影响。航空和高速铁路旅客消费水平高，对出行质量和舒适度要求高，对智能手机等新技术的接受度高。因此，未来空铁联运应是近期重点发展的"全程管家"的"以旅行为服务"平台，政府应提供良好的基础条件，培育"以旅行为服务"的企业成长环境。一是抓住"十三五"期间进一步扩大高速铁路和机场网络的机遇，在有条件、有需求的情况下，建设高速铁路进入机场，促进空铁联运模式发展，引入值机、托运等机场服务进入铁路客运站以优化航线网络，协调铁路运营方案和航空服务，促进空时、二维航空轨道交通无缝衔接。二是充分发挥国有企业的主导作用，把中航信息和铁路 12306 系统作为综合售票平台，提供购票、付款、退票、背书等覆盖全国航线和铁路网的"一站式"售票服务。旅客可选择邮寄或到机场或火车站取票或凭身份证和"刷脸"办理航空铁路登机手续；在此基础上，通过短信、手机应用等方式推送个性化、准确的实时出行信息，要形成"以旅游为服务"企业的创新土壤和创新空气，相应的政府监管要以鼓励竞争、避免垄断为重点。以我国台湾高雄 Maas 为例，高速铁路可以作为出行服务平台的轴承部分，并实现运营的分成和市场的培育。

图 9－4　高雄 Maas 的推动策略与构成部分

（来源：萧伟政，公共交通数位转型，2019）

七、继续鼓励“高速铁路走出去”的策略，真正提升中国高速铁路的世界影响力

我国高速铁路具有诸多优势，具有技术先进、安全可靠、高性价比、兼容性强、生产运营方面经验丰富等特点，此外，施工设备有机结合，有多方面的投融资渠道。所以，近年来，我国高速铁路“走出去”紧跟国家“一带一路”倡议建设步伐，加快连接亚欧非各次区域的铁路网建设，以充分发挥铁路在推动区域贸易来往、各类资源要素流动、经济文化交流等方面的基础性作用。围绕欧亚、中亚、泛亚三大战略方向，欧亚铁路由经俄罗斯进入欧洲，旨在改变我国对外贸易长期依赖海运的局面；中亚铁路经中亚通往德国，目标是扩大与欧洲和非洲内陆国家的经贸合作，形成物流黄金干线；为进一步形成对外开放的新格局，建设昆明至东南亚国家的铁路，规划一直到新加坡，通过泛亚洲高速铁路通往南海港口。

但是，我国高速铁路“走出去”仍然面临复杂的宏观国际环境、激烈的市场角逐以及不可预测的其他因素，可谓举步维艰。特别是近年来，几乎每一个“走出去”的高速铁路项目都非常“曲折”，失败的案例也占据大多数。总的来说，海外高速铁路实际落地的项目很少，特别是缺乏标志性和划时代意义的项目。高速铁路的真正“走出去”是能够最终“进入”目标国，并深入人心，而不是依靠低廉的价格来吸引对方。为此，未来在“走出去”战略上，建议通过以下举措提升国外项目的服务水平。

1. 通过高速铁路可切实提升目标国的经济水平

目标国引进高速铁路的目的有时候非常单纯，是通过高速铁路的建设提升地方的经济水平。所以，在投资的过程中，我们需要切实为目标国算好经济账，在做到互惠共赢的条件下，提升当地的经济水平。这就需要深入调查目标国的政治经济和文化环境，有效地采用切实可行的建设模式和建设方法，并设计相应的运营模式和商业模式，尽量保证服务方的利益。为了实现铁路运输的推广和发展，就必须通过国际市场优化调节资源配置，提高国际市场化运营能力。

2. 精益求精，提升我国高速铁路装备水平，降低成本并提升竞争力

我国高速铁路走出去面临的竞争对手有日本、德国、法国和西班牙等。特别是日本，经常成为我国高速铁路走出去的最重要搅局者。虽然日本的高速铁路建造价格比我国高，但是，他们的技术精细水平和全套装备水平不在我们之下，很多经营理念和精神值得我们学习。因此，未来，我国还需要提升技术深度，降本增效，才能在激烈的海外竞争中有立足之地。

3. 加快复合型人才培养，为对外开放服务

目前，我国高速铁路国际复合型人才、“一带一路”沿线国家铁路管理、铁路技术研究等各类人才都极为紧缺。目前，我国高速铁路“走出去”不仅需要铁道工程、机电服务等专业人才，还需要金融、法律、商务等方面的人才；以及精通国际标准的勘察设计人才、项目管理人才和运营发展人才，并且这些人才都需要熟悉专业知识和海外相关的技术和服务规范。就现在来说，只有国家铁路集团公司和铁路专业顶级高校(如北京交通大学、西南交通大学等)具有培养国际视野和适应海外工作条件的复合型人才的能力和环境。因此，加强此方面人才培养也下一阶段高速铁路能否“走出去”的关键。

第二节 未来高速铁路运输服务水平提升路径案例：常旅客“积分升座”模式

本节提供了一个未来高速铁路运输服务水平提升的案例——高速铁路“常旅客”积分升座方法，梳理了当前高速铁路积分制度的应用局限，讨论了“积分升座”这一方案的意义，通过比较“积分升座”制度推行后各主体和社会福利的变化，论证了“积分升座”的可行性与实施条件，并根据铁路系统的营运特点，对常旅客服务提升方案内容进行了初步设计。

一、常旅客计划“积分升座”的制度创新

1. 当前高速铁路积分的使用局限

2017年，中国铁路总公司发布了“铁路畅行”常旅客会员服务计划，该计划设计了高速铁路“常旅客”积分使用方案。根据常旅客计划规定，乘客购买车票时可以获得乘车票额5倍的积分，当乘客积分达到10000分以上时，可以按照积分与车票额100∶1的比例兑换特定车次的车票。从政策目标上看，中国铁路总公司一方面希望通过积分兑票制度诱导出一批忠实的铁路出行用户，另一方面期望可以充分利用过剩的运力。然而，该计划在实际运用中虽然产生了一定效果，但也存在着一系列不容忽视的局限。

首先，高速铁路积分的应用方式有限。在航空领域，常旅客可以通过积分升舱、积分服务、积分商城、积分兑票等积分应用模式来获得有价值的服务、商品或其他资源，积分的获取和利用还会延伸到航空业之外。但是高速铁路常旅客仅能够用积分兑换特定车次车票，高速铁路积分既不能为旅客提供差异化、个性化的产品，也无法构建起积分相关的产业圈和生态圈。

其次，可用积分兑票的车次有限，车次运营时间与乘客期望不符。积分兑换的车票多属早晚班或短途三餐时段上座率较低的车次，而乘客一般倾向于避开这些时段的车次乘车。受限于可兑换车次的范围，乘客参与积分兑票的热情不高，积分兑票制度的成效有限，鼓励会员选择铁路出行的诱导作用有所折扣。

其三，积分兑票的退改签制度存在缺陷。积分兑换的车票不得退票，改签仅限当日其他可兑换车票的车次，且必须在车站的特定窗口完成。在可兑换车次本身不多的情况下，一旦乘客不慎误车，难免出现无票可改签的情况，而受制于现行的禁止行程冲突的规定，乘客无法重新购票。可见，现行的积分兑票规定明显忽视了乘客在误车情况下可采取的补救措施，使乘客面临着很高的不确定性风险，造成出行上极大的不便和难以预计的间接损失，在一定程度上降低了乘客参与积分兑票的积极性。

综上，当前的常旅客计划难以实现其最初的设计构想，要进一步优化供给，激发铁路积分制度的潜在优势，需要进行一套更好的制度设计。

2. 高速铁路“积分升座”模式

在航空业中，乘客作为某航空公司或某联盟的常旅客，可以根据飞行里程的积分进行升舱，即消费一定的航空积分，以经济舱票的价格乘坐商务舱，这也是旅客使用航空积分的主流选择。高速铁路也可效法航空业积分升舱模式引入“积分升座”制度，将未售罄的一等座向购买二等座车票的乘

客开放兑换，让“积分升座”成为高速铁路积分应用的最主要模式。

“积分升座”让乘客以二等座的价格得到一等座的出行体验，增强了乘客出行获得感。对中国铁路总公司而言，“积分升座”产生的对客户的心理刺激和品牌刺激效应能明显提高客户忠诚度，增强旅客出行乘坐高速铁路的黏性，进而增加营业收入。

二、“积分升座”可行性分析

铁路运营涉及两大利益主体，即铁路运输产品的消费者旅客和供给者中国铁路总公司，铁路运营制度的改革需要顾及这两大群体的利益。

一方面，高速铁路是重要的公共资源，高速铁路客运关乎国计民生，具有公益性、普惠性的特点，中国铁路总公司作为承担国家铁路客货运输经营的国企，需要在深化改革进程中推出更多普惠便民举措。

另一方面，因为高速铁路具有商品属性，所以运营制度的改革需要考虑中国铁路总公司的收益，以确保新制度能顺利确立并可持续地实施。所谓中国铁路总公司的收益除了传统意义上的售票收入外，还包括旅客对高速铁路出行的黏度、客户对中国铁路总公司的忠诚度、高速铁路企业的口碑等无形的财富。社会总福利即为中国铁路总公司的收益与消费者的福利之和。

三、“积分升座”方案设计

方案设计方面，李岚清等人(2019)提出了高速铁路“积分升座”模型，并制定了不同的方案，主要包括开放升座时间、升座途径、升座退改签三个方面。

1. 开放升座时间

对开放升座时间的设定是实现“积分升座”制度经济效益的关键。一方面，如果设定的开放时间过早，很可能造成一等座座席资源过早耗尽，对一等座的市场需求产生“挤出”效应，反而降低了营业收入；另一方面，如果设定的开放时间过晚，可能对升座后释放出的二等座的二次销售较为不利。此外，由于远程旅客更倾向于较早购票，所以升座的开放时间可以根据不同的旅程进行设定。

基于上述原因，开放升座时间宜设定为票面上发站图定开车时刻前的某一临近时点起开始。选择“某一临近时点”要注意两个原则：其一，该时点应当由中国铁路总公司设定一个统一的时点，并将该时点列明于规则中，以避免各车次自设时点“各自为政”给旅客造成信息上的困扰；其二，需要尽可能将该时点选择在大数据一等座购票高峰时段之后，在此基础上尽可能将该时点设置在二等座开车前购票小高峰之前。基于以上两个原则设置的“某一临近时点”，建议在开车前 1～3 h，具体时点最终还需要中国铁路总公司根据所掌握的大数据进行分析加以确定。

2. 升座途径

升座途径的选择，需要兼顾旅客的使用体验和中国铁路总公司的管理可行性。基于此，可采取的升座途径主要包括自动售取票机升座、人工窗口升座和列车上升座三种途径（表 9－2），不包括线上升座模式。

自动售取票机升座应当作为最主要的兑换途径。在未取票条件下，“积分升座”业务流程完全可以置于车票打印流程之前，作为与“铁路乘意险”业务相似的可选项提供给旅客。不同于“铁路乘意险”业务，“积分升座”业务具有经济学上的竞争性（一等座座席有限），不宜采用“铁路乘意险”业务的主动弹出式可选项，而适宜在原有界面新设按钮作为被动式入口。此外，为了提供差异化服务，星级乘客可以获得“一等座未售罄，可‘积分升座’”的短信提示。

人工窗口升座主要面向已取票的二等座旅客，作为自动售取票机升座方式的补充。从效率上看，人工窗口升座方式显然远不如自动售取票机升座方式。然而，让已取票的二等座旅客通过自动售取票机升座是不现实的，原因在于自动售取票机无法替代人工窗口作废原票出具新票的流程。

列车上升座应当作为一种不提倡的兜底途径。不同于自动售取票机升座和人工窗口升座，列车上升座虽然也可提升旅客的乘坐体验，但由于其业务办理时间晚，会对释放出的二等座座席的二次销售造成重大不利影响。据此，在提供列车上升座这一种兜底途径的同时，需要制定规则引导乘客尽量少地采取这种升座途径，具体做法上可对选择列车上升座的乘客加收一定比例（如 10%）的积分。

线上升座的条件在当前并不成熟。线上升座虽然可以进一步为旅客的升座提供便利，但其局限性十分明显。其一，在线升座相较于前述三种升座方式，旅客误车的风险要高很多。自动售取票机升座和人工窗口升座方式需要乘客抵达车站办理，理性的旅客通常会在抵达车站且时间充分的情况下选择升座（正如选择在车站取票一样），一般不容易有误车风险，列车上升座自身的属性决定了不存在误车风险，这三种方式都能大大降低甚至完全（前两种方法属于大大降低风险，列车上升座是完全规避）规避误车风险。线上升座无须旅客亲自抵达车站即可办理，因市内交通因素、进站迟滞因素造成的误车风险要大很多。其二，线上业务的优势在于为旅客节省多去一趟车站排队办理业务(如购票)的时间,且规避掉可能无法办理业务(如车票售罄)的不确定性。升座业务一方面开放时间临近开车,旅客往往已抵达或在前往车站的路上,无须多跑一趟;另一方面,即使无法升座,旅客仍可乘坐原二等座座位按计划抵达目的地,业务办理失败的后果很小。因此,线上模式应用于升座业务,优势并不明显。结合以上两点来看,线上升座在当前条件下明显弊大于利,暂不宜作为一种升座方式。不同"积分升座"途径对比表 9-2 所示。

表 9-2　不同的"积分升座"途径对比

升座模式	针对人群	操作方式	评价
自动售取票机升座	到车站,未取票旅客	旅客到站后,在自动售票机选择"积分升座",在一等座未售罄的情况下可以完成"积分升座"。星级旅客可以获得"一等座未售罄,可'积分升座'"的短信提示	方式简单,操作便捷,应该是最主要的积分兑票方式
人工窗口升座	到车站,已取票旅客	旅客到站后前往人工窗口,在一等座未售罄的情况下,可以将二等座票换为一等座票	在排队过程中,旅客有可能会因为一等票已经售罄,无法兑票而白排一趟队,且人工"积分升座"效率较低
列车上升座	已上列车旅客	旅客已经上车,向乘务员提出"积分升座"要求。在一等座有空余的情况下,乘务员通过手持终端为乘客办理升座	该方式影响原二等座的二次销售,增加乘务员工作量,应加收一定比例积分

3. 升座退改签

退改签环节是铁路客运服务中的重要一环,直接涉及旅客的出行体验,进而影响其消费决策。回顾当前积分兑换车票的退改签制度,其不合理性严重制约了旅客的参与度,因而"积分升座"要实现既定效果,需要科学合理地制定升座退改签制度。

考虑到升座途径均为线下途径,升座退改签仅需进行线下的制度创新。在退票制度的设计上,应当允许升座票退票(当前积分兑换车票不能退票),按照现行规定对实际支付的二等座票价部分收取手续费,对用于兑换升座的积分全额或按一定比例扣除。在改签制度的设计上,可按原实际支付的二等座进行改签,将兑换升座的积分按一定比例扣除后退回原账户,旅客可以在改签后车次的开放升座时间内再次用积分进行升座。

当前的铁路常旅客积分制度局限明显,"积分升座"制度一方面有助于提高旅客的出行体验，另一方面可以提升中国铁路总公司的收益，进而提升社会福利，可以成为创新铁路常旅客计划的重点内容。

基于高速铁路运营所涉及的旅客和中国铁路总公司的利益，通过比较静态分析，可得出了以下结论：① 在一等座上座率较低的车次，无论二等座上座率如何，推行“积分升座”制度可以得到较好成效；② 在一等座票源较为紧张的车次，推行“积分升座”存在较为明显的“挤出”效应，所以并不适宜推行。

结论上，通过对“积分升座”方案进行了初步设计，建议升座开放时间为列车发车前 1～3 h；升座途径以自动售票机升座为主，人工窗口和列车上升座为辅；升座退改签制度需要相应地在线下渠道进行创新。

本章小结

本章从基础设施、科技配套、技术省级、运营模式、融资应用、配套企业、国际合作等七个方面探索了未来我国高速铁路运输服务水平提升的路径方案，并以高速铁路常旅客“积分升座位”模式创新为例，探索了促使未来高速铁路运输，服务水平提升的一个典型应用，作为未来提升运输服务水平的借鉴方案。

第十章　我国高速铁路国内外建设投资与运输服务模式创新策略

第一节　响应“交通强国”战略的未来我国高速铁路建设投资模式创新

2019 年 9 月 25 日，习近平总书记在出席北京大兴国际机场投运仪式时强调，加快建设交通强国。建设交通强国是满足人民美好生活需要的必然要求，是建设社会主义现代化国家的内在要求，是推动交通运输高质量发展的内在需要。根据 2019 年 9 月发布的《交通强国建设纲要》提出的发展目标主要分两阶段走：

① 到 2020 年，完成决胜全面建成小康社会交通建设任务和“十三五”现代综合交通运输体系发展规划各项任务，为交通强国建设奠定坚实基础。从 2021 年到 21 世纪中叶，分两个阶段推进交通强国建设。

② 到 2035 年，基本建成交通强国。现代化综合交通体系基本形成，人民满意度明显提高，支撑国家现代化建设能力显著增强；拥有发达的快速网、完善的干线网、广泛的基础网，城乡区域交通协调发展达到新高度；基本形成“全国 123 出行交通圈”和“全球 123 快货物流圈”，旅客联程运输便捷顺畅，货物多式联运高效经济；智能、平安、绿色、共享交通发展水平明显提高，城市交通拥堵基本缓解，可达性出行服务体系基本完善；交通科技创新体系基本建成，交通关键装备先进安全，人才队伍精良，市场环境优良；基本实现交通治理体系和治理能力现代化；交通国际竞争力和影响力显著提升。

基础设施布局方面，对未来铁路发展也提出了新的要求：

① 现代化高质量综合立体交通网络的建设：充分发挥国家发展规划和国土空间规划的指导作用，统筹各类基础设施的规划建设，合理配置资源，增加高质量的供给，增强各系统之间的立体联动性和系统弹性，完善以多中心、网络化为形态的多层次网络布局。缩小东西部差距，积极推进东北部地

区的改造工作和中部地区的大型交通枢纽建设，实现东部地区的产业布局优化，促进区域交通协调发展。

② 便捷顺畅的城市(群)交通网络的构建：推进干线铁路、城际铁路、市域(郊)铁路及城市地铁轻轨的融合发展，实现城市群交通网络的一体化建设。扩大高速公路网络的覆盖面，增强各类交通系统之间的衔接，顺应城市的自然发展规律，注重发展与自然环境的协调，在不破坏城市完整性和系统性的前提下，因地制宜，科学制定适合当地城市的综合规划方案。

运输服务水平提升方面，《交通强国建设纲要》同时提出了如下要求：

① 推进快速、便捷、高效的出行服务：以高速铁路和航空运输为主体，提高主干运输通道的运输能力，优化航空服务网络的布局。扩大机场网络和高铁网络的覆盖面，鼓励发展支线航空和城际通道，提高城市轨道交通的通勤服务能力，完善城市道路的规划建设，实现城乡客运服务一体化等。

② 打造现代化绿色物流系统：降低物流成本，全面优化运输系统结构。促使大型货物和中长距离货物的运输逐步向铁路运输和水上运输转移，提高航空运输的效率和效益，实现电商物流、冷链物流和危险有毒害产品的专门化运输。推进城际运输与城市末端输送有效衔接，改善乡村物流的运输网络建设，缩小城乡差距。

③ 探索新业态和新发展模式：推进交通运输与其他产业的融合发展，如旅游业、信息技术等。可通过设置旅游专列、旅游风景道、旅游航道以及完善客运枢纽、优化高速公路服务区等增强旅游服务功能；通过大力发展共享交通，优化移动终端智能服务技术，深度融合人工智能等拓展新兴信息技术的应用范围。

《交通强国纲要》描绘了新时代我国交通事业发展的宏伟蓝图，也为下一步我国高速铁路的创新模式指明了方向：

① 持续补短板，完善“一流的设施”，做到世界领先

《纲要》提出了建设“一流的设施”要求，然而，即使现在我国的高速铁路营运里程和装备水平已经达到世界一流水平，但是对于满足人民利益的最根本要求来说，仍然存在非常大的短板，具体表现为：

(a) “八横八纵”通道建设远未形成，设施发展需求空间大

根据《中长期铁路网规划(2016 年修订)》和《铁路“十三五”规划》规定的“八横八纵”高速铁路通道，目前建成的通道不足规划里程的 2/3，关键区间上，西部地区的通道建设明显滞后，东部重要的沿海通道离全线贯通还需一定的时日。

(b) 大部分的长大干线通道“常发性”运能紧张仍未缓解

对于京沪、京港、京广等重要的通道，春运、节假日时期的“常发性”拥挤，部分线路“一票难求”的现象仍然存在。此外，由于 2011 年温州高速铁路事故之后，很多准备修建的通道降低了设计标准（特别是中西部区域），这就造成了通道的设施的服务水平无法满足季节性的巨量客流出行需要，常发性的拥挤和运力紧张短时期内还无法克服。

（c）多数开通高速铁路的城市与城市中心和其他交通方式接驳连通度水平亟待提升

由于前期建设高速铁路时，高速铁路客站的选址一般都位于离城市中心 10 km 左右甚至更远的区域。这就造成了高速铁路的区域可达性和接驳连通性大大降低。比起国外如法国 TGV 直接连接中心区的做法，我国高速铁路连通性水平还比较差，间接影响了需求的诱发率。

（d）通道干线和支线的运能协同性较低，城际高速铁路建设滞后

我国目前高速铁路网络中，通道和干线的运输作业分工和协作水平比较低，还未形成典型的高速铁路“轴辐式”网络。这和城际高速铁路的发展比较滞后有关系，目前我国城际高速铁路不足 3000 km，城际出行需求主要还依靠干线通道疏解。

基于现有基础设施的不足之处，本书建议未来我国高速铁路基础设施建设创新模式方向：结合“交通强国”“一带一路”倡议，通过持续推进“八横八纵”通道建设，拓展干线通道国土空间的覆盖率，进一步增强高速铁路的服务能力；通过干线高速铁路、市郊铁路、城际铁路、综合客运枢纽、高速货运专线等典型项目建设，切实优化网络和线路分工，实事求是地推进“多网融合”、提升服务质量，以期能建设完成“运输保障能力强大、战略支撑有力、运输服务高效、资源环境友好、功能完善、服务一流、绿色环保”的现代化铁路网。结合目前高速铁路建设的需要，提出未来 10 年我国高速铁路建设规模如表 10 - 1 所示。

表 10 - 1　2020—2030 高速铁路网络规模建议值

<table>
<tr><td colspan="2" rowspan="2">高速铁路路网规模</td><td colspan="2">中长期铁路网 2020—2030 规划</td><td colspan="2">2020—2030 建议新增</td></tr>
<tr><td>新增</td><td>合计</td><td>新增</td><td>合计</td></tr>
<tr><td colspan="2"></td><td>2.5</td><td>5.5</td><td>3.5</td><td>7.1</td></tr>
<tr><td rowspan="3">其中</td><td>城际铁路</td><td>0.7</td><td>1</td><td>1.5</td><td>1.8</td></tr>
<tr><td>创新高速铁路</td><td>—</td><td>—</td><td>0.4</td><td>0.4</td></tr>
<tr><td>250 km/h 以上的动货专线</td><td>—</td><td>—</td><td>0.8～1</td><td>0.8～1</td></tr>
<tr><td colspan="2">高速铁路主导型综合客运枢纽（个）</td><td>50</td><td>102</td><td>100</td><td>150 以上</td></tr>
</table>

注：2020 年 1 月，我国拥有高速铁路 3.6 万 km（包括港台），超过既定规划 6000 km；

数据来源:《中长期铁路网规划(2016修订)》;创新高速铁路包括时速600 km的高速干线磁浮、新型轮轨、可变轨高速铁路系统等。

② 进一步加强高精尖高速铁路载运装备的研发和运营

《交通强国纲要》提出了未来交通行业需要拥有"一流的设备",就高速铁路载运装备而言,未来需要加强新型载运工具研发、加强高速铁路特种装备研发、推进装备技术升级。特别需要攻克的全套装备有:时速250 km级高速货运列车、时速400 km级高速轮轨客运列车系统、时速600 km级高速磁悬浮系统、高速运行环境下稳定的移动通信车载系统、车车互联5G车载智能装备等技术。

③ 运输产品设计方面,满足人民需要的同时提升创新力度

就未来高速铁路运输产品创新模式而言,首先要基于提升运输效率,增强运输经济性,进而才推进出行多样化、个性化、新模式的运输产品。例如,加快推进城际高速铁路之间的"公交化",满足日常通勤需要,并鼓励"周末游""VIP""地产、旅游、购物专列"等创新型运输产品。

总之,《纲要》提出未来我国交通基础设施的建设思路为"服务大局、支撑规划、规模合理结构优化、保障有力安全可靠、便捷高效立体协调、成果共享发展均衡、绿色经济集约发展"。未来我国高速铁路在建设模式创新上,也要体现这样的要求,做到服务需求、人民满意、世界领先。

第二节　服务于平衡区域发展的高速铁路建设投资模式创新

根据十八大以来中央城镇化工作会议精神、《中华人民共和国国民经济和社会发展第十三个五年规划纲要》和《全国主体功能区规划》,《国家新型城镇化规划(2014—2020年)》于2014年3月印发,为国家在此区间内如何在党的领导下走新时代中国特色新型城镇化道路、全面提高城镇化质量、明确未来城镇化的发展路径提供指导。该规划还规定了我国城市化远期的主要目标和战略任务,最核心的就是逐渐缩减区域发展不平衡程度,即"培育形成新的增长极,有利于促进经济增长和市场空间由东向西、由南向北梯次拓展,推动人口经济布局更加合理、区域发展更加协调"。

高速铁路作为"十三五"规划中最重要的基础设施,对我国社会经济发展和新型城镇化的建设和推进有特殊的意义。前文已经证明,高速铁路建设是国家大力推动基本公共服务均等化的有效举措,高速铁路运输的不断

完善、相关创新技术的突破应用，为优化城镇化空间布局和形态，推动城镇可持续发展提供了有力支撑，也为加快人员和信息交流提供物质保障。同时，高速铁路也为加强城市群规划与城镇体系规划、土地利用规划、生态环境规划等提供了更好的衔接条件，起到对国土空间资源开发和利用管控的“线性”传导作用。

然而，高速铁路在如何缓解现有区域发展不平衡上的作用还未真正有效地体现。党中央、国务院近几年来，致力于缓解区域发展不平衡的重大历史举措，即脱贫攻坚重大举措。消除绝对贫困是胜利夺取2020年决战脱贫攻坚战的关键，也是推进乡村振兴战略的基础，是建设社会主义现代化强国的必然途径。

2020年3月6日，习近平总书记在京出席决战决胜脱贫攻坚座谈会并发表重要讲话。他强调“到2020年现行标准下的农村贫困人口全部脱贫，是党中央向全国人民作出的郑重承诺，必须如期实现”。这是一场硬仗，越到最后越要紧绷这根弦，不能停顿、大意或放松。此外，脱贫在2020年受到新型冠状病毒的影响，需要我们以更大决心、更强力度推进这项历史上从未实现的任务。在此号召下，高速铁路的建设创新模式上，也需要往扶贫攻坚上做出应有的贡献。

为了建立《中长期铁路网（2016修订）》规划未建设的和已建成的高速铁路网络和2020年2月份之前的国家级贫困县在地理空间上的联系，通过Arcgis软件做出贫困县与规划未建设高速铁路的分布图，如图10－1所示。

从图10－1可以得到一个有趣的现象，就是现有国家级贫困县主要分布在已经建设完成的高速铁路线路周边，因此，未来通过高速铁路建设改变落后地区的可达性空间已经不大，需要从新的建设或运营模式改善区域发展不平衡来做文章。基于此，本书提出基于服务于平衡区域发展以及扶贫攻坚的高速铁路建设投资模式创新建议如下：

① 区域可达性提升方面，基础设施建设的思路为需要从以往从0到1的认知上转变出来，对于老少边穷地区，需要通过规划新的支线引入干线，有条件通高速铁路的地方则可依托既有的普通铁路改造建设时速200 km以内的动车组线路，转换新旧动能，利用既有设备支援这些地区发展，促进就业和知识累积。

② 客货模式选择上，对于西部区域，需要建设的更多是快速的高速货运铁路，实现东西部资源的快速转换，以物质流的高强度转换配合巨量客流移动来创造经济活动，提升地方资源和物产的价格竞争力。

对于未来十年或十五年也无法连通高速铁路的区域，可通过现有的普

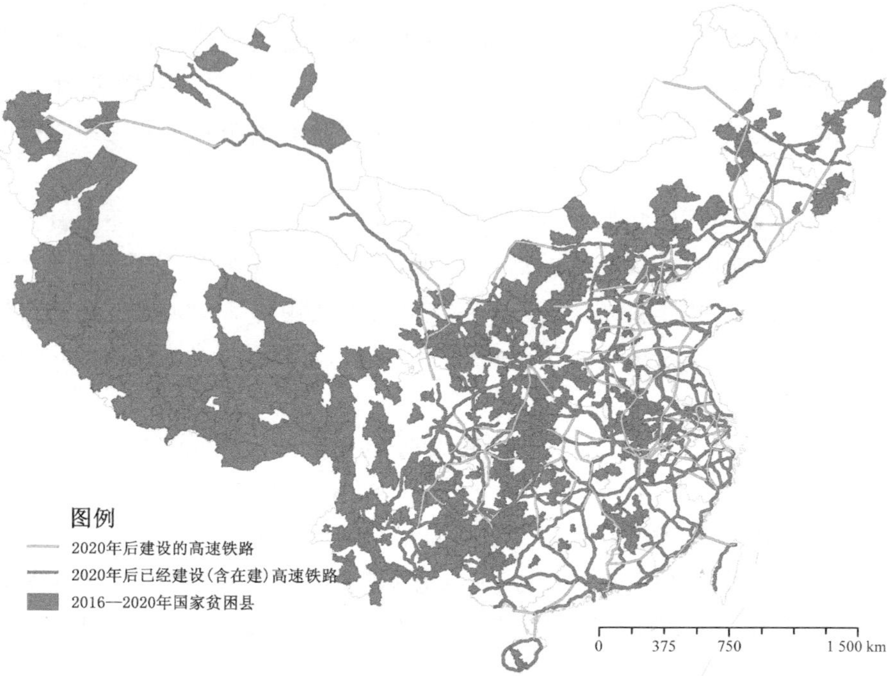

图 10－1　已经建设、未来建设的高速铁路与国家贫困县的区位关系
（截至 2020 年 2 月 1 日）

通铁路开通可以混跑的动车组实现间接的高速铁路运输服务，提升既有铁路网络的运输效率。

③ 对于已经开通高速铁路的落后区域，需要结合当地资源优势，可开通区域旅游、观光、文化专列，促进地方区域运输提升特色服务。

④ 高速铁路运输扶贫招商上，结合高速铁路电商运营模式，一列车对应一个县城，为这些县城的资源推广、电商平台和运营招商提供后收费广告，培育区域旅游和电商企业成功才进行收费，为扶贫大局做贡献。

第三节　服务于国土空间规划及开发的高速铁路建设投资模式创新

2018 年，中华人民共和国第十三届全国人民代表大会第一次会议表决通过了关于国务院机构改革方案的决定，批准成立中华人民共和国自然资源部，并赋予其"推进主体功能区战略和制度，组织编制并监督实施国土空间规划和相关专项规划”的职能。在我国城市化转型的关键时期，国家机构的改革说明了我国对调整城乡规划体系和建立空间规划体系的决心，这也将对我国城乡规划体系产生重要的影响。空间规划体系的建立不仅对解决我国规划事权繁杂、规划职能交叉重叠的现状具有积极的作用，而且对促进经济建设、政治建设、文化建设、社会建设、生态文明建设在不同空间的综合协调，处理好经济发展与人口、资源、环境的相互协调关系，把我国建设成为富强、民主、文明、和谐的社会主义现代化国家具有重大意义。

国土空间规划是国家为了提升国家治理能力、解决现阶段我国出现的发展与空间利用之间的矛盾、为落实生态文明保护和可持续发展要求而对国土空间开发利用方式、开发时序进行的统筹规划和安排。资源环境承载力评价和国土空间开发适宜性评价是进行国土空间规划的前提和划定“三区三线”的依据，是摸清资源本底、建设生态文明、坚持绿色发展、提高国土资源利用效率的重要举措。

早在 2006 年，《国民经济和社会发展第十一个五年规划纲要》提出进行主体功能区规划的编制，同时强调要“根据资源环境承载能力、发展基础和潜力，按照发挥比较优势、加强薄弱环节、享受均等化基本公共服务的要求，逐步形成主体功能定位清晰，东中西良性互动，公共服务和人民生活水平差距趋向缩小的区域协调发展格局。”自此，资源环境承载力这一概念相继出现在各个政策文件中，成为地区开发、城镇建设的前提条件，体现出国家规划思路由以经济建设为主，逐步向关注资源环境的思路转变。随后，《全国主体功能区规划》（2010 年）的颁布体现出国家对于完善国土空间开发格局的决心，文件强调要“根据不同区域的资源环境承载能力、现有开发强度和发展潜力，统筹谋划人口分布、经济布局、国土利用和城镇化格局，确定不同区域的主体功能，并据此明确开发方向，完善开发政策，控制开发强度，规范开发秩序，逐步形成人口、经济、资源环境相协调的国土空间开发格局。”资源环境承载力仅作为空间开发的前提条件，是国家进行空间布局和主体功能区建设的战略基础，但以上文件均未对资源环境承载力的技术方法提出建设要求。2013 年，党的十八届三中全会通过的《中共中央关于全面深化改革若干重大问题的决定》中明确提出“建立资源环境承载能力监测预警机制，对水土资源、环境容量和海洋资源超载区域实行限制性措施”。随后国家加快了建设生态文明和保护资源环境的步伐，对建立资源环境承载力的工作机制提出相关要求。2015 年 9 月，《生态文明体制改革总体方案》中提出“建立资源环境承载能力监测预警机制。研究制定资源环境承载能力监测预警指标体系和技术方法。”2016 年 9 月，13 部委联合印发《资源环境承载能力监测预警技术方法(试行)》,对资源环境承载力评价的工作进行安排,建立基础评价—专项评价—集成评价体系,统筹评价海陆两大区域。至此,资源环境承载力都是作为一个单独的概念出现在各类文件中,虽然早已有学者对国土空间开发适宜性展开研究,但有关规划、生态类的政策均未提及国土空间开发适宜性。2017 年 1 月国务院《省级空间规划试点方案》将陆海全覆盖的资源环境承载能力评价和针对不同主体功能定位的差异化专项评价,以及国土空间开发网格化适宜性评价作为基础性评价,对试点地区提出“研究一套技术规程”。研究提出“适用于全国的省级空间规划编制办法,资源环境承载能力和国土空间开发适宜性评价、开发强度测算、‘三区三线’划定等技术规程,以及空间规划用地、用海、用岛分类标准、综合管控措施等基本规范。”的工作要求。自此,资源环境承载力评价和国土空间开发适宜性评价成为建立国土空间规划体系的前提和依据。2019 年 5 月《中共中央国务院关于建立国土空间规划体系并监督实施的若干意见》中对建立空间规划体系提出“在资源环境承载能力和国土空间开发适宜性评价的基础上,科学有序统筹布局生态、农业、城镇等功能空间,划定生态保护红线、永久基本农田、城镇开发边界等空间管控边界以及各类海域保护线,强化底线约束,为可持续发展预留空间。”的编制要求。为有效落实资源环境承载力评价和国土空间开发适宜性评价的相关工作,建立科学合理的“双评价”体系,2019 年 7 月自然资源部推出《资源环境承载能力和国土空间开发适宜性评价技术指南(试行)(7 月版)》,从目标、原则、方法、数据、流程、成果等方面提出指导意见,系统地指导“双评价”工作的有效开展。

2019 年 10 月 28 日至 31 日在北京成功召开了中国共产党第十九届中央委员会第四次全体会议(简称:中共十九届四中全会),提出了“建设和完善国家治理体系的战略方针,明确实行最严格的生态环境保护制度,全面建立资源高效利用制度,健全生态保护和修复制度,严明生态环境保护责任制度”。

在交通规划改革方面,有不少学者指出,在新的空间规划体系下,城市交通规划编制办法应体现环境约束和生态底线思维,综合交通支撑体系的安排要将环境容量和城市综合承载能力作为思考和判断问题的基础。也有学者提出新的空间规划体系下,需要通过城市交通系统服务和政策的调整来面对存量规划背景下的城市需求变化,实现由设施规划向服务和政策规划的转变。此外,还有一些学者认为城市和区域交通规划的“多规合一”,应该统筹考虑交通与城市发展、环境保护的关系,以综合交通体系规划作为平台,确定各种交通方式合理的空间布局和资源分配原则,而综合交通体系规划要从城市发展战略的定位要求和以人为本的出行需求两个视角来应对城市发展面临的不确定性。综合交通承载力作为城市发展的约束条件，处理好“刚性控制”与“弹性预留”两者之间的关系，才能采用交通引导城市发展战略来实现交通服务保障能力与城市战略定位的协调发展。

针对“多规合一”，部分城市也在交通规划的变革方面进行了一些探索。比如为更好地指导交通基础设施建设，上海在总体规划、控制性详细规划的基础上，增加了交通专项规划编制程序，主要包括系统规划、选线规划、选址规划等。并且，上海在新一轮总体规划中提出了“以流定形”的城市规划方法，即在布置交通基础设施之前先进行原有空间规划的完善改进工作，通过赋予约束指标的交通流来引导城市的建设发展，同时把交通服务质量与效率作为指标核心用于总规统筹联动质量检验管控和模型规则算法。重庆也在其城市交通设施上探索了“多规合一”规划体系，重点分析了交通基础设施与沿线城镇的关联、规划功能与设计规范的匹配程度，评估了跨江桥梁、隧道及关键节点的能力，规划了重大设施穿越通道、交通接入条件等的预留以及交通建设项目的用地空间。

可以看出，学者们对空间规划体系建立的讨论主要集中在生态层面和体制层面上。在生态层面上，空间规划的建立需要明确空间环境的承载力和开发适宜性；在体制层面上，规划职能、规划事权、规划类型等有关规划体制的改革明晰后，规划一张图的融合才能够真正发挥空间规划的作用。对于在空间规划体系下探讨交通规划的变革这一方面的文献资料比较少，研究的角度基本从环境约束方面出发，指出交通在空间布局和资源分配方面需要面临的新变革，对交通规划变革的思路具有重要的启示。

表 10－2　我国空间规划体系的提出过程和相应的内容

时间	政策	内容
2013 年	《中共中央关于全面深化改革若干重大问题的决定》	建立空间规划体系，划定生产、生活、生态开发边界，落实用途管制；划定生态保护红线。坚定不移实施主体功能区制度，建立国土空间开发保护制度，严格按照主体功能区定位推动发展，建立国家公园体制
2015 年	《生态文明体制改革总体方案》	编制空间规划。整合目前各部门分头编制的各类空间性规划，编制统一的空间规划，实现规划全覆盖。空间规划是国家空间发展的指南、可持续发展的空间蓝图，是各类开发建设活动的基本依据。空间规划分为国家、省、市县（设区的市空间规划范围为市辖区）三级。研究建立统一规范的空间规划编制机制。鼓励开展省级空间规划试点

（续表）

时间	政策	内容
2015 年	《中共中央关于制定国民经济和社会发展第十三个五年规划的建议》	建立由空间规划、用途管制、领导干部自然资源资产离任审计、差异化绩效考核等构成的空间治理体系
2017 年	《省级空间规划试点方案》	以主体功能区规划为基础，全面摸清并分析国土空间本底条件，划定城镇、农业、生态空间以及生态保护红线、永久基本农田、城镇开发边界，注重开发强度管控和主要控制线落地，统筹各类空间规划，编制统一的省级空间规划，为实现多规合一、建立健全国土空间开发保护制度积累经验，提供示范
	《全国国土规划纲要（2016—2030）》	国土空间开发保护制度全面建立，生态文明建设更加坚实。到 2020 年，空间规划体系不断完善，最严格的土地管理制度、水资源管理制度和环保制度得到落实，生态红线全面划定
	《中国共产党第十九次全国代表大会报告》	完成生态保护红线、永久基本农田、城镇开发边界三条控制线的划定工作；构建国土空间开发保护制度，完善主体功能区配套职责，建立以"国家公园"为主题的自然保护地体系
2018 年	《深化党和国家机构改革方案》	组建自然资源部。统一行使全民所有自然资源资产所有者职责，统一行使所有国土空间用途管制和生态保护修复职责，着力解决自然资源所有者不到位、空间规划重叠等问题
	《中共中央关于深化党和国家机构改革的决定》	设立国有自然资源资产管理和自然生态监管机构，完善生态环境管理制度，统一行使全民所有自然资源资产所有者职责，统一行使所有国土空间用途管制和生态保护修复职责，统一行使监管城乡各类污染排放和行政执法职责。强化国土空间规划对各专项规划的指导约束作用，推进"多规合一"，实现土地利用规划、城乡规划等有机融合
	《关于统一规划体系更好发挥国家发展规划战略导向作用的意见》	国家级空间规划以空间治理和空间结构优化为主要内容，是实施国土空间用途管制和生态保护修复的重要依据

我国建立空间规划体系的首要目的是解决当前现有的规划体系庞杂且不健全、众多空间性规划自成体系、部门规划之间缺乏衔接与协调、内容重叠冲突、地方规划类型朝令夕改的体制问题，进而扭转因为体制问题所导致

的国土空间开发混乱，生态格局保护不足的局面。从表10-2可知，这一系列的文件都强调保护生态安全格局的重要性，指出落实空间规划体系的重要内容是划定“三区三线”，这也是国家基于自然资源承载力评价对国土空间的用途进行管制，保障国家的生产、生活、生态空间的重要方法。从中也可以看出，空间规划体系的提出体现了党中央对国土空间的治理从部门分管向整体性治理的思路的转变，也体现了城市发展从以经济建设为主向兼顾生态环境保护的观念的转变。

国家基于生态安全的保护提出建立空间规划体系，目的是通过加大规划职能的整合力度来落实规划“一张图”，健全部门之间的协调配合机制，依靠中央政府对生态环境保护的强力干预，以“三区三线”的统一管理为基础来建立具有高度权威性、兼具战略指引和管控功能的国家空间规划体系。并希望通过空间规划体系来刚性约束城镇发展空间、农业生产空间和生态保护空间，对我国自然资源进行管制，统筹部署作为自然资源载体的国土空间，以此来促进空间高质量发展，推进国家治理体系现代化，促进生态文明建设，实现人与自然的和谐相处。

通过上述分析可知，无论是城乡规划体系中还是在其独立的编制体系中，有关交通规划的内容都存在诸多的不足和局限。而新时代下，交通强国战略的提出和空间规划体系的亟待建立又对交通规划提出新的发展要求。因此，作为我国交通基础设施建设的核心，高速铁路的规划和建设需要在国土空间规划的要求的基础上，尊重国土空间规划的指导和约束作用，在未来建设过程中服务于国土空间开发的大局，优化国土空间开发的顺序，实现如下的创新模式：

1. 国际对外空间上

国际对外空间上，结合高速铁路的发展，注重几个对外口岸客货运枢纽的连接建设，加快对外连接的变轨距线路研究建设，并推广相应的标准；加快对外连接动货车组的研制，提升高速铁路外向服务水平。

依托高速铁路建设，与“一带一路”规划的国际通道、符合国家战略要求的陆上和海上国际运输通道紧密相连，推动中巴、中俄等铁路建设，构建泛亚运输通道，促进中老泰、中越和中尼印等铁路建设和相关公路通道的建设，打造以中国为枢纽衔接欧亚、打通欧亚联系的高速陆上运输通道。

此外，加强国外投资建设工程总承包(EPC)合同细节研究，防范各类风险；站在政治地缘和全球经济视角和技术应用来审视高速铁路“走出去”的路径问题和运输组织模式；优化“中南”“中欧”班列的设备水平，提升我国的经济效益。

2. 国家国土空间尺度上

国家国土空间尺度上，高速铁路建设以“八横八纵”建设为依据，作为跨越行政区划、促进区域协调的先锋，有限在既有规划上坚定不移地完成快速通道、关键性枢纽节点建设，协同其他运输网络，促进互联互通设施的网络化、国际化，并完善国内全域空间辐射范围铁路系统的建设发展。

重要的任务上，下一阶段高速铁路的建设投资需要以多中心、网络化为主形态，完善多层次网络布局，优化存量资源配置，扩大优质增量供给，实现立体互联，增强系统弹性。强化西部地区补短板，推进东北地区提质改造，推动中部地区大通道大枢纽建设，加速东部地区优化升级，形成区域交通协调发展新格局。交通基础设施是国土空间开发利用的重要骨架，统筹各种交通方式深度融合，以国土空间规划为依据，以多中心、网络化为主形态，完善多层次网络布局，紧紧围绕有效支撑国家重大战略实施，构建与产业布局、国土开发、城乡区域协调发展相适应的交通基础设施空间布局结构。(来源:《交通强国建设纲要》)

国家尺度国土空间上，依托高速铁路的建设发挥长江经济带在促进区域经济联系方面的功能，在已经建成的全国性、区域性交通运输通道布局的基础上，协调相关规划，加密沿线高速铁路支线建设，优化铁路通道格局，推进沿长江、进出疆、出入藏，以及相关高度连通通道的中、西部地区综合运输大通道建设，并通过研究以高速铁路为主导的“多式联运”模式建设推广，强化中西部与沿海重要港口物流枢纽联系的综合运输大通道连接和建设。

3. 省级国土空间尺度范围内，核心是为升级优化城乡快速连接到末梢覆盖运输联系

未来省级国土空间尺度范围内，首先要加快城际快速化高效运输网络完善，在城镇化地区加快形成 1～2 h 交通圈，以促进各类经济要素流动、集聚和扩散。为城镇化地区创造交通条件，促使其依托中心城市培育现代产业布局发展能力，促进经济要素便利低成本流动，使城镇化地区融入国内其他区域城市圈辐射范围，形成合力，促进分工协作，并推动城际高速铁路成为跨区域经济联系和协同发展的关键支撑，促进中小城市孕育产城融合的城镇化发展能力，并与中心城市一同形成相互配套、相互合作、相互衔接的纽带，为城乡融合现代化和进一步可持续发展、提升现代治理能力而服务。

其次，在城镇化地区培育以高速铁路主导的综合交通枢纽。依托城镇化地区高效的城际运输通道以及经济中心城市，培育高速铁路主导型综合交通枢纽，从而支撑运输要素的聚集和运输合理化。

4. 市县国土空间尺度范围内，未来高速铁路建设需要服务于城市用地布局优化、城乡空间统筹服务

我国多数的市县国土空间尺度范围上，即城市内部和城际区域，多年来主要的交通建设的矛盾主要有：基础设施建设与交通需求增长失配；多种制式城市交通方式建设和运营体制差异导致城市综合交通系统协同水平低下；不同城市交通设施建设存在时序性和条件性问题；既有城市交通专项规划（如城市公共交通体系）缺乏综合性与应变性。

在市县国土空间尺度范围，高速铁路的作用在于连接其他方式，实现大规模人流短时的聚散。因此，高速铁路综合客运枢纽与其他交通方式的衔接就变得十分重要。城际区域上，需要依托高速铁路、城际铁路打造综合客运枢纽，整合主要其他交通方式场站，立足整个都市区（中心城区）便捷利用，服务城市主要对外客运联系。区域性综合客运枢纽如图 10－2 所示。

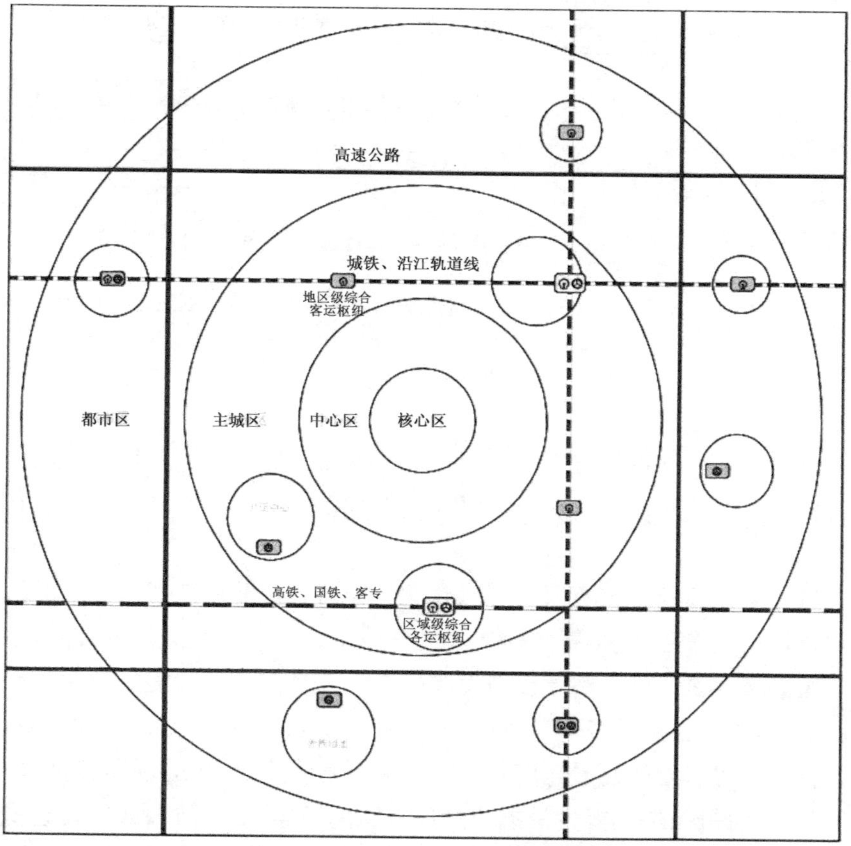

图 10－2 区域综合客运枢纽布局图

在市县国土空间尺度范围，高速铁路依托区域综合客运枢纽在城市和城际空间范围形成以公共交通为主导的集约化集疏运体系。即，首先构建对外集疏运体系，辐射其他城市区域构建的"123"交通圈网络；进而构建市内衔接集疏运，通过立体设施建设或交通系统组织，实现枢纽交通快速集散，促进城市内外部各种交通运输方式在站区应综合化、一体化布置。

总之，服务于国土空间规划与开发的高速铁路建设和创新模式的主要重要任务是通道和枢纽的建设，建设目标与内容可参照图 10－3 所示。

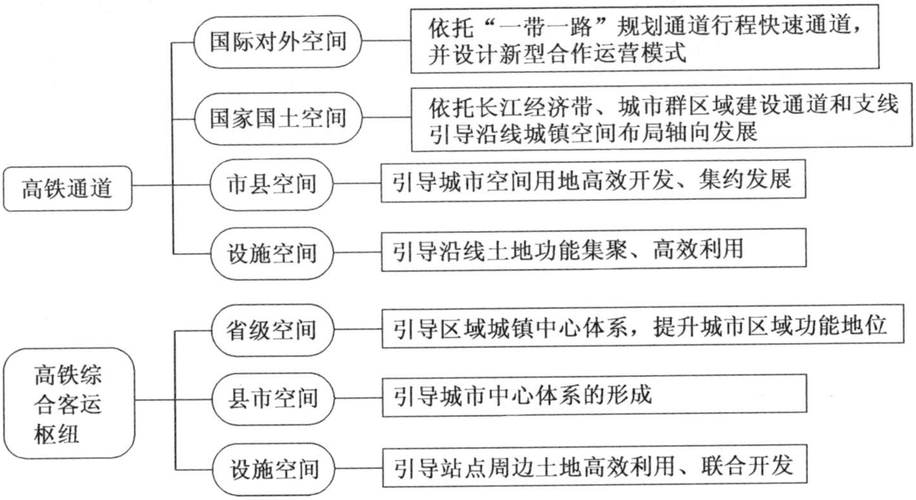

图 10－3　服务于国土空间规划与开发的高速铁路通道与枢纽建设目标

第四节　服务于新一代科技发展的全生命周期智能化高速铁路建设投资模式创新

近年来，互联网、大数据、云计算、北斗导航系统等信息通信技术在铁路运输领域广泛应用，使得智能建造成为铁路工程建造领域的发展方向，结合人工智能将会是今后铁路建设与发展的潮流。目前人工智能的应用领域越来越广泛，智能铁路系统建设、运营管理将会是未来转型升级发展的必然趋势。作为世界上目前发展速度最快、运营里程最长、平均运营周转量最大、系统性价比最优、集成能力最强的高速铁路网络体系，下阶段我国高速铁路的建设投资需要更加切合当前科技发展的要求，打造我国自身的"智慧高速铁路"品牌。

在国外，智能制造已经广泛应用于交通基础设施全生命周期过程。"智能设施”“慧造体系”等已经成为如麻省理工学院等国际一流大学的主干课程。国外铁路工程方面，智能建造已在实际工程领域应用。日本、法国、德国、英国都分别在近5年内制订了数字化铁路发展白皮书战略，并提出了智能高速铁路发展的路径框架。这些国家“智能高速铁路”与我国目前发展模式和远见一致，将在“智能建造”“智能装备”“智能运营”上体现“智慧高速铁路”的特征。将BIM＋GIS＋北斗定位、5G技术、新一代移动通信技术、基础设施建设自动化(装配式建筑)、出行及服务(Maas)门到门服务、基础设施智能化检测与运维、智能绿色动车组等列为核心发展任务。我国需要站在全球的角度上，从全局范围内统筹规划中国智能高速铁路战略规划的内容，主要从以下几个方面实现建设投资模式的创新。

1. 提升“智能制造”水平，大规模应用高速铁路全生命建造过程

在国内，随着我国铁路技术标准的提高和修建技术的发展，目前铁路建造理念发生了较大变化，现在的铁路规划、决策和设计更加注重全生命周期的总体社会效益和信息化集成水平，即尽可能更多地采用高新技术和智能化的设备，这也是建设世界一流铁路的总体设计要求。

推行高速铁路建设装备智能化，首先，需要配置适应智能建造要求的集成化、协同化的建造装备，如轨道、基础、材料、车辆等的智能生产线、智能化模型、智能工地和相配套的智能产业与服务平台；其次，需把基础设施的建造信息向运营系统所有信息系统无缝集成，实现全生命周期的信息化管理，构建基于规划、建造、运营和维护等集成化、智能技术综合应用平台。即，智慧高速铁路的要求在整体装备体系的全生命周期过程中，所有的设备和设施具备“智慧化的水平”，如建造过程工程管理上的智能构件厂、数字化工地；运营管理过程中的智能故障识别体系、人脸识别系统、车辆传感器、毫米波雷达周界防护、新一代网络通信系统、新型人机交互方式等的应用；维护检测过程中机器人检测、智能激光检测、工务大数据实时分析与判断等。

显然，高速铁路基础设施智能化装备的客观性、合理性、智能化关系到对地方运输需求的满足程度，除了直接影响工程本身的投资、建设周期、规模及运营效益以外，对我国高科技发展、“交通强国”战略实施以及国防建设等方面也会产生深远的影响。高速铁路基础设施全生命周期的“智慧化”也是我国未来高速铁路制造业必须遵循的道路。目前，我国在城市轨道交通建设、运营、维护领域智能化制造水平、装备水平经过吸收国外技术，已经实现全生命周期贯通。但是高速铁路的建造还不足以说已经实现智能化。在建设过程中，BIM＋精准施工组织控制还远未实现、装配式建筑部件性能还不能保险地用在关键部位、5G基站建设和配套也仅仅处于试验阶段等，智

能故障、设施病害的检测、预警和维护(机器人)等没有规模化应用,且大量依靠国外产品(如轨道检测技术,国外如瑞士奥特麦斯等智能化故障检测产品还占有主导市场)。因此,实现全生命智能化高速铁路的建造,可以说市场非常广阔,但是还需要在装备升级和集成水平上倾注我国顶尖的技术力量和足够的资金投入。

2. 广泛应用新一代智能化信息技术,实现"中国名牌"效应

目前,我国在新一代智能化信息技术上与世界各国存在"竞争与合作"的关键节点,致力于掌握全球领先的虚拟现实、装配式建造、大数据应用、北斗定位与导航(3S)、新一代移动通信(5G)、人工智能等先进技术。下一阶段需要解决如何通过新一代智能信息技术与高速铁路技术的集成融合,实现高速铁路智能建造、智能装备、智能运营技术水平全面提升,使得我国的高速铁路全系统更加安全高效、更加绿色环保、更加便捷舒适。

基于目前新一代智能信息技术,我国在核心关键技术上主要进行了许多系统的集成开发与应用,如 CTCS3＋ATO 列控系统、智能高速铁路调度集中系统 CTC、智能牵引供电系统试验、自主化 CTCS－3 级列控系统、铁路 LTE-R 宽带移动通信系统、智能牵引供电系统试验、时速 350 km"复兴号"长编组动车组装备系统等。这些系统技术全部为世界领先技术,智能高速铁路的列车编组、牵引控制系统、调度指挥系统、通信信息系统和安全保障的集成装备。相关的成果已经应用在京张高速铁路、京雄城际等建设中。

[案例] 京张高速铁路采用了智能化的复兴号动车组 CR400BF-C,实现了智能行车、智能服务、智能运维。铁路部门引入了云计算、大数据、物联网、移动互联网、人工智能、BIM 等先进技术用于该项目的建设,技术人员精心设计、组织和施工,不断突破智能建造、智能装备和智能运营等方面的关键技术,着力打造国家精品工程,全面提升铁路运营服务水平。采用的智能动车组定位于"复兴号"的智能型,是在既有"复兴号"CR400BF-C 型动车组的基础上结合了最前沿的科学技术,在智能化、安全度和环保节能等方面均有不同程度的新突破。铁路总公司本着"标准配置＋ 奥运配置"的思路,将中华传统元素、奥运元素、京张文化特色与前期众创成果融为一体,经一系列的方案比选优化,形成了"鹰隼""旗鱼"两种头型方案和"龙凤呈祥""瑞雪迎春"两种外观涂装方案。该智能动车组的样车试制组装在 2018 年底完成,试验调试工作于 2019 年中前完成,已在 2019 年 12 月 30 日正式投入运营。(来源:铁路采购与物流杂志社,"精品工程、智能京张"建设稳步推进,中国铁路总公司咨询,2018 年 6 月 4 日)。

因此,智能高速铁路的发展在下一阶段应该成为我国铁路发展战略中

最关键的一环。相关的成果需要吸收应用世界上最先进的技术成果，实现自主创新，下一阶段也需要和速度“谱系化”一样，进行智能化“谱系化”，研发逐代产品。

在建设上，全面实现智能建造平台，进一步应用 BIM 和装配式建造技术，进一步降低建设成本，提升建设效率，高速铁路车辆和基础设施能智能实现“变色龙”技能，适应我国多种自然和气候环境，在长途运输上跨气候气温带能安全稳定运行。

在智能装备上，实现“科幻”中无人驾驶列车、无人服务车站、无人车辙检查、无人维护和检测、无人抢险救灾与事故病害自动恢复等功能，对接“智能大脑”，整合进全局交通信息控制平台等。

在体验和速度上，趋近甚至超越现有航空服务，实现定制化和绿色化服务，并提供一站式体验的智能解决方案。

第五节　服务于综合运输体系完善的高速铁路建设投资模式创新

综合交通体系是全世界城市交通发展的趋势，是下一阶段城镇化发展的重要支撑，是城镇化空间形态和用地布局的重要引导，也是区域一体化的重要前提和关键建设任务。所谓城市综合交通体系，它是由区域“铁公水航管”五种交通运输方式、城市道路交通、城市公共交通等多种方式构架，并以其他特殊交通方式（如管道和市政工程）为辅助而构成的系统。综合交通体系通常由四个子体系组成：第一部分为交通需求体系，包括旅客出行和货物出行体系，各种交通工具的移动都是为了满足乘客和货物的需求；第二部分是综合交通网络和枢纽，它是实现客货运出行的手段和基础；第三部分是各种交通方式之间的协调，即道路交通、轨道公交、空中交通和水上交通等不同方式之间的协调；第四部分为交通综合体系的组织与管理。发展综合交通体系，有如下几个方面的问题：综合交通发展战略与政策，交通基础设施重大工程建设技术，高速、节能、环保型现代运输装备和信息化、智能化交通控制与管理技术。

1. 综合交通发展战略与政策方面，高速铁路需要作为新时代我国综合交通发展白皮书中的战略核心内容

我国综合交通白皮书制订，需要解决以下几个问题：

(1) 满足最新国家政策发展需要

十九届四中全会提出了建立“新型国家治理体系”的伟大战略，十九大报告明确提出要建设“交通强国”，十八大提出了“两个百年”的奋斗目标，作出了“三期并存”(全面建成小康社会的关键时期，转变发展方式和深化改革的攻坚时期，大有作为的战略机遇期)的战略判断、“四化同步”(新型工业化、信息化、城镇化、农业现代化)的路径设计和“五位一体”(经济建设、政治建设、文化建设、社会建设、生态文明建设)的总体布局，十八届三中全会对全面深化改革作出了系统部署，十八届四中全会作出了全民推进依法治国若干问题的决定，这是一整套的战略谋划和顶层设计。交通运输行业作为国民经济和社会发展的先行与基础性产业，需要率先做好顶层设计，开启科学发展的新征程。

(2) 谋划区域经济发展新棋局对交通运输的需求

2014 年《政府工作报告》提出，打造新的区域经济支撑带，把培育新的区域经济带作为推动发展的战略支撑，深入实施区域发展总体战略，谋划区域发展新格局，形成新的区域经济增长极。在形成新的区域经济发展新棋局过程中，需要交通运输行业主动发挥其支撑与引领作用。

(3) 新型城镇化建设对交通运输发展的需求

新型城镇化已经成为我国未来经济发展的重要推动力。我国坚持走中国特色新型城镇化道路，对交通运输发展提出了更高更新的要求，如不断提高综合交通运输服务供给能力、调整和完善交通布局和结构、转变交通运输发展方式等方面。为满足上述需求，交通运输领域需要制定相应的政策，从而保证实现其在新型城镇化发展过程中的支撑和引领作用。

(4) 符合交通运输行业发展形势与热点方面

① “四个交通”。“四个交通”是杨传堂部长在 2014 年全国交通运输工作会上提出的，具体指综合交通、智慧交通、绿色交通、平安交通。“四个交通”是当前和今后一个时期交通运输领域的重点工作，是推进交通运输现代化发展的重要组成部分。

② 全面深化交通运输领域改革开放。改革开放是解决一切问题的总钥匙。我国交通运输行业在经历了 30 多年的快速发展后，其粗放式、外延型发展模式已经走到了尽头，目前，我们必须深化交通运输行业的改革，体质增效、转型升级，激发行业发展动力。

(5) 解决我国交通运输发展面临的主要问题方面

① 交通平衡发展问题。目前，我国交通运输方式间、区域间发展不平衡，结构性矛盾突出，主要表现如下：交通发展结构性矛盾仍未解决，公路、

铁路、水路、航空等交通发展不平衡，规模化、集约化、网络化程度不足，铁路、内河水运已经成为制约综合运输发展的薄弱环节；东、中、西部地区交通运输发展不平衡，中西部地区交通基础设施建设需进一步加强和完善；农村及老少边穷地区基本公共服务基础能力薄弱，城乡公共客运二元分割，与人民群众的需求还有较大差距。

因此，我国交通运输领域目前迫切需要解决的问题之一即是平衡发展问题，包括不同交通方式间、不同区域间、城乡间的交通运输平衡发展问题。

② 交通一体化发展问题。目前我国交通运输服务整体优势和组合效率尚未充分显现，一体化水平低，各种交通客货运之间尚未得到较为便利的衔接，其中综合客货运枢纽的建设进程尤为迟缓，难以满足旅客"便捷换乘"与现代交通"无缝衔接"的要求。可见，交通一体化发展问题也是目前交通运输领域的主要问题之一。

（6）交通智能化、信息化发展问题

目前我国交通运输领域智能化、信息化发展较为滞后，一方面，我国交通运输装备的智能化水平需大力加强；另一方面，我国交通运输领域信息化建设及管理需大幅提高。综合交通智能化、信息化发展问题也是迫切需要解决的问题之一。

因此，高速铁路作为我国综合交通政策白皮书实现的关键，在建设过程中需要符合以上几个任务要求，体现国家政策和相关要求。

2. 交通基础设施重大工程建设技术方面，高速铁路需要在未来我国综合运输网络中起骨干和担当作用

我国幅员辽阔，干线运输网络的布局和主要运输方式的选择，不仅直接关系到全国的机动性水平，还直接关系到综合运输网络的运输效率和运输经济性，以及运输总成本在国民经济中的比重，转向影响着人或物的空间转移能力、资源配置效率、市场范围和商业的广度、商品经济的发展、区域间的公平发展和产品的国际竞争力。高速铁路在国民经济中的支柱作用和高速铁路在我国综合运输网络中的主体作用是不可替代的。

因此，在我国未来的综合运输体系建设中，必须突出高速铁路运输在干线运输中的经济性，满足有效性的要求。中国的经济联系和相互交流源远流长。要有强有力的交通运输方式，把全国和国民经济联系起来，引导和促进其他交通运输方式的发展。高速铁路最显著的特点是运输质量高、运营成本低、能耗低。它不仅在大运量、大流量中长途客货运输方面具有绝对优势，而且在大流量、高密度的城际中短途客运方面具有较强的竞争优势。它是最适合我国经济地理特点和人民收入水平的区域骨干交通方式。

(1) 高速铁路在重点货物运输中发挥着不可替代的作用

高速铁路稳定的运输速度和及时的经济供给直接关系到国民经济的增长,是区域交通安全的关键。从未来发展看,我国正处于工业化加速发展时期,基础产业将有较大发展,这将有利于能源、矿石和原材料高速货运,对调整现有货运结构十分重要。

(2) 高速铁路在我国中长途客运中的主要作用也是不可替代的

目前,虽然我国人民生活水平普遍达到小康水平,但人均收入水平相对较低,交通成本对人们的出行和交通方式选择影响很大。特别是在现有的客流群体中,农民工、学生、中低收入者探亲旅游、小企业经营者所占比例很大,承担运输成本的能力相对有限。高速铁路客运不仅比航空运输便宜,而且比其他运输方式更安全。从时间和速度上看,在高速铁路建设的基础上,过境时间明显缩短,主要城市基本实现了“朝发夕至”和“一日交通圈”。高速铁路在中长途客运和大流量城际客运任务中发挥着重要作用。从未来的发展来看,虽然随着经济的发展和人民收入水平的提高,支付运输费用的能力会增强,选择航空出行的长途旅客也会逐步增加,铁路仍然是中长途旅客的主要运输方式。一是虽然人民收入和生活水平有所提高,但总体收入水平仍不高。即使人均收入与 GDP 翻两番,按照 2010 年的基数计算,到 2030 年,城镇居民人均年收入约为 5 万元,农村居民人均年收入约为 2 万元。随着收入的增加,住房、教育、医疗等消费的预期支出也将大幅增加,相当一部分农村和县域居民不得不承担城市化带来的巨大安置成本。因此,旅游经济对大多数人来说仍然非常重要。二是地区与城市之间的出行距离长,每次出行总成本高。高速铁路是降低我国城镇居民出行成本的最有效途径,这与综合交通网络的成本水平有关。

(3) 高速铁路运输紧张程度是判断全国综合交通运输网络运输紧张与否的主要指标

高速铁路在综合运输网络中的骨干作用不仅体现在铁路本身,还体现在对其他运输方式的影响上。首先,高速铁路运输紧张,这将导致其他运输方式相对紧张。比如铁路客运紧张,航空运输也紧张。只有当高速铁路运输紧张得到缓解,才能真正缓解全国的运输紧张。其他运输方式的发展虽然可以减轻铁路需求的压力,但不能替代高速铁路在我国长途客货运输中的基础性作用。因此,未来我国在高速铁路运输能力配置上,需要着重考虑高速铁路运输通道的能力瓶颈消除和通道的能力提升问题,才能优化全国综合运输网。

有关高速、节能、环保型现代运输装备和信息化、智能化交通控制与管理技术方面的内容研究，见本书其他章节，此处不再赘述。

第六节　习近平新时代中国特色社会主义理论指导的国内高速铁路运输服务模式创新

未来几年内，我国交通运输事业的发展需要全面贯彻落实党的十九大和中央经济工作会议精神，以习近平新时代中国特色社会主义思想为指导，坚持稳中求进工作总基调，坚持新发展理念，紧扣我国社会主要矛盾变化，按照“五位一体”总体布局、“四个全面”战略布局和高质量发展的要求，坚持以交通运输供给侧结构性改革为主线，统筹推进稳增长、促改革、调结构、惠民生、防风险各项工作，大力推进交通运输改革开放和创新融合发展，推动交通运输行业质量变革、效率变革、动力变革，打好防范化解重大风险、精准脱贫、污染防治的攻坚战，锐意进取、埋头苦干，不断满足人民日益增长的美好生活需要，努力开启新时代交通强国建设新征程，为决胜全面建成小康社会、建设社会主义现代化强国、实现中华民族伟大复兴中国梦当好先行。

结合高速铁路的发展，在以习近平新时代中国特色社会主义思想的理论指导下，我国高速铁路运输服务模式创新需要体现以下几点：

(1) 依托高速铁路建设和服务拓展，打造新时代基础设施治理体系

顺应着力构建交通强国的框架体系的服务要求，是建设综合交通基础设施体系和服务体系的关键之处，在基础设施网络体系、装备体系及运输服务方面全面提升，起到引领作用，形成创新发展、安全发展、现代化治理、开放合作的局面，争创世界一流和国内全体人民受益。

(2) 依托国家从严治党要求，塑造专业化高素质的高速铁路人才队伍

通过坚定不移推进党的建设新的伟大工程，用习近平新时代中国特色社会主义思想武装头脑，建设具有高素质、专业化的高速铁路干部人才队伍，同时建设一批技术攻坚队伍，实现全程化“动姐”“铁哥”创新人才培养成熟体系；在人才管理方面，加强基层组织建设，全面增强铁路发展的政治水平和技术水平，为推动新时代交通运输高质量发展提供坚强政治保证。

(3) 依据党和国家规划指引，成为新时代社会经济发展的有力支撑

通过新时代高速铁路网络基础设施和服务创新模式的建立，加强高速铁路与其他运输网络基础设施在综合交通网上实现互联互通、实现“多式联运”“一站式”运输服务升级，加强高速铁路制造为生态文明建设服务，实现绿色出行，减少碳排放；服务于脱贫攻坚，推进“高速铁路扶贫”项目和服务，

为全面建成小康社会提供有力支撑。

(4) 做到防患未然,为打造满足人民美好生活需要的公共安全体系构建服务

新型冠状病毒的防控过程中,高速铁路运输起着重要的设施和服务支撑作用。在这次经验教训下,未来高速铁路的发展,也需要考虑各种灾难和突发事件发生情况下,如何确保人民的生命财产安全,并为抗灾防灾服务,为打造满足人民美好生活需要的公共安全体系构建服务。

① 未来高速铁路运输服务方面,需要省级建设战时状态可输送投放大规模人力和物资的高速铁路运营模式、全程封闭的可转移病号和伤员的高精密动车组车厢和列车组、移动式动车组医院和防疫装备车载平台。

② 未来基础设施方面,需要建设满足"多次战略打击"的全国高速铁路设施体系,使得全国范围内交通设施系统不仅可以实现战略防守的韧性度,还为随时实现防灾防控"反击"做贡献,促进区域和平和发展。此外,还需要满足人民对生态文明建设的需要,配合党中央关于国土开发和整治绿化行动需要服从推进荒漠化、石漠化、水土流失综合治理、湿地保护和恢复的工作要求,在沿线加强地质灾害防治,确保建设和运输零事故,让人民出行放心且有保障。

③ 运输服务方面,体现政治判断力,完善安全生产责任制,坚决遏制铁路领域重特大安全事故的发生,提升高速铁路系统防灾减灾救灾的能力,为全面建成全社会治安防控体系服务,运输全过程体现人民人身权、财产权、人格权,极力配合治安治理,严密防范和坚决打击各种渗透颠覆破坏活动、暴力恐怖活动、民族分裂活动、宗教极端活动。

第七节　响应"走出去"战略需求的国际高速铁路建设投资及运营模式创新

近十年来,中国高速铁路"走出去"迅速将中国高速铁路技术发展成为从最初的海外工程承包到整个产业链产出的"高速铁路外交"名片。基于我国当前拥有自主知识产权和核心技术,中国铁路总局提出了集设计、施工、设备、车辆制造、列车控制、系统集成和运营管理于一体的高速铁路集成技术并出口。在多年努力下,中国铁路装备出口市场已遍及亚洲、欧洲和北美洲,实现了全球全覆盖,铁路装备也由单纯的产品出口转向产品、工程、技术和标准的全方位出口。然而,作为中国现状"一带一路"的重要输出工程,我

国高速铁路目前整体“走出去”的成功案例却较少，现有的项目仅仅有雅万高速铁路、中泰铁路、麦加高速铁路等。

经历了雅万高速铁路、中泰铁路的波折，虽然麦加高速铁路实现通车了，但是依然出现了“血亏”的现象，主要的原因是“该项目采用 EPC+O&M 总承包模式，项目签约时只有概念设计，主要由于业主提出新的功能需求及工程量的增加，该项目在实施过程中，合同总成本逐步增加，相关风险无法把控”。此外，在国外投资建设高速铁路，存在着多种风险，如政治风险、文化冲突风险、融资风险、成本风险等。近年来，我国高速铁路“走出去”道阻且长，失败的案例远多于成功的案例，如美国加州高速铁路、墨西哥高速铁路、委内瑞拉高速铁路、中泰高速铁路初期、马来西亚高速铁路、俄罗斯高速铁路、麦加高速铁路、乌兹别克和吉尔吉斯斯坦高速铁路等。失败的原因也各不相同，有地方政局变化引发项目流产，有因为当地政府受到竞争对手“吹风”改变合作单位，有因为不了解当地习惯和风俗遭受损失。但是从目前总结发现，根本原因在于我国还未真正拥有高速铁路“走出去”的绝对优势，即产品的质量和口碑及品牌效应在国际上还未获得广泛的认可。因此，未来我国高速铁路建设投资和合作运营需要采取新的创新策略，主要建议有：

（1）坚决贯彻改革开放策略，把中国高速铁路“走出去”作为一项长期的国家战略，坚定信心，协调一致

在未来我国高速铁路发展中，需要紧紧围绕我国高速铁路一定要“走出去”的战略。坚持对外开放，实现将中国高速铁路建设在世界绝大多数地区，为实现人类命运共同体做出积极的贡献。当然，也需要总结近几年来我国高速铁路走出去失败的教训，在近期做好以下几个方面的工作：一是加强战略规划。在客观、全面分析我国高速铁路“走出去”目前存在的利益与弊端的基础上，科学合理制定我国高速铁路国际化发展的总体战略。二是明确中国高速铁路“走出去”的战略路径，即“走出去”的最近和最远路径，例如可参照我国房地产企业增长的典型模式——“又一城”，即在一个国家实现成功建设运营的基础上，再集中技术力量去下一个国家“拿地”，层次分明，重点明确。在此过程中，一定要在近期算好“经济账”。当前世界各国经济都处于发展的艰苦阶段，对外高速铁路的建设务必要实现“盈利”。当然，这个“盈利”应该是综合各种可测和不可测的正效用值。此外，建议最好不要在政局不稳定的国家和地区进行投资。最后，可以以高速铁路的投资建设作为和当地进行技术和物质交换的载体，如以前典型的“高速铁路换大米”“高速铁路换技术”等模式。

(2) 加强标准化的建设,树立中国高速铁路标准的专业性和权威性

前期对外投资过程中,我国高速铁路“走出去”失误的原因很多是由于铁路的建设标准未和国际上许多国家接轨,在运行速度、轨距标准、制造要求等方面和其他国家存在差异。因此,未来在建设过程中,需要首先进行我国高速铁路的“攻坚战”,实现我国高速铁路标准的产出和国际主导地位。一旦能建立标准地位,就可以直接占据技术主导权,一旦有投资需求,我们中标将会成为大概率事件。当然,这个标准最直接的是我国的建设资金投入标准,我国高速铁路相比其他国家,技术上可能不占优势,但是平均建造成本低 1/3 以上。因此,如果先从建造过程资金标准上做点牺牲,长远看来也是良策。

(3) 全方位评估融资风险,建立投资盈利低位“红线”

随着“一带一路”倡议纵深推进,不仅仅是高速铁路,我国在对外基础设施投资过程中,每个项目都需要全方位评估投资和融资的风险。国外基础设施投融资风险主要在于对成本的估计和对保险的政策了解需要加深。

其次是需要积极创新海外高速铁路项目投融资模式。目前既有的高速铁路海外投资模式一般都是 EPC(工程总承包)模式。这种模式其实有点“期货投资”的意味,从投资建设到运营全部包干。因此在做 EPC 模式的时候,需要深入了解当地所有因素,包括政治、法律、经济、文化、标准、习俗、风险承担能力等,再精细设计 EPC 模式,并对相关的合同经过科学的论证和设计,确保不再出现如麦加高速铁路合同案例一样的失误。

(4) 部门联动,形成专业合力,形成高速铁路对外投资的人才池

高速铁路建设是一项系统工程,必须由多个部门共同运营。建议中国铁路集团公司和国家铁路总局尽快与国内铁路院校合作,每一所高校设置高速铁路对外投资研究中心,集合法律、建设、语言、运营、投融资、管理等专业复合型人才,并在这些研究中心设置研究生招生方向,尽快培养出优秀人才,供后续业务需要使用。

本章小结

本章从现有国家发展的重点建设任务入手,提出了我国下阶段高速铁路在国内外建设和投资创新模式和思路。基于“一带一路”“交通强国”“国土空间规划”“脱贫攻坚”“科技创新”“新基建”等任务,给出了相应的投资建设创新模式政策建议。

参考文献

[1] 薄纯玉. 能·效～十理念助推城轨交通适应经济新常态[J]. 城市轨道交通,2015(03)：61－63.

[2] 曹键，翁振松，姜松英，et al. 新常态下铁路运输发展趋势的探讨[J]. 铁道运输与经济，2015，37(11)：75－8.

[3] 侯金池. 新常态下市场营销发展新趋势探究[J]. 中国国际财经(中英文)，2017，000(013)：238－239.

[4] 李卫权. 经济新常态下公路交通运输经济管理重要性分析[J]. 现代经济信息，2016(12)：1.

[5] 王爱民，侯方正，程学庆,等. 经济新常态下我国铁路高效能运输的发展对策[J]. 物流技术，2017，36(10)：4.

[6] 王欣. 经济新常态下消费驱动的经济学研究[J]. 天津商务职业学院学报，2019，7(3)：8.

[7] 岳小川. 经济新常态下公路交通运输经济管理重要性探微[J]. 中外企业家，2019(14)：1.

[8] 周茵，迟骋. 经济新常态下铁路货运发展趋势研究[J]. 铁道货运，2017，35(12)：40－4.

[9] 傅志寰. 走中国特色交通强国之路[J]. 中国公路，2018，(13)：56－9.

[10] 韩旭辉. 做新时代践行“交通强国、铁路先行”的表率[J]. 理论学习与探索，2019，(02)：20－22.

[11] 陆东福. 奋勇担当交通强国铁路先行历史使命 努力开创新时代中国铁路改革发展新局面——在中国铁路总公司工作会议上的报告(摘要) [J]. 中国铁路，2019，(01)：1－8.

[12] 吴可新. 交通强国铁路先行 当代铁路人光荣的使命[J]. 理论学习与探索，2018，(06)：7－8.

[13] 夏杰长，魏丽. 习近平新时代交通强国战略思想探析[J]. 河北经贸大学学报(综合版)，2018，18(02)：5－12.

[14] 徐飞. 中国建设交通强国的综合基础与战略意义[J]. 人民论坛·学术前沿，2018，(11)：70－9.
[15] 杨雪英. 交通强国的内涵与关键指标分析[J]. 交通运输部管理干部学院学报，2017，27(04)：16－20.
[16] 袁钢. 以党的十九大精神为指导努力在“交通强国铁路先行”中展示作为[J]. 青海党的生活，2018，(12)：50－51.
[17] 赵志贤. 交通强国、质量建设提议：高速轨道公路；proceedings of the 2018 世界交通运输大会，中国北京，F，2018 [C].
[18] 柏赟，许奇，毛保华. 我国高速铁路“走出去”的策略与建议[J]. 综合运输，2018，40(07)：4.
[19] 陈泳文. 中国高速铁路发展趋势分析[J]. 绿色环保建材，2018，(11)：108－109.
[20] 崔杰，张贾雅雯，余吉安. 中国与“一带一路”国家铁路建设合作策略研究[J]. 国际经济合作，2018，(05)：62－66.
[21] 杜芳芳. “一带一路”倡议下中国高速铁路“走出去”的挑战与对策[J]. 现代营销(下旬刊)，2018，(03)：8－9.
[22] 冯莎莎. 中国高速铁路绿色发展的思考 [J]. 高速铁路技术，2018，9(03)：94－98.
[23] 高丽峰，赵晓龙，李丹. 工业产业内升级与“一带一路”倡议互动研究[J]. 沈阳工业大学学报(社会科学版)，2017，10(01)：1－6.
[24] 高柏. 为什么是高铁？[J]. 现代国企研究，2015(15)：21－29.
[25] 郝晓宁. “一带一路”交通运输业格局及对策[J]. 中国高新科技，2018，(16)：104－106.
[26] 何恒攀. 铁路改革发展的法治保障——“‘一带一路’倡议背景下的铁路法治问题研讨会”综述[J]. 铁道警察学院学报，2018，28(01)：119－123.
[27] 何卫平，牛瑾. 中国高速铁路技术创新能力提升研究[J]. 山西建筑，2017，43(03)：239－241.
[28] 金倩. 一带一路政策对中国高速铁路国际化的影响分析[J]. 经贸实践，2018，(23)：2.
[29] 李国杰. 中国高速铁路“走出去”面临的挑战及对策研究[D]；重庆：重庆师范大学，2017.
[30] 刘红. 服务“一带一路”介议 职业院校助力高速铁路“走出去” [J]. 中国职业技术教育，2015，(28)：39－43.

[31] 刘辉. 中国高速铁路的创新与发展[J]. 领导科学论坛，2018，(12)：42 - 62.

[32] 刘清才，齐欣. “一带一路”框架下中国东北地区与俄罗斯远东地区发展战略对接与合作[J]. 东北亚论坛，2018，27(2)：18.

[33] 刘鑫贵，唐松柏. “一带一路”重要倡议新形势下铁路产品认证与质量管理[J]. 铁道技术监督，2018，46(2)：3.

[34] 卢琪. 促进中国高铁产业“走出去”的策略研究——基于“一带一路”倡议的视角分析[D]. 安徽：安徽大学，2016.

[35] 吕跃伟，孙晶晶，李刚. 中国高速铁路产业“走出去”的策略研究——基于“一带一路”倡议的视角分析[J]. 现代商贸工业，2018，39(10)：59 - 60.

[36] 潘玥. “一带一路”倡议下中国企业投资印度尼西亚的深层问题——以雅加达—万隆高速铁路项目为例的分析[J]. 东南亚纵横，2018，(02)：54 - 62.

[37] 冉奥博，何朋，刘云，et al. 中国高速铁路“走出去”战略下的专利策略[J]. 科学学研究，2017，35(04)：534 - 543.

[38] 任远喆. “一带一路”与中国在东南亚的“高速铁路外交”实践[J]. 东南学术，2019，(03)：140 - 148.

[39] 施张兵. 中国高速铁路外交研究[D]. 上海：上海外国语大学，2017.

[40] 宋敏. 中国高铁在“一带一路”倡议中的地位与作用[J]. 时代金融，2017(5)：2.

[41] 宋正阳. 中国中车集团公司国际市场营销战略研究[D]. 兰州：兰州大学，2017.

[42] 王刚，龚六堂. 浅析高速铁路对“一带一路”沿线区域产业发展的影响[J]. 产业经济评论，2018，(02)：47 - 53.

[43] 王刚，徐厚广. 浅析“一带一路”倡议对中国高速铁路发展的影响[J]. 综合运输，2017，39(09)：6 - 9.

[44] 魏庆朝，潘姿华. “一带一路”背景下中国跨境铁路建设与发展；proceedings of the 第十一届建筑物改造与病害处理学术研讨会、第六届工程质量学术会议，中国海南海口，F，2016 [C].

[45] 吴文化，徐虎林，苏斌，张国强，郝朝亮. 以原创技术助推我国公路和城市道路高质量发展——DTC 相变自调温材料沥青路面的应用前景[J]. 综合运输，2019，41(12)：1 - 6.

[46] 谢晓东. 中国铁路服务“一带一路”倡议[J]. 大陆桥视野，2015(17)：

57－57.
[47] 杨林. 中国高速铁路产业国际化发展方向的经济学思考——基于“一带一路”背景下的研究[J]. 中国集体经济，2017，(18)：11－12.
[48] 杨忠民. 雅万高速铁路创新实践与启示[J]. 中国铁路，2018，(12)：1－6.
[49] 袁玉青. “一带一路”倡议背景下的中国高速铁路外交探析[D]. 南京：南京大学，2016.
[50] 张恒龙，陈方圆. 高速铁路对区域协调发展的影响分析——基于徐兰客运专线的实证分析[J]. 上海大学学报(社会科学版)，2018，35(05)：91－106.
[51] 张先军. “一带一路”倡议下中国高速铁路“走出去”的风险和挑战[J]. 华南理工大学学报(社会科学版)，2018，20(02)：8－14.
[52] 冯悦. 国务院印发《“十三五”现代综合交通运输体系发展规划》[J]. 城市轨道交通研究，2017，20(03)：67.
[53] 郭春江. 关于全国铁路运输网络交通小区划分方案优化及应用建议[J]. 铁道经济研究，2019，(02)：1－5.
[54] 李恒鑫. 长江经济带中长期铁路网规划方案研究[J]. 铁道运输与经济，2015，37(05)：9－14.
[55] 李鹏斌. 西安铁路枢纽客运系统布局研究[J]. 铁道运输与经济，2017，39(10)：6.
[56] 李雅辰. 从“中长期铁路网”规划看西北部区域协同发展[J]. 哈尔滨铁道科技，2017，(01)：14－15.
[57] 冉理. 推进中西部铁路建设 打造布局均衡的国家铁路网[J]. 中国经贸导刊，2016，(24)：42－43.
[58] 汤友富. 长江经济带沿江高速铁路通道规划布局研究[J]. 铁道学报，2018，40(03)：1－5.
[59] 王刚，徐厚广. 浅析“一带一路”倡议对中国高速铁路发展的影响[J]. 综合运输，2017，39(09)：6－9.
[60] 王亦军. 中国高速铁路建设回顾与发展思考[J]. 铁道经济研究，2016，(01)：6－11.
[61] 闫昱霖. 高速铁路产业发展的区域布局研究——基于中国铁路中长期发展规划政策[J]. 经济师，2017，(11)：42－46.
[62] 伊然. 国务院通过中长期铁路网规划 五大举措促进铁路交通建设[J]. 工程机械，2016，47(08)：61.

[63] 余巧凤，梁栋. 中长期高速铁路网规划相关问题研究[J]. 铁道经济研究，2017，(01)：5－9.

[64] 张姗姗，姚士谋，张落成. 我国高速铁路与新型城镇化的相互作用关系探索[J]. 城市观察，2015，(04)：103－112.

[65] 周锐.《铁路"十三五"发展规划》发布[J]. 城市轨道交通研究，2017，20(12)：37.

[66] 邓荟. 基于站城融合模式的大型铁路客站选址适应性研究[D]. 成都：西南交通大学，2019.

[67] 董同彬. 高速铁路经济对珠三角区域协调发展的影响与对策[J]. 产业与科技论坛，2017，16(12)：23－26.

[68] 杜鹃. 高速铁路经济背景下的区域经济发展路径研究[J]. 全国流通经济，2018，(29)：67－68.

[69] 付想想. 迎接"高速铁路时代" 打造"高速铁路经济"[J]. 政策瞭望，2019，(05)：29－32.

[70] 高兰芳. 宁夏应对高速铁路经济的策略[J]. 中共山西省直机关党校学报，2018，(06)：32－35.

[71] 郭晓林. 高速铁路经济带下的区域共赢思考[J]. 交通与运输，2019，35(01)：65－67.

[72] 郭雅楠，王根强，齐士博. 建设国家中心城市背景下河北发展高速铁路经济的对策研究[J]. 农村经济与科技，2018，29(24)：167－168.

[73] 黄群慧. 从高质量发展看新型基础设施建设[N]. 学习时报，2020－03－18(003).

[74] 蒋红奇. 高速铁路时代小城市"四大危机"[J]. 决策，2019，(04)：26－28.

[75] 李世宁. 经济新常态下高速铁路经济对区域经济发展的影响[J]. 智库时代，2018，(32)：59—61.

[76] 李唯睿. 高速铁路经济圈 [J]. 当代贵州，2018，(37)：26.

[77] 林晓言，刘铁鹰，王梓利等. 中国城市交通绿色发展报告(2018) 2018版[M]. 北京：社会科学文献出版社，2018－12.

[78] 林晓言. 高速铁路经济研究成果述评及基础理论走向[J]. 北京交通大学学报(社会科学版)，2018，17(04)：20－37.

[79] 林仲洪，杨瑛，田亚明. 从京沪高速铁路看高速铁路经济的重要作用[J]. 铁道经济研究，2017，(01)：1－4＋9.

[80] 吕佳兴. 高速铁路经济条件下广东省高速铁路的经济影响研究[D].

广州：暨南大学，2018.
[81] 彭雪. 高速铁路沿线城市产业结构变动分析[D]. 北京：北京交通大学，2017.
[82] 钱文燕. 金华迎来“高速铁路经济”时代[J]. 浙江经济，2017，(10)：58-59.
[83] 任鲁萍，孙通. 历史视角下劳动关系的环境因素、过程控制与目标选择[J]. 山东工会论[83] 坛，2014，20(05)：1-6.
[84] 孙明珊. 烟台高速铁路经济发展存在问题及对策研究[J]. 中国市场，2019，(13)：38+843.
[85] 沈家文：论后危机时代的基础设施建设与区域经济合作，学术交流，2011，208(7)：77-80.
[86] 魏娟，邢占文. 我国道路货物运输组织演进过程及发展趋势[J]. 商业时代，2013.
[87] 吴可人. 从美丽经济到创新经济——嵊新区域高速铁路经济发展路径探析[J]. 浙江经济，2018，(04)：45-47.
[88] 吴云宝. 高速铁路经济背景下沿线城市旅游产业发展研究——以安徽省黄山市为例[J]. 现代商业，2018，(14)：64-65.
[89] 邢逸云. 合福高速铁路对泾县旅游经济发展的影响研究[J]. 经贸实践，2017，(20)：30-31.
[90] 闫玲. 高速铁路对区域经济发展的影响研究[J]. 现代工业经济和信息化，2018，8(06)：12-41.
[91] 姚毅. 高速铁路经济对区域经济发展的影响[J]. 开放导报，2018，(01)：94-98.
[92] 姚懿. 应对高速铁路经济带给区域核心商圈变革的思考——以重庆三峡广场商圈为例[J]. 全国流通经济，2017，(30)：6-7.
[93] 袁武. 高速公路社会环境影响后评价指标体系及量化模型研究[D]. 长沙：长沙理工大学，2009.
[94] 詹圣泽. 八纵八横高速铁路国策融汇习近平强国富民经济思想；proceedings of the 2018 中国环境科学学会科学技术年会，中国安徽合肥，F，2018 [C].
[95] 张亚奇 山. 高速铁路经济助推小康 [N]. 2018-01-05.
[96] 张文尝. 工业波沿交通经济带扩散模式研究[J]. 地理科学进展，2000(04)：335-342.
[97] 周佳胜. 高速铁路经济时代黔桂铁路沿线少数民族地区精准扶贫对

策研究[J]. 法制与社会，2018，(19)：188－189.

[98] Moshe GIvoni，Development and Impact of the Modern High-speed Train：A Review，Transport Reviw，2006，26：5，593－611.

[99] MINN M. The Political Economy of High Speed Rail in the United States [J]. Mobilities，2013，8(2)：

[100] 蔡中为."高速铁路时代"高速铁路经济浅议[J]. 现代城市，2011，6(04)：27－30.

[101] 陈东琪 国. 发挥高速铁路经济的支撑引领作用[N]. 2016－08－18.

[102] 陈俞宗. 基于消费视角下的高速铁路经济给中小城市带来的产业变革[J]. 商场现代化，2016，(22)：5－6.

[103] 方大春. 高铁时代区域空间结构重构机理与测度[M]. 北京：经济科学出版社. 2017－9－1.

[104] 郭勇. 高速铁路经济机遇下的广佛肇行动策略 [J]. 探求，2016，(01)：19－22+6.

[105] 韩曦. 关于高速铁路经济背景下牛河梁红山文化产业发展的思考[J]. 辽宁师专学报(社会科学版)，2016，(03)：41－43.

[106] 黄快林. 湖南省"环高速铁路经济圈"红色旅游发展现状及提质分析[J]. 邵阳学院学报(社会科学版)，2015，14(01)：84－91.

[107] 李涛，张鹏，孙诚秀，et al. 高速铁路对临沂市经济发展影响分析及对策建议[J]. 大陆桥视野，2016，(12)：51－66.

[108] 李想，杨英法. 高速铁路经济效应的两面性及对策[J]. 云南社会科学，2014，(02)：94－97.

[109] 李文静，翟国方，何仲禹，陈泽武. 日本站城一体化开发对我国高速铁路新城建设的启示——以新横滨站为例[J]. 国际城市规划，2016，31(3)：111－118.

[110] 李建东. 高速铁路对沿线区域经济产业的影响[J]. 合作经济与科技，2012(09)：8－10.

[111] 刘继广，沈志群. 高速铁路经济：城市转型的新动力[J]. 广东社会科学，2011，(03)：20－26.

[112] 龙飞扬，王超. 宿迁市高速铁路经济发展的 SWOT 分析 [J]. 经济研究导刊，2016，(23)：23－24.

[113] 罗辉云. 武广高速铁路的经济效应分析[J]. 经济研究导刊，2011，(35)：59－60.

[114] 罗英恒. 高速铁路沿线经济区旅游业劳务需求分析[J]. 山西财经大

学学报，2010，32(S1)：1－2.
[115] 毛丹，刘来玉. 高速铁路背景下德陵一体化发展研究[J]. 上海城市规划，2013，(01)：106－110.
[116] 彭雪. 双差分模型下高速铁路经济效应分析——以京广高速铁路为例，巴西圣保罗，F，2016 [C].
[117] 史慧珂. 高速铁路经济背景下粤桂旅游协同发展研究[J]. 现代商业，2016，(31)：80－81.
[118] 吴锋，宋诗伟. 建设国家中心城市背景下武汉发展高速铁路经济的对策研究[J]. 江汉大学学报(社会科学版)，2013，30(02)：12－17.
[119] 夏瑛. 从边缘到主流：集体行动框架与文化情境[J]. 社会，2014，34(01)：52－74.
[120] 邢剑. 济南高速铁路经济发展中存在问题与对策建议研究[D]. 济南：山东师范大学，2014.
[121] 张雨菡，陈光临. 高速铁路经济效应下中小城市应对之策——以安徽省铜陵市为例[J]. 学周刊，2016，(21)：30－31.
[122] 张座铭，付书科，易明. 湖北高速铁路经济效应综合评价及政策创新研究[J]. 湖北社会科学，2016，(08)：69－75.
[123] 朱良华. 高速铁路经济时代梧州建设西江黄金水道向东开放龙头城市的思考[J]. 物流技术，2015，34(08)：120－122.
[124] 朱汉青. 高铁配电盘用电连接器的研制[D]. 杭州：浙江大学，2018.
[125] 冯兵，郑玲莉，周怡然. 高速铁路对区域产业发展的影响分析——以湖北为例[J]. 湖北社会科学，2014，(05)：62－66.
[126] 胡玉敏，踪家峰. 城市基础设施产业运营效率研究[J]. 生产力研究，2006，(04)：112－114.
[127] 李桢. 基于DID模型的贵州高速铁路经济效应研究[D]. 贵阳：贵州师范大学，2017.
[128] 龙飞扬，王超. 宿迁市高速铁路经济发展的SWOT分析[J]. 经济研究导刊，2016，(23)：23－24.
[129] 马赏. 我国高速铁路经济效益研究[D]. 石家庄：石家庄铁道大学，2013.
[130] 彭雪. 高速铁路沿线城市产业结构变动分析[D]. 北京：北京交通大学，2017.
[131] 覃文忠，王建梅，刘妙龙. 地理加权回归分析空间数据的空间非平稳性[J]. 辽宁师范大学学报(自然科学版)，2005(04)：476－479.

[132] 杨丽娟. 铁路编组站布局调整效果评价研究[D]. 北京：北京交通大学,2008.

[133] 张座铭，付书科，易明. 湖北高速铁路经济效应综合评价及政策创新研究[J]. 湖北社会科学，2016，(08)：69 - 75.

[134] 踪家峰，杜慧滨. 区域治理结构优化研究[J]. 华中科技大学学报(城市科学版)，2007，(01)：32 - 35.

[135] 许学强. 城市地理学[M]. 高等教育出版社,2002.

[136] Levinson et al., 1997; de Rus and Nombela, 2007; de Rus and Nash, 2007; Nash, 2010

[137] 鲍华兵. 空间信息数位化下城市公共交通可达性分析与实现[D]. 重庆：重庆大学,2009.

[138] 崔建东. 城市近郊高速铁路新片区风貌协同规划研究[D]. 济南：山东建筑大学,2019.

[139] 吴海波. 国内外非核心城市高速铁路站区发展特征比较研究[D]. 合肥：合肥工业大学,2018.

[140] 雷榴. 高速铁路对县域经济增长的影响[D]. 成都：西南财经大学,2018.

[141] 兰欢. 高速铁路枢纽地区交通与土地利用协调发展研究[D]. 南京：东南大学,2017.

[142] 李文静. 高速铁路对郑州城市空间的影响研究[D]. 开封：河南大学,2017.

[143] 刘琳. 对外开放对广西产业集聚的影响研究[D]. 北京：中央财经大学,2018.

[144] 周洛仪. 高速铁路建设的区域经济效应研究[D]. 重庆：重庆交通大学,2016.

[145] 钱佳. 基于高速铁路网络化的中国城市旅游空间格局演变及优化研究[D]. 苏州：苏州大学,2015.

[146] 顾玉萍,李上康,李若影. 高速铁路对区域产业发展的影响效应分析[J]. 公路交通科技(应用技术版),2014,10(12)：443 - 448.

[147] 李端. 高速铁路枢纽对城市空间结构的影响研究[D]. 长沙：湖南大学,2014.

[148] 杨犇. 高速铁路对区域发展的影响研究[D]. 上海：华东师范大学,2011.

[149] 袁博. 京广高速铁路沿线“高速铁路新城”空间发展模式及规划对策

研究[D]. 武汉：华中科技大学，2011.
[150] 毛一凡. 国内非区域核心城市高速铁路站区空间结构及形态要素研究[D]. 武汉：华中科技大学，2010.
[151] 贾铠针. 高速铁路综合交通枢纽地区规划建设研究[D]. 天津：天津大学，2009.
[152] 王鹏，李彦. 高铁对城市群经济集聚演化的影响——以中国三大城市群为题，2018(05)：62－72.
[153] 王萌. 高铁对现代交通运输产业结构影响研究[D]. 北京：北京交通大学，2019.
[154] 王亚锋. 中原经济区产业集群与区域经济发展互动关系研究[D]. 西安：西安科技大学，2012.
[155] 张薇. 客运专线开行方案调整对客运需求的影响分析[D]. 北京：北京交通大学，2010.
[156] 蔡贺铭. 大都市周边高速铁路新城总体规划策略研究 [D]. 北京：北京建筑大学，2016.
[157] 崔文. 高速铁路项目经济评价相关问题研究[J]. 综合运输，2017，39(11)：21－24.
[158] 丁慧平，赵启兰，李远慧等. 高速铁路定价机制探析——成本、社会经济效益、乘客时间价值三维视角[J]. 北京交通大学学报(社会科学版)，2018，17(01)：33－40.
[159] 谷峰. 渝利铁路对沿线地区社会经济的影响研究[D]. 成都：西南交通大学，2018.
[160] 管浩男. 京沪高速铁路对山东区域经济发展溢出效应的研究[D]. 济南：山东财经大学，2017.
[161] 焦红，方雅淳. 哈齐高速铁路对区域可达性及经济联系的影响研究[J]. 铁道运输与经济，2018，40(11)：7－12.
[162] 来逢波，孙龙. 高速交通与区域经济格局动态演化研究综述[J]. 综合运输，2016，38(09)：61－65.
[163] 李成，叶梓涵，郭宏伟. 高速铁路对沿线经济发展影响——以京沪高速铁路为例[J]. 铁道经济研究，2016，(06)：21－25.
[164] 李红昌，TJIA L，胡顺香. 中国高速铁路对沿线城市经济集聚与均等化的影响[J]. 数量经济技术经济研究，2016，33(11)：127－143.
[165] 李新光，黄安民. 高速铁路对县域经济增长溢出效应的影响研究——以福建省为例[J]. 地理科学，2018，38(02)：233－241.

[166] 林芳洁. 深茂铁路影响下台山市城市交通功能提升研究[D]. 广州：华南理工大学，2018.
[167] 刘莉文，张明. 国外高速铁路对区域空间经济的影响研究及启示[J]. 国际城市规划，2018，33(01)：95－100.
[168] 刘岳嵩. 浅议中国高速铁路发展对区域经济的促进作用[J]. 现代商业，2017，(04)：39－40.
[169] 刘志红，王利辉. 交通基础设施的区域经济效应与影响机制研究——来自郑西高速铁路沿线的证据[J]. 经济科学，2017，(02)：32－46.
[170] 罗燊. 基于知识溢出理论的高速铁路与区域发展研究[D]. 北京：北京交通大学，2018.
[171] 马红梅，刘泽华，杨丹丹. 高速铁路对区域经济发展的影响评估——基于DID模型对贵州省的实证分析[J]. 广西大学学报(哲学社会科学版)，2018，40(05)：88－92.
[172] 彭雪. 高速铁路沿线城市产业结构变动分析[D]. 北京：北京交通大学，2017.
[173] 孙娜，张梅青，陶克涛. 交通基础设施对民族地区经济增长的影响——兼论民族地区高速铁路建设[J]. 中央民族大学学报(哲学社会科学版)，2019，46(01)：98－107.
[174] 田沁雪，朱兵，朱嘉琳. 大西高速铁路的建设对区域经济的影响研究[J]. 当代经济，2019，(02)：46－50.
[175] 王春健. 铁路建设对沿线地区经济发展的影响研究[D]. 济南：山东建筑大学，2017.
[176] 王履华. 中国高速铁路建设对城市可达性及相互作用的影响研究[D]. 南京：南京大学，2019.
[177] 文嫮，韩旭. 高速铁路对中国城市可达性和区域经济空间格局的影响[J]. 人文地理，2017，32(01)：99－108.
[178] 肖芳芳. 高速铁路对区域经济发展的影响研究[D]. 北京：北京交通大学，2018.
[179] 闫枫. 京津城际高速铁路综合效益分析研究[D]. 北京：北京交通大学，2016.
[180] 袁玉珂. 山东省高速交通对城市用地结构的影响与优化研究[D]. 济南：山东师范大学，2018.
[181] 张博. 高速铁路对我国区域经济发展影响研究[J]. 东南大学学报

（哲学社会科学版），2017，19(S1)：132 - 133.
[182] 张金月，张永庆. 基于双重差分模型的高速铁路对中国三大城市群经济发展的比较研究[J]. 综合运输，2019，41(05)：1 - 6.
[183] 张灵芝. 中原城市群铁路发展对空间经济活动的影响研究[D]. 北京：北京交通大学，2018.
[184] 张雯慧. 高速铁路对区域经济发展的影响要素及机理研究[J]. 知识经济，2018，(20)：15 - 16.
[185] 张宇昂. 浅析高速铁路对区域经济发展的影响[J]. 市场研究，2017，(06)：6 - 7.
[186] 张正. 城际铁路推动区域经济发展的实证研究[D]. 上海：华东交通大学，2017.
[187] 赵云. 高速铁路对区域知识溢出的影响机理与效应估计[D]. 北京：北京交通大学，2017.
[188] 周宏昌. 空间溢出效应视角下西部高速铁路对区域经济的影响研究[D]. 兰州：兰州交通大学，2018.
[189] 周婷. 浅析中国高速铁路对区域经济发展的影响[J]. 财经界，2017(3)：1.
[190] 踪家峰. 厦深铁路对区域经济影响[R]. 深圳市科技创新委员会，深圳，2012.
[191] Albalate D，Fageda X. High speed rail and tourism：Empirical evidence from Spain[J]. Transportation Research Part A，2016，85(Mar.)：174 - 185.
[192] Bentlage M，Luthi S，Thierstein A. Knowledge creation in German agglomerations and accessibility-An approach involving non-physical connectivity[J]. Cities，2013，30(FEB.)：47 - 58.
[193] Bivand R. Crossvalidation of bandwidth for geographically weighted regression[J].
[194] Boloukian R，Siegmann J. Urban Logistics；a Key for the Airport-Centric Development-A Review on Development Approaches and the Role of Urban Logistics in Comprehensive Airport-Centric Planning[J]. Transportation Research Procedia，2016，12：800 - 811.
[195] Button K. Is there any economic justification for high-speed railways in the United States? [J]. Journal of Transport

Geography, 2012, 22: 300 - 302.

[196] B J C A, C X C L, C Y W, et al. Accessibility impacts of China's high-speed rail network-ScienceDirect [J]. Journal of Transport Geography, 2013, 28: 12 - 21.

[197] Chandra S, Vadali S. Evaluating accessibility impacts of the proposed America 2050 high-speed rail corridor for the Appalachian Region[J]. Journal of Transport Geography, 2014, 37(MAY): 28 - 46.

[198] Chen M, Tang H L, Zhang K. Some Critical Issues in the Development of Chinese High-Speed Rail: Challenges and Coping Strategies[J]. Journal of Transportation Technologies, 2014, 4 (2): 164 - 174.

[199] Chen Z, Haynes K E. Impact of high speed rail on housing values: an observation from the Beijing-Shanghai line [J]. Journal of Transport Geography, 2015, 43(feb.): 91 - 100.

[200] Z Chen, J Xue, A Z Rose, et al. The impact of high-speed rail investment on economic and environmental change in China: A dynamic CGE analysis[J]. Transportation Research Part A: Policy and Practice, 2016,94: 232 - 245.

[201] Chen Z, Haynes K E. Impact of high-speed rail on international tourism demand in China[J]. Applied Economics Letters, 2015, 22 (1 - 3): 57 - 60.

[202] Cheng J, Bertolini L, Clercq F L, et al. Understanding urban networks: Comparing a node-, a density-and an accessibility-based view[J]. Cities, 2013, 31(Apr.): 165 - 176.

[203] Cheng Y H. High-speed rail in Taiwan: New experience and issues for future development[J]. Transport Policy, 2010, 17(2): 51 - 63.

[204] Cheng Y S, Loo B P Y, Vickerman R. High-speed rail networks, economic integration and regional specialisation in China and Europe[J]. Travel Behaviour & Society, 2015, 2(1): 1 - 14.

[205] Mvc A, Msr B. Grand challenges for high-speed rail environmental assessment in the United States[J]. Transportation Research Part A: Policy and Practice, 2014, 61: 15 - 26.

[206] Circella G. Book Review: The Economics and Politics of High-speed Rail: Lessons from Experiences Abroad [J]. Journal of Planning Literature, 2015, 30(3): 296 - 297.

[207] Amanda, Crompton. Runaway train: public participation and the case of HS2[J]. Policy & Politics, 2015, 43(1): 27 - 44.

[208] Delaplace, M. , & Dobruszkes, F. From low-cost airlines to low-cost high-speed rail? The French case[J]. Transport Policy, 2015, 38: 73 - 85.

[209] Diziain D, Taniguchi E, Dablanc L. Urban logistics by rail and waterways in France and Japan[J]. Procedia-Social and Behavioral Sciences, 2014, 125: 159 - 170.

[210] Xf A, Az B, Zheng L C. Will China's airline industry survive the entry of high-speed rail? [J]. Research in Transportation Economics, 2012, 35(1): 13 - 25.

[211] A M G, B C R, José María Urea c. High speed rail: implication for cities[J]. Cities, 2012, 29(29): S26 - S31.

[212] Guerra E. Mexico City's suburban land use and transit connection: The effects of the Line B Metro expansion[J]. Transport Policy, 2014, 32(1): 105 - 114.

[213] Harvey J, Thorpe N, Caygill M, et al. Public attitudes to and perceptions of high speed rail in the UK[J]. Transport Policy, 2014, 36(36): 70 - 78.

[214] He, G. , Mol, A. P. J. , Lu, Y. Public protests against the Beijing-Shenyang high-speed railway in China. Transportation Research Part D: Transport and Environment, 2016, 43: 1 - 16.

[215] He, G. , Mol, A. P. J. , Zhang, L. , Lu, Y. Environmental risks of high-speed railway in China: Public participation, perception and trust[J]. Environmental Development, 2015, 14: 37 - 52.

[216] Kim K S. High-speed rail developments and spatial restructuring-A case study of the Capital region in South Korea[J]. Cities, 2000, 17(4): 251 - 262.

[217] Lao X, Zhang X, Shen T, et al. Comparing China's city transportation and economic networks[J]. Cities, 2016, 53(apr.): 43 - 50.

[218] Lu，Shyi-Min. A low-carbon transport infrastructure in Taiwan based on the implementation of energy-saving measures [J]. Renewable and Sustainable Energy Reviews，2016，58：499 - 509.

[219] Marr P，Sutton C. Changes in accessibility in the Meseta Purépecha region of Michoacán，Mexico：1940—2000 [J]. Journal of Transport Geography，2007，15(6)：465 - 475.

[220] Sanchez-Mateos H S M，Givoni M. The accessibility impact of a new High-Speed Rail line in the UK—a preliminary analysis of winners and losers[J]. Journal of Transport Geography，2012，25：105 - 114.

[221] A Monzón，Ortega E，E López. Efficiency and spatial equity impacts of high-speed rail extensions in urban areas[J]. Cities，2013，30(30)：18 - 30.

[222] Nash C. When to invest in high speed rail[J]. Journal of Rail Transport Planning & Management，2015，5(1)：12 - 22.

[223] Perl A. Assessing the recent reformulation of United States passenger rail policy[J]. Journal of Transport Geography，2012，22：271 - 281.

[224] Perl A，Goetz A. Getting Up to Speed Assessing Usable Knowledge from Global High-Speed Rail Experience for the United States[J]. Transportation Research Record，2015：1 - 7.

[225] Raghuram G，Udayakumar P D. Dedicated High Speed Rail Network in India：Issues in Development [J]. IIMA Working Papers，2016.

[226] Shaw S L，Fang Z，Lu S，et al. Impacts of high speed rail on railroad network accessibility in China[J]. Journal of Transport Geography，2014，40：112 - 122.

[227] Shen Y，Silva J D A E，Martinez L M. Assessing High-Speed Rail's impacts on land cover change in large urban areas based on spatial mixed logit methods：a case study of Madrid Atocha railway station from 1990 to 2006[J]. Journal of Transport Geography，2014，41(dec.)：184 - 196.

[228] Spiekermann K，Wegener M. The shrinking continent：new time-space maps of Europe[J]. Environment and Planning B Planning

and Design, 1994, 21(6): 653 - 673.

[229] Stanley M. (2015). China High-Speed Rail-On the Economic Fast Track. In (pp. 60): Morgan Stanley Research Global.

[230] José M, Urea, et al. The high-speed rail challenge for big intermediate cities: A national, regional and local perspective[J]. Cities, 2009, 26(5): 266 - 279.

[231] Wang L, Liu Y, Sun C, et al. Accessibility impact of the present and future high-speed rail network: A case study of Jiangsu Province, China[J]. Journal of Transport Geography, 2016, 54 (jun.): 161 - 172.

[232] Xin W, Huang S, Zou T, et al. Effects of the high speed rail network on China's regional tourism development [J]. Tourism Management Perspectives, 2012, 1(none): 34 - 38.

[233] Wu J, Nash C, Dong W. Is high speed rail an appropriate solution to China's rail capacity problems? [J]. Journal of Transport Geography, 2014, 40: 100 - 111.

[234] Yin M, Bertolini L, Duan J. The effects of the high-speed railway on urban development: International experience and potential implications for China[J]. Progress in Planning, 2015, 98(may): 1 - 52.

[235] Jian, Zhao, Yunyi, et al. The variation in the value of travel-time savings and the dilemma of high-speed rail in China [J]. Transportation Research Part A Policy & Practice, 2015,82: 130 - 140.

[236] Zheng S, Kahn M E. China's bullet trains facilitate market integration and mitigate the cost of megacity growth. [J]. Proc Natl Acad Sci U S A, 2013, 110(1): E1248 - E1253.

[237] Zhu P, Yu T, Chen Z. High-Speed Rail and Urban Decentralization in China [J]. Transportation Research Record Journal of the Transportation Research Board, 2015, 2475: 16 - 26.

[238] Krishnan V, Kastrouni E, Pyrialakou V D, Gkritza K, McCalley J D. An optimization model of energy and transportation systems: Assessing the high-speed rail impacts in the United States[J]. Transportation Research Part C: Emerging Technologies, 2015,

54：131－156.

[239] 陈雨亭. 多机场辐射域及竞合效应研究[D]. 南京：南京航空航天大学.

[240] 洪伟. 高速铁路车站客运服务质量评价及改进的研究与实践[D]. 兰州：兰州交通大学，2018.

[241] 马佩献. 高速铁路列车开行方案服务水平提升对客流影响研究[D]. 北京：北京交通大学，2018.

[242] 王秀成. 高速铁路客流 OD 分类与服务水平分析设计研究[D]. 北京：北京交通大学，2017.

[243] 刘萍. 京沪高速铁路客运服务质量评价的研究[D]. 中国铁道科学研究院，2017.

[244] 张兰霞，秦勇，王莉. 高速铁路加权复杂网络特性分析[J]. 铁道科学与工程学报，2016，13(02)：201－209.

[245] 张鹏. 高速铁路客运服务质量综合评价体系研究[D]. 成都：西南交通大学，2017.

[246] Jordi Martí-Henneberg，乐重. 欧洲一体化与国家铁路网络模型(1840—2010)[J]. 四川建材，2015，41(01)：115－121＋123.

[247] 马驷，邓云霞. 高速铁路运输供给服务水平评价[J]. 铁道运输与经济，2014，36(012)：28－32.

[248] 张亮. 京沪高铁客运服务质量实证分析[D]. 兰州：兰州交通大学，2015.

[249] 李金梅，聂磊，郭根材，佟璐. 高速铁路枢纽衔接服务水平评价体系[J]. 铁道运输与经济，2014，36(01)：42－47＋59.

[250] 苏卓良. 城际高速铁路客运服务水平评价与分析[D]. 上海：华东交通大学，2011.

[251] 刘万明. 我国高速铁路客运专线主要技术经济问题研究[D]. 成都：西南交通大学，2002.

[252] 金辰虎. 提高高速铁路旅客运输服务水平的探讨[J]. 中国铁路，1994，000(011)：12－16.

[253] Alter C H. Evaluation of Public Transit Services：the Level-of-Service Concept (Abridgment) [J]. Transportation Research Record Journal of the Transportation Research Board，1976，606：37－40.

[254] Brown I E W，Tyler N A. University of London Center for Transport

Studies Report[R]. Traffic Engineering & Center,1997
[255] David A. Hensher, Peter Stoper, Philip Bullock. Service Quality-Developing A Service Quality Index in The Provision of Commercial Bus Contracts[J]. Transportation Research Part A, 2003,(37): 499－517
[256] 陈旭梅,李凤军,马林涛. 城市轨道交通线网方案综合评价指标体系研究[J]. 城市规划. 2001,25(10): 61－64.
[257] 白雁,韩宝明,干宇雷. 城市轨道交通换乘站布局综合评价方法研究[J]. 都市快轨交通,2006(03): 30－33.
[258] 陈建军,于雷,陈旭梅,等. 路网可靠性评价方法综述[J]. 城市交通,2008,6(001): 67－70.
[259] 康佳黎,邵蓉. 兰州市快速公交运营可行性分析及评价[J]. 交通科技与经济,2012,14(2): 74－77.
[260] 徐以群,陈茜. 城市公共交通服务水平的指标体系[J]. 城市交通,2006,4(6): 42－46.
[261] 李铁柱,刘勇,卢璨等. 城市公共交通首末站综合评价[J]. 交通运输工程学报,2005(01): 86－91.
[262] 李春清. 城市公共交通换乘系统关键问题及评价研究[D]. 北京: 北京交通大学,2008.
[263] 李俊芳,吴小萍. 基于AHP-FUZZY多层次评判的城市轨道交通线网规划方案综合评价[J]. 武汉理工大学学报: 交通科学与工程版,2007,31(2): 4.
[264] 林新仪. 基于实绩数据的列车运行调度分析系统研究[D]. 成都: 西南交通大学,2019.
[265] 毛宏黎. 高铁车站旅客离站换乘行为分析及效率评价研究[D]. 重庆: 重庆交通大学,2019.
[266] 汪新凡. 城市公共交通发展水平的属性数学识别模型[J]. 交通运输工程学报,2007(05): 122－126.
[267] 王保华. 综合运输体系下快捷货物运输网络资源配置优化研究[D]. 北京: 北京交通大学,2010.
[268] 谢军. 高速公路通行能力分析与服务质量评价研究[D]. 西安: 长安大学,2007.
[269] 徐曼. 高速铁路对区域经济发展影响研究[D]. 郑州: 郑州大学,2019.

[270] 尹春娥. 城市交通可持续发展保障体系研究[D]. 西安：长安大学，2005.

[271] 张子昊. 中国轨道交通动力发展史简述[J]. 中国设备工程，2020，No. 440(04)：246 - 248.

[272] 张素梅. 高速公路建设项目可持续发展后评价研究[D]. 青岛：中国海洋大学，2008.

[273] 张生瑞. 公路交通可持续发展系统分析与评价[D]. 西安：长安大学，2002.

[274] 周怀慧. 综合运输体系下快捷货运网络系统服务水平评价指标体系研究[D]. 北京：北京交通大学，2009.

[275] 李晓飞，马宝龙，韩道，等. 顾客忠诚对顾客权利和顾客抱怨的影响研究[J]. 管理学报，2017，014(010)：1515 - 1522.

[276] Terblanche N S. Customers' Perceived Benefits of a Frequent-Flyer Program[J]. Journal of Travel & Tourism Marketing，2015，32(3)：199 - 210.

[277] Hu K C，Liao H T，Lu L M，et al. Effects of Perceived Justice and Satisfaction of Frequent Flyer Programs on Passenger's Loyalty：A Case of Taiwanese Airlines [J]. Transportation and Urban Sustainability，2010：679 - 686.

[278] Park J W. The effect of frequent flyer programs：A case study of the Korean airline industry [J]. Journal of Air Transport Management，2010，16(5)：287 - 288.

[279] 王灿灿，贾俊芳. 基于价格歧视的高速铁路客票动态定价方案研究[J]. 铁道运输与经济，2016，38(11)：6 - 11.

[280] 廉文彬. 我国高速铁路客运服务设计方案的研究[J]. 铁道运输与经济，2016，38(04)：30 - 36.

[281] 彭艳梅，马驷，余沛. 成渝铁路客流特征分析及营销对策研究[J]. 铁道运输与经济，2010，32(08)：34 - 37.

[282] 人民铁道网. 中国铁路总公司实施客运提质计划[EB/OL]. (2018 - 08 - 09)[2019 - 02 - 11]. http：//www. peoplerail. com/rail/show-456-387441-1. html.

[283] 强丽霞. 铁路常旅客计划发展可行性分析研究[J]. 铁道经济研究，2018，000(005)：25 - 29.

[284] Jin-Young K. Effects of airline frequent flyer programs service

quality on customer satisfaction and loyalty in the airline industry [J]. Journal of Hospitality and Tourism Studies, 2018, 20(1): 190 - 206.
[285] Jiang H W, Zhang Y H. An investigation of service quality, customer satisfaction and loyalty in China's airline market [J]. Journal of Air Transport Management, 2016, 57: 80 - 88.
[286] Park J Y, Jang S. You got a free upgrade? What about me? The consequences of unearned preferential treatment [J]. Tourism Management 2015, 50: 59 - 68.
[287] 陈明，李姝辰，孙膑. 基于旅客出行行为的铁路常旅客计划方案设计[J]. 铁道运输与经济，2018，40(08)：45 - 49.
[288] 吴昊，程楠. 我国高速铁路运价差异化策略研究——基于需求弹性的分析[J]. 价格理论与实践，2017，(10)：56 - 59.
[289] 刘高原. 基于客票特征数据的我国高速铁路旅客出行行为分析研究[D]. 北京：北京交通大学，2012.
[290] 翟蕊. F 航空公司积分营销策略研究[D]. 北京：对外经济贸易大学. 2017.
[291] 林晓言. 铁路改革的目标与途径——一个基于费用效益分析原则的研究框架[J]. 铁道经济研究，2002(06)：37 - 39＋43.
[292] 范海英. 我国高铁收益管理定价方法研究[J]. 价格理论与实践，2015，000(012)：161 - 163.
[293] 任俊桦，任民. 武广铁路客运专线运营初期运量分析[J]. 铁道工程学报，2013，000(001)：115 - 119.
[294] 李红昌. 中国铁路总公司发展战略重点及政策需求研究[J]. 铁道经济研究，2013，000(004)：1 - 7,16.
[295] 丁慧平，赵启兰，李远慧，等. 高速铁路定价机制探析——成本、社会经济效益、乘客时间价值三维视角[J]. 北京交通大学学报(社会科学版)，2018，17(01)：33 - 40.
[296] 宋丹丹，仝军胜，丁君萍. 我国高速铁路品牌化发展研究[J]. 铁道运输与经济，2014，36(10)：76 - 80＋92.
[297] 弓秀玲，王慧武，朱金福. 高速铁路差异化营销优化取值模型研究——以呼包高铁为例[J]. 会计之友，2017，000(012)：13 - 18.
[298] 白长虹，刘炽. 服务企业的顾客忠诚及其决定因素研究[J]. 南开管理评论，2002，005(006)：64 - 69.

[299] 韦涛. 铁路客票销售策略的需求弹性控制方法研究[J]. 铁道运输与经济，2018，40(12)：24－28＋92.

[300] 付慧伶，聂磊，杨浩，等. 基于备选集的高速铁路列车开行方案优化方法研究[J]. 铁道学报，2010(06)：3－10.

[301] 国家铁路局.《城际铁路设计规范》专家解读[EB/OL]. [2015－01－06]. http：//www. nra. gov. cn/hdjl/zcjd4/201501/t20150106_10816. shtml

[302] 李岚清，黄浚铭，许旺土，张薇. 高速铁路常旅客计划“积分升座”经济福利模型构建研究[J]. 铁道运输与经济，2019，41(12)：14－31.

[303] 王保华. 综合运输体系下快捷货物运输网络资源配置优化研究[D]. 北京：北京交通大学，2010.

[304] 王群燕. 中速磁浮线路通过能力计算与加强方法[D]. 北京：北京交通大学，2018.

[305] 张宇生. 中低速磁浮车辆—道岔主动梁耦合振动仿真分析[D]. 成都：西南交通大学，2019.

[306] 国务院. 交通强国建设纲要[M]. 人民出版社出版，2019，7.

[307] 倪文洁. 高速铁路建设 PPP 项目中的投资回报设计研究[D]. 南昌：南昌大学，2019.

[308] 范江楠. 海外高速铁路建设造价智能估算方法研究[D]. 石家庄：石家庄铁道大学，2019.

[309] 赵丽槐. 中国高速铁路对泰国投资的风险管理研究[D]. 昆明：云南大学，2019.

[310] 文雯，黄雨婷，宋建波. 交通基础设施建设改善了企业投资效率吗？——基于中国高铁开通的准自然实验[J]. 中南财经政法大学学报，2019，233(02)：43－53.

[311] 王思高. “一带一路”背景下中国中车在雅万高速铁路项目的投资效益及风险分析[D]. 北京：北京交通大学，2019.

[312] 福建日报. 高质量打赢脱贫攻坚战[N]. 2020－03－25(001).

[313] 多规合一与交通规划发展——中国城市交通发展论坛 2017 年第 4 次研讨会[J]. 城市交通，2018，16(01)：98－105.

[314] 鲍鑫荣. 推进新时期综合运输体系建设的若干思考[J]. 交通世界(运输. 车辆)，2009(06)：51－55.

[315] 郭文琦，朱君. 基于云模型的高速铁路沿线城市经济社会影响研究[J]. 铁道运输与经济，2019，(06)：14－19.

[316] 杨忠民. 雅万高铁创新实践与启示[J]. 中国铁路，2018(12)：1－6.
[317] 张姣. 京沪高速铁路客运产品设计研究[D]. 成都：西南交通大学，2018.
[318] 李海军. 铁路通道内高速铁路与既有普速铁路合理分工优化研究[D]. 兰州：兰州交通大学，2018.
[319] 钟异莹，陈坚，邵毅明. 铁路客运专线运营初期运量预测方法研究[J]. 重庆交通大学学报(自然科学版)，2018，37(09)：107－112.
[320] 文豪. 成渝地区铁路通道分工研究[D]. 成都：西南交通大学，2017.
[321] 王尚义，张慧芝. 历史流域学论纲[M]. 科学出版社，2014.
[322] 张伟. 通道型高速铁路网络客流输送模式选择研究[D]. 成都：西南交通大学，2017.
[323] 徐峰. 郑州铁路枢纽客运系统规划研究[J]. 高速铁路技术，2017，8(01)：19－23.
[324] 蔡勇，钟志华. 合蚌客运专线线路走向方案研究[J]. 铁道勘察，2016，42(06)：73－75.
[325] 李瑞. 兰新客运专线开行普速旅客列车的适应性研究[J]. 铁道运输与经济，2016，38(05)：26－30.
[326] 魏文萍，薛玉玺，甘宝. 客运专线旅客列车开行方案研究[J]. 交通科技与经济，2015，17(06)：45－50.
[327] 杜相. 江西省昌九城际运输通道客运量分担率预测研究[J]. 中国工程咨询，2015(12)：51－53.
[328] 解振全. TOD 模式下客运专线诱增客运量预测研究[J]. 铁道运输与经济，2015，37(10)：41－46.
[329] 杜相. 基于博弈论的城际运输通道客运量分担率预测研究[D]. 上海：华东交通大学，2015.
[330] 赵旭. 基于非集计模型的区域运输通道方式划分研究[D]. 西安：长安大学，2015.
[331] 杨正泽. 高速铁路的国民经济属性及投资效益研究[D]. 北京：北京交通大学，2015.
[332] 苗雨欣. 新建客运专线诱增客流问题研究[D]. 西安：长安大学，2015.
[333] 夏倩. 区域运输通道内旅客运输方式选择研究[D]. 兰州：兰州交通大学，2015.
[334] 褚岩. 通道内既有平行线间的合理分工及车流径路优化[D]. 成都：

西南交通大学,2015.
[335] 海晓伟. 客运专线运力资源优化配置研究[D]. 北京：北京交通大学,2014.
[336] 沈桥,唐定瑶. 客运专线与既有线的现状分析[J]. 企业技术开发,2014,33(17)：63 - 64.
[337] 张杰. 哈尔滨铁路枢纽客站站房改造问题研究[D]. 哈尔滨：哈尔滨工业大学,2014.
[338] 程述英. 客运专线网换乘节点布局优化研究[D]. 成都：西南交通大学,2014.
[339] 赵勇,田宝红,李鹏飞. 浅谈渤海海峡跨海通道登陆点比选及铁路接线规划[J]. 中国工程科学,2013,15(12)：39 - 44.
[340] 郭俊杰. 成渝城际客运专线对区域经济发展影响预测研究[D]. 成都：西南交通大学,2013.
[341] Xinhua News Agency[J]. Beijing Review, 2016.
[342] Albert R, Jeong H, Barabasi A L. Error and attack tolerance of complex networks[J]. Nature, 2000, 406(6794)：378 - 382.
[343] Badia, Hugo, Estrada, et al. Bus network structure and mobility pattern：A monocentric analytical approach on a grid street layout [J]. Transportation Research Part B：Methodological, 2016, 93：37 - 56.
[344] Beria P, Grimaldi R, Albalate D, et al. Delusions of success：Costs and demand of high-speed rail in Italy and Spain[J]. 2018：63 - 79.
[345] Meo P D, Ferrara E, Fiumara G, et al. Fast unfolding of communities in large networks. 2008.
[346] Everett B M G. A Graph-theoretic perspective on centrality[J]. Social Networks, 2006,28(4)：466 - 484.
[347] Brandes U. A faster algorithm for betweenness centrality[J]. Journal of Mathematical Sociology, 2001, 25(2)：163 - 177.
[348] Brin S, Page L. The Anatomy of a Large-Scale Hypertextual Web Search Engine[J]. Computer Networks and ISDN Systems, 1998, 30(1 - 7)：107 - 117.
[349] Bukovac S, Douglas I. The potential impact of High Speed Rail development on Australian aviation[J]. Journal of Air Transport Management, 2019, 78(JUL.)：164 - 174.

[350] B J C A, C X C L, C Y W, et al. Accessibility impacts of China's high-speed rail network-ScienceDirect[J]. Journal of Transport Geography, 2013, 28: 12 - 21.

[351] Chen C, D'Alfonso T, Guo H, et al. Graph theoretical analysis of the Chinese high-speed rail network over time[J]. Research in Transportation Economics, 2018, 72: 3 - 14.

[352] Chen C L, Hall P. The Wider Spatial-Economic Impacts of High-Speed Trains: A Comparative Case Study of the Lille and Manchester Sub-Regions[J]. Journal of Transport Geography, 2011, 24(4): 89 - 110.

[353] Chen G, Silva J. Estimating the Provincial Economic Impacts of High-speed Rail in Spain: An Application of Structural Equation Modeling[J]. Procedia-Social and Behavioral Sciences, 2014, 111: 157 - 165.

[354] Chen Z, Haynes K E. Impact of high speed rail on housing values: an observation from the Beijing-Shanghai line[J]. Journal of Transport Geography, 2015, 43(feb.): 91 - 100.

[355] Chen Z, Haynes K E. Impact of high-speed rail on regional economic disparity in China[J]. Journal of Transport Geography, 2017, 65(dec.): 80 - 91.

[356] Cheng Y H. High-speed rail in Taiwan: New experience and issues for future development[J]. Transport Policy, 2010, 17(2): 51 - 63.

[357] Xd A, Min X B, Nw A. The industrial impact of the Beijing-Shanghai high-speed rail[J]. Travel Behaviour and Society, 2018, 12: 23 - 29.

[358] Doomernik J E. Performance and Efficiency of High-speed Rail Systems[J]. Transportation Research Procedia, 2015, 8: 136 - 144.

[359] Ducruet, César. Multilayer dynamics of complex spatial networks: The case of global maritime flows (1977—2008)[J]. Journal of Transport Geography, 2017, 60: 47 - 58.

[360] Gao Y, Su W, Wang K. Does high-speed rail boost tourism growth? New evidence from China[J]. Tourism Management,

2019，72(JUN.)：220 - 231.

[361] A M G，B C R，José María Urea c. High speed rail：implication for cities[J]. Cities，2012，29(29)：S26 - S31.

[362] Mendoza G. Economic Analysis of High Speed Rail in Europe[J]. Ginés De Rus，2011.

[363] Givoni，Moshe. Development and Impact of the Modern High : peed Train：A Review[J]. Transport Reviews，2006，26(5)：593 - 611.

[364] Gundelfinger-Casar J，Coto-Millan P. Intermodal competition between high-speed rail and air transport in Spain[J]. Utilities Policy，2017，47(aug.)：12 - 17.

[365] J Gutiérrez. Location，economic potential and daily accessibility：an analysis of the accessibility impact of the high-speed line Madrid-Barcelona-French border[J]. Journal of Transport Geography，2001，9(4)：229 - 242.

[366] Talen E. The Polycentric Metropolis：Learning from Mega-City Regions in Europe[J]. Journal of Urban Design，2008，13(3)：422 - 424.

[367] Hong L，Ouyang M，Peeta S，et al. Vulnerability assessment and mitigation for the Chinese railway system under floods[J]. Reliability Engineering ? System Safety，2015，137(may)：58 - 68.

[368] Hu H，Wang J，Jin F，et al. Evolution of regional transport dominance in China 1910—2012[J]. Journal of Geographical Sciences，2015，25(6)：723 - 738.

[369] Wang J J，Xu J，He J. Spatial Impacts of High-Speed Railways in China：A Total-Travel-Time Approach[J]. Environment and Planning A，2013，45.(9)：2261 - 2280.

[370] Jia S，Zhou C，Qin C. No difference in effect of high-speed rail on regional economic growth based on match effect perspective? [J]. Transportation Research Part A Policy and Practice，2017，106：144 - 157.

[371] Wang，Jiaoe，Jin，et al. Impacts of high-speed rail lines on the city network in China[J]. Journal of transport geography，2017，60(Apr.)：257 - 266.

[372] Tomaney J, Marques P. Evidence, Policy, and the Politics of Regional Development: The Case of High-Speed Rail in the United Kingdom[J]. Environment and Planning C, 2013, 31: 414 - 427.

[373] A H K, B S S. The impacts of high-speed rail extensions on accessibility and spatial equity changes in South Korea from 2004 to 2018[J]. Journal of Transport Geography, 2015, 45: 48 - 61.

[374] Kim H, Sultana S, Weber J. A geographic assessment of the economic development impact of Korean high-speed rail stations [J]. Transport Policy, 2018, 66(AUG.): 127 - 137.

[375] Kim K S. High-speed rail developments and spatial restructuring-A case study of the Capital region in South Korea[J]. Cities, 2000, 17(4): 251 - 262.

[376] Latora V, Marchiori M. Efficient Behavior of Small-World Networks[J]. Physical Review Letters, 2001.

[377] Laurino A, F Ramella, Beria P. The economic regulation of railway networks: A worldwide survey[J]. Transportation Research Part A Policy & Practice, 2015, 77(jul.): 202 - 212.

[378] Lawler E L. Combinatorial optimization: Networks and matroids [M]. Holt, Rinehart and Winston, 2010.

[379] Levinson D M. Accessibility impacts of high-speed rail[J]. Journal of Transport Geography, 2012, 22(none): 288 - 291.

[380] Li H, Strauss J, Lu L. The impact of high-speed rail on civil aviation in China[J]. Transport policy, 2019, 74(FEB.): 187 - 200.

[381] Li Ling. China's manufacturing locus in 2025: With a comparison of "Made-in-China 2025" and "Industry 4. 0"[J]. Technological Forecasting and Social Change, 2018: 66 - 74.

[382] Xijing Zhang, Yipei, et al. Exploring the impact of high speed railways on the spatial redistribution of economic activities-Yangtze River Delta urban agglomeration as a case study[J]. Journal of transport geography, 2016, 57: 194 - 206.

[383] Liu L, Zhang M. High-speed rail impacts on travel times, accessibility, and economic productivity: A benchmarking analysis in city-cluster regions of China [J]. Journal of Transport

Geography, 2018, 73: 25 - 40.
[384] Liu X, Yang Z, Zhou Z, et al. The impact of protein interaction networks' characteristics on computational complex detection methods[J]. Journal of Theoretical Biology, 2018, 439: 141 - 151.
[385] Marti-Henneberg J. Attracting travellers to the high-speed train: a methodology for comparing potential demand between stations[J]. Journal of Transport Geography, 2015, 42: 145 - 156.
[386] Marti-Henneberg J. The influence of the railway network on territorial integration in Europe (1870—1950) [J]. Journal of Transport Geography, 2017, 62(jun.): 160 - 171.
[387] Masson S, Petiot R. Can the high speed rail reinforce tourism attractiveness? The case of the high speed rail between Perpignan (France) and Barcelona (Spain)[J]. Technovation, 2009, 29(9): 611 - 617.
[388] Minn M. The Political Economy of High Speed Rail in the United States[J]. Mobilities, 2013, 8(2): 185 - 200.
[389] A Monzón, Ortega E, E López. Efficiency and spatial equity impacts of high-speed rail extensions in urban areas[J]. Cities, 2013, 30(30): 18 - 30.
[390] Moyano A, F Dobruszkes. Mind the services! High-speed rail cities bypassed by high-speed trains [J]. Case Studies on Transport Policy, 2017: 537 - 548.
[391] Nakagawa D, Hatoko M. Reevaluation of Japanese high-speed rail construction. 2007,14(2): 150 - 164.
[392] Ortega E, Lopez E, Monzon A. Territorial cohesion impacts of high-speed rail at different planning levels[J]. Journal of Transport Geography, 2012, 24: p. 130 - 141.
[393] Min O, Hong L, Yu M H, et al. STAMP-based analysis on the railway accident and accident spreading: Taking the China-Jiaoji railway accident for example[J]. Safety Science, 2010, 48(5): 544 - 555.
[394] Paul G, Sreenivasan S, Stanley H E. Resilience of Complex Networks to Random Breakdown[J]. Phys. rev. e, 2005, 72(5 Pt 2): 056130.

[395] Qiu G, Xu W, Li L. Key factors to annual investment in public transportation sector: The case of China [J]. Transportation Research Part A Policy & Practice, 2018, 107: 1 - 19.

[396] Shen Y, Silva J, L M Martínez. HSR Station Location Choice and its Local Land Use Impacts on Small Cities: A Case Study of Aveiro, Portugal [J]. Procedia-Social and Behavioral Sciences, 2014, 111: 470 - 479.

[397] Shi Z, Zhang B. Fast network centrality analysis using GPUs[J]. Bmc Bioinformatics, 2011. 12(1): p. 1 - 7.

[398] Hong S. Study on the correlation between the hierarchical urban system and high-speed railway network planning in China [J]. Frontiers of Architectural Research, 2016, 5(3): 301 - 318.

[399] Sun Q, Feng X, Bian K. Operation and Organization Management of High-speed Railway in Japan [J]. Journal of Transportation Systems Engineering and Information Technology, 2011, 11(5): 11 - 16.

[400] Vickerman R. High-speed rail and regional development: the case of intermediate stations [J]. Journal of Transport Geography, 2015, 42: 157 - 165.

[401] Vickerman R. Can high-speed rail have a transformative effect on the economy? [J]. Transport Policy, 2017, 62(feb.): 31 - 37.

[402] Victor, D Johnson. Urban Transportation: Planning, Operation and Management[J]. Applied Mechanics & Materials, 2012, 204 - 208(6): 4292 - 4297.

[403] Wandelt S, Sun X. Evolution of the international air transportation country network from 2002 to 2013[J]. Transportation Research Part E, 2015, 82(OCT.): 55 - 78.

[404] Wang J, Jiao J, Chao D U, et al. Competition of spatial service hinterlands between high-speed rail and air transport in China: Present and future trends[J]. 地理学报：英文版, 2015, 25(9): 16.

[405] Wang L, Liu Y, Sun C, et al. Accessibility impact of the present and future high-speed rail network: A case study of Jiangsu Province, China[J]. Journal of Transport Geography, 2016, 54 (jun.): 161 - 172.

[406] Watts D, Strogatz S. Collective dynamics of ‘small-world’ networks (see comments)[J]. Nature, 1998, 393(6684): P. 440 - 442.

[407] Jetpan, Wetwitoo, Hironori, et al. High-speed rail and regional economic productivity through agglomeration and network externality: A case study of inter-regional transportation in Japan [J]. Case Studies on Transport Policy, 2017,5(4): 549 - 559.

[408] Wu J, Nash C, Dong W. Is high speed rail an appropriate solution to China's rail capacity problems? [J]. Journal of Transport Geography, 2014, 40: 100 - 111.

[409] W, S, L. D. Internet of Things in Industries: A Survey[J]. IEEE transactions on industrial informatics, 2014, 10(4): 2233 - 2243.

[410] C B Yang. Efficiency driven evolution of networks[J]. Physica A Statistical Mechanics & Its Applications, 2015,433: 328 - 335.

后　记

经过近两年的撰写，本书终于到了总结的时候，感慨万千之余，也为我国交通事业近来的快速发展感到欣慰。作者本科就读专业为“交通工程”，后续硕士、博士仍旧从事“交通运输规划与管理”“城乡规划”相关的研究和工作，可以说，是比较“专一”的交通人。幸运的是，作者在学术水平和工作经验积累的过程中，赶上了我国交通事业发展的最黄金时期，能够学习这个时代最好的相关知识和案例经验。我国的高速铁路发展就是我国交通事业发展黄金期的最佳代表。

高速铁路这个事业的载体，经历了从“零”到“有”再到“领跑”的发展过程，见证了我国历史上前所未有的波澜壮阔和跌宕起伏，它也使得我国在“国之重器”的锻造过程中认清自身的能力和需要努力的方向。

作者基于自身的教学和科研工作经历上的知识积累，寥寥几十万字，无法囊括高速铁路发展的所有内容和影响，尚存不足之处。全文仅从高速铁路对经济的影响评估和服务水平提升路径这个角度探讨了高速铁路经济相关的知识和当前发展的路径，研究视角相对集中，难免存在局限性。

本书有幸得到了国家社会科学基金资助，对此深表感谢。正是有了国家社科基金的支持，才让作者更有动力来研究我国交通事业发展相关的社会科学问题，以更高的要求来解读、分析、应用我国对未来交通事业发展的政策和管理方案，并结合自身所学知识给出相关的建议和参考。

本书撰写过程中，也要感谢砥砺潜行的高速铁路研究者、管理者以及政府相关部门。书中借鉴、参考和引用了许多相关的政府文件、汇报材料和论文，均有注明来源和出处。正因为相关部门的支持和帮助，作者获得了更丰富的定量定性分析相结合的方法，才使得本书内容更加符合社会科学研究的规范和深度要求，得以有机会给国家高速铁路发展政策和管理方案的制定提供合理的参考。

纸短情深，短短后记可能无法完全表达作者的情感，最后，谨以此表达对本书出版过程中给予帮助的所有机构和人员最诚挚的谢意，也欢迎各位读者对本书不足之处加以批评指正！